I0479883

Claudio M. Valentinetti

RITA HAYWORTH

Cinema, dança, paixão

art digiland .com

Artdigiland Ltd
Founder and director: Silvia Tarquini
61st Floor, Saint Assams Park,
Raheny D5,
Dublin
Rep. of Ireland
www.artdigiland.com
info@artdigiland.com

Claudio M. Valentinetti
RITA HAYWORTH
Cinema, dança, paixão

Prefácio de João Lanari Bo

redação: Nidia Natalini
diagramação: Sara Pinti e Michela Tranquilli

créditos fotográficos: pesquisa iconográfica em colaboração com
o site Dr. Macro's (http://www.doctormacro.com/). Agradecemos,
pela preciosa contribuição, a Jerry Murbach; à 20th Century Fox,
Digital Distribution and Licensing Department; à Columbia Studios
e Sony Corps; à revista «Life».

na capa: Rita Hayworth fotografada por Elliott Irwin, Coleção
particular

agradecimentos do autor: João Lanari Bo, Antônio Lima e Cléia
Souza Lima, Silvério Rios. E Silvia Tarquini

a Lorenzo Pellizzari

Sumário

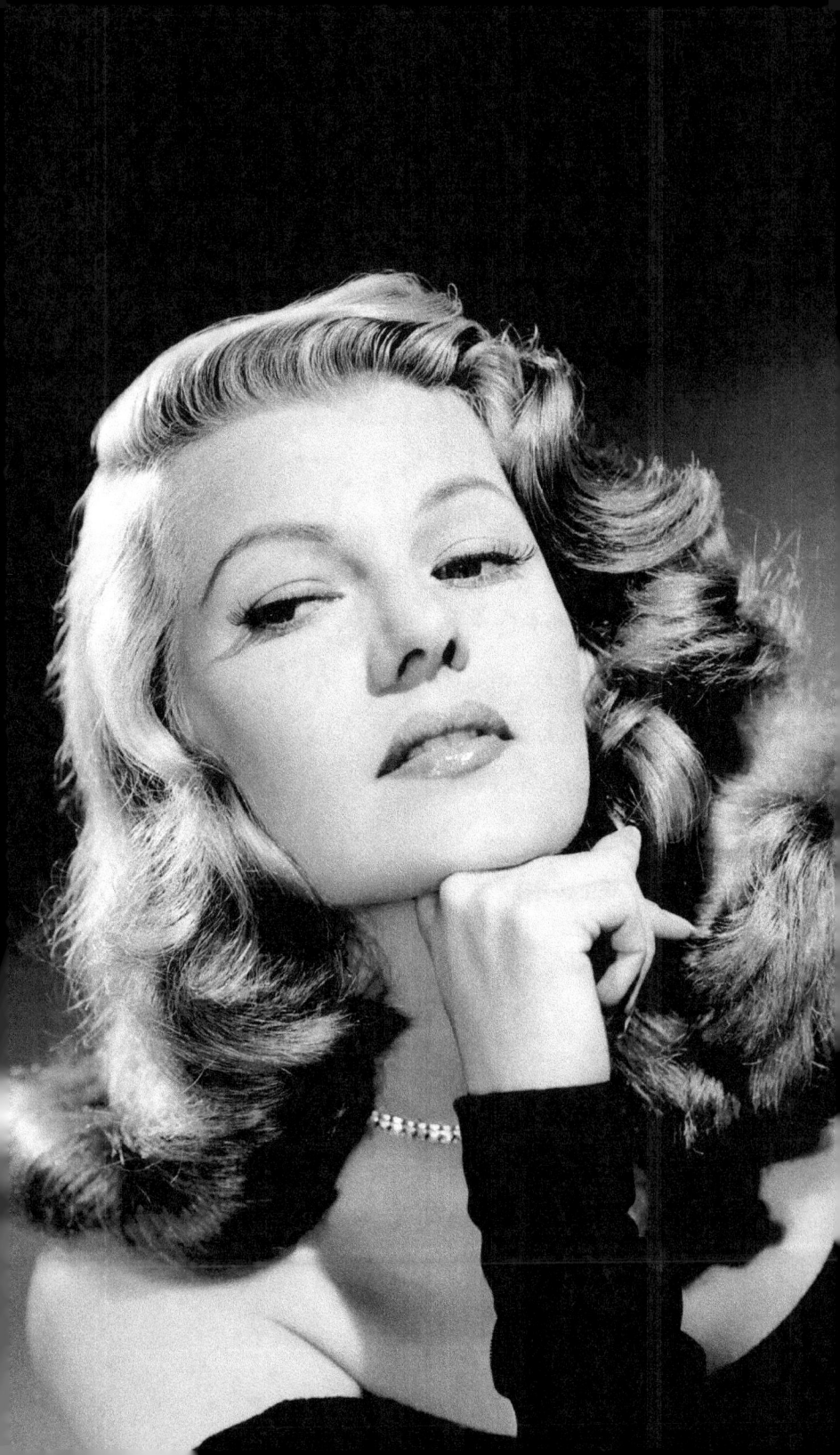

Rita e o Prazer Visual

Rita Hayworth é uma entidade mítica que transcende o chamado mundo do cinema, aquele espaço escuro em que um grupo aleatório de pessoas exercita, digamos, o prazer visual. Rita, ao lado de pouquíssimos corpos e faces consagrados ao longo de pouco mais de cem anos de história do exercício desse prazer, inscreve-se numa categoria especial: com ela, temos uma espécie de proximidade concreta, algo que nos dá um direito de posse, nem que seja simbólica. *Uti possidetis, ita possideatis*; "como possuís, assim possuais", diz Rita, com o sorriso que conhecemos.

O relato que o leitor tem diante de si funciona como uma revisitação do mito. Melhor ainda: o texto de Claudio M. Valentinetti constrói e desconstrói o mito, vai e volta, sem descuidar do cronológico, nessa instabilidade crônica que são os amores de Rita, os personagens de Rita, enfim, da Rita de quem estamos, a um só tempo, tão perto e tão longe.

Rita Hayworth: talvez nenhuma outra atriz encarne tão bem o papel de objeto passivo do olhar masculino, de acordo com o famoso estudo de Laura Mulvey, publicado em 1975 sob o sugestivo título de *Visual Pleasure and Narrative Cinema*. Laura produziu uma crítica contundente à produção da imagem feminina em Hollywood: pensem, leitores e leitoras, nas típicas sequências em que Rita faz a primeira aparição nos seus filmes, sempre acompanhada de suspiros e desejos masculinos. O corpo de Rita é erotizado pelo olhar do outro, olhar dos personagens mas também dos espectadores, todos "voyeurs". Um "voyeurismo" compartilhado, dentro e fora da tela, que sublima a ereção, sublinha Mulvey. E mais: quando se fala em "voyeur", fala-se também em "sadismo", sentimento movido pelo "complexo de castração" masculino, no qual a mulher representa a ausência do pênis e a consequente ameaça de castração que angustia os homens, segundo o velho Freud – a mulher representa, em outras palavras, a diferença sexual. Tudo isso não passaria de uma complicada e abstrata trama psicanalítica se não tivéssemos à mão exemplos candentes dessa escopofilia. O pungente drama *Um sonho de liberdade*, de 1994, estrelado por Tim Robbins e Morgan Freeman, fornece um desses exemplos: no auditório da penitenciária Shawshank, os detentos distendem um pouco o ambiente assistindo o fabuloso *Gilda*, exatamente a inesquecível cena em que Rita faz sua ofegante "entrée" no filme, jogando os cabelos para cima e mirando o olhar masculino que a enquadrava. Um olhar, aliás, composto de quatro olhares, todos masculinos: Glenn Ford surpreso e nervoso; Freeman e Robbins excitados (e a turba atrás deles); o olho da câmera, insidiosa e implacável; e o conjunto de olhares da audiência comovida de *Um sonho de liberdade*. Rita em quatro níveis de consumo. Outro exemplo, com (aparente) sinal trocado: *Ladrões de Bicicleta*, de 1948, realizado somente dois anos depois de *Gilda*. Antonio Ricci, o principal personagem, começa o filme colando um cartaz de rua com Rita numa daquelas poses chamativas, vestindo um vestido "tomara-que-caia". De novo uma superposição de olhares, habilmente manipulado pelo diretor De Sica – olhares dos transeuntes, do próprio Ricci, dos espectadores de "Ladrões...". Desta feita, entretanto, a distração de Antonio leva ao roubo de sua preciosa bicicleta: alguém olhava para ele e não para o cartaz. Rita Hayworth, ou a imagem de Rita estampada em um inconsciente popular, acaba sendo testemunha do início da queda do personagem, que perde o emprego e resolve roubar uma bicicleta. Sob o olhar sedutor de Rita.

Claudio M. Valentinetti nomeia e disseca todos os construtores desse mito, do primeiro marido (e "soi-disant" agente) aos produtores mais ou menos escrupulosos, dos diretores que souberam guiar esse vulcão de sensualidade aos marqueteiros que ganharam dinheiro com a diva, passando, sobretudo, pelos parceiros que contracenaram com Rita, e até pela cabeleireira que a assistia. Sem esquecer o pai, o espanhol Eduardo Cansino – o nome original de Rita era Margarita Carmen Cansino - dançarino sagaz, que lhe transmitiu uma utilíssima habilidade de dançar, mas que também podia comportar-se como um tirano. Sim, pois já em sua construção, o mito sofria abalos: traumas e carências de afeto, rigor excessivo nos exercícios, dificuldades econômicas da família. Mesmo nos seus melhores momentos, o olhar de Rita, visto hoje, sugere uma reserva quase imperceptível de tristeza, uma espécie de cicatriz emocional que a atriz carregou por toda a vida.

Uma tristeza que podia se manifestar em causas incrivelmente inusitadas. Segundo Orson Welles, Rita ficou indignada quando soube que seu rosto sorridente foi pintado na bomba atômica que os americanos testaram em 1946, no atol de Bikini, no Pacífico. A atriz não se conformou, pelo resto da vida, conta Valentinetti, pelo uso supostamente "espontâneo" da sua imagem – espontâneo ou não, o episódio catapultou de vez o sucesso de Gilda nas bilheterias, lançado na mesma época do teste nuclear, e colou para sempre em Rita o cognome de "bombshell".

As mutações de sua carreira, naturalmente, adaptaram-se ao tempo e à expectativas da audiência. De "pin-up girl" nas comédias e musicais dos anos 30 e começo dos 40 – seus filmes com Fred Astaire são exemplares desse período – passou a "femme fatale" dos cinema estilo "noir" dos 40 e 50, passando a uma diversificação de papéis posterior em que muitas vezes a qualidade não era um item determinante. Note-se que Molly Hakell, outra crítica aguda das "encarnações da moderna feminilidade", identifica na Rita da *Dama de Shanghai*, clássico do filme "noir" do ex-marido Orson Welles, a mulher "que nunca realmente é o que parece ser": algo "ingovernável e ameaçador" em uma cultura patriarcal dominada pelos homens, um sintoma das "ansiedades masculinas" diante da presença mais visível e atuante das mulheres na sociedade do pós-guerra.

Rita, com as instabilidades e sobressaltos emocionais que conhecemos, terminou entrando para a história do cinema como "ingovernável e ameaçador". Depois da leitura do livro fica o desejo de ver e rever os filmes, onde vive, afinal, a nossa Rita Hayworth.

João Lanari Bo

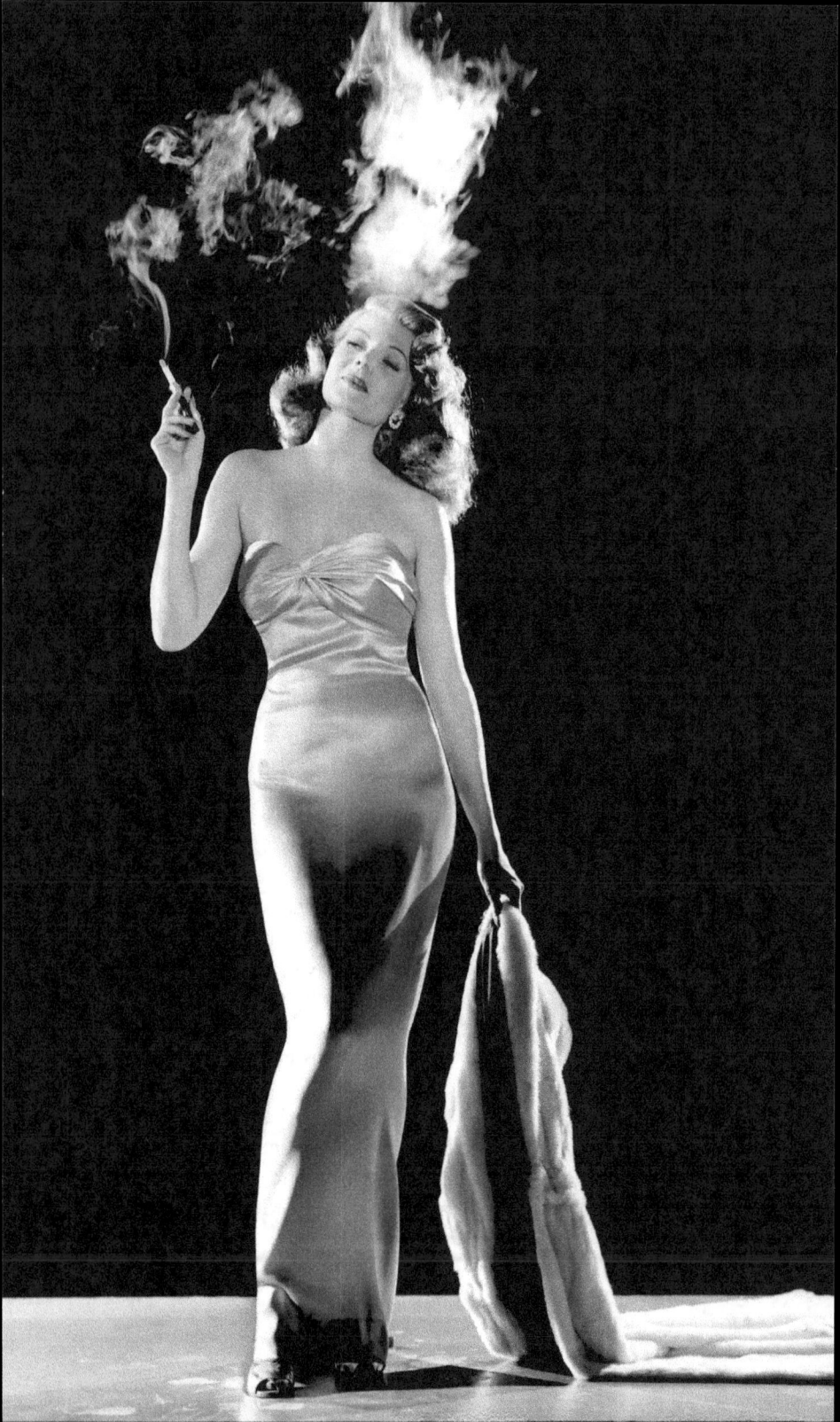

Introdução
Gilda e Rita

Atuava com os cabelos, disseram dela. Com aquela juba desenfreada e selvagem que em um átimo - quer dizer em um filme - transformou-se no emblema da transgressão e da sensualidade. O sonho proibido, antes, de muitos americanos de qualquer classe e raça; depois, das plateias de todo o mundo. O filme era *Gilda*. Ela, Rita Hayworth. O ano, 1946. A segunda guerra mundial tinha acabado há pouco tempo, e todos, vencedores e vencidos, intentavam reconstruir e reconstruírem-se. A América ganhara. A América, mito da riqueza, da opulência, da beleza. A América era, antes de tudo, Hollywood.

Todos falavam dela. Das telas às capas dos jornais, a imagem dominante daquele momento histórico era a sua. Os cachos encaracolados em nuances de vermelho "ticiano", um tom quente e sensual, intrigante; o olhar pronto a passar, em um relâmpago, da agressividade à doçura e à paixão. Dois lábios carnudos, o sorriso que enfeitiçava; e o decote, audacioso na época, o contraste entre o esplendor da pele e o preto do vestido tomara-que-caia. O corpo sinuoso e treinado de dançarina. Um pouco calibrada, Rita/Gilda, com o acompanhamento da orquestra, se mexia felina pela pista de baile: *Put the Blame on Mame*, coloquem a culpa na mamãe, ela cantava (com a maravilhosa voz de Anita Ellis), enquanto tirava com tremenda, interminável lentidão uma compridíssima luva preta. Era o *strip-tease* talvez mais casto e, ao mesmo tempo, mais carregado de sensualidade da história do cinema. Era o nascimento do mito de Rita Hayworth. A partir desse momento, as definições e os adjetivos se multiplicaram: a deusa do amor, a bomba do sexo, a Atômica. Foi quando a sua efígie acabou, antes, nos armarinhos dos soldados e, depois, até, na primeira bomba atômica americana, lançada como teste no atol de Bikini.

Mas qualquer medalha, por reluzente que seja, tem seu avesso: atrás da imagem pública de Gilda havia sempre uma mulher como muitas outras, com suas esperanças, suas aspirações, seus sentimentos. E, principalmente, com uma necessidade enorme de carinho. A possibilidade de ter uma família e uma vida normal representava para ela um sonho, um ideal. Era filha de dançarinos ambulantes. Sua mãe, também marginalizada no trabalho, com a tarefa de cuidar dos filhos - Rita e os irmãos Vernon e Eduardo Junior -, começou a beber. O pai, que a fez estrear com ele muito jovem, a submetia a um regime de vida férreo, privando-a das coisas normais e necessárias para qualquer adolescente. Parece, além do mais, que Rita tenha sido abusada sexualmente pelo pai, a partir dos quatorze anos, assim como revelou Barbara Leaming, em seu livro *If This Was Happiness*: se essa foi felicidade.

Talvez para se soltar das tiranias do pai, talvez porque o amor com "A" maiúsculo era uma coisa importantíssima para muitas pessoas, Rita sempre procurou coroar o sonho de ter uma vida feliz e normal fora do set, com uma casa, um lar, os filhos, um pequeno jardim... A bela imagem do "American Way of Life". Para muitas mulheres como ela, o sonho virou realidade; para ela, o destino foi cruel.

Suas escassas biografias abundam de detalhes sobre os numerosos casamentos – cinco - e sobre os ainda mais numerosos casos com colegas do mundo do espetáculo e com personagens das crônicas cor-de-rosa e do *jet-set* da época. Invenções ou verdades, aquilo que emerge é a procura contínua de um homem que ficasse ao seu lado. Os maridos: o primeiro, Edward Judson, seu pigmalião dos primeiros tempos, muito mais velho do que ela, com quem casou quase às escondidas; o segundo, o gênio Orson Welles, o "enfant gâté" da América daqueles anos, inalcançável, único; o terceiro, Ali Khan, um príncipe, como em um conto de fadas, na realidade um Don Juan empedernido e fútil, sempre entre mulheres, motores e cavalos, falecido de maneira trágica; o quarto, Dick

Haymes, um cantor argentino engolfado em uma vida ambígua e cheia de expedientes; o quinto, enfim, James Hill, um produtor com quem ela casou já na "descida" artística e profissional, que tenta relançá-la não como *vamp*, mas como atriz. Cinco homens, um diferente do outro, mas todos com um denominador comum para ela: um amparo possível. Um *buen retiro*. Ao contrário, as coisas iam diferentemente. «Os homens deitam com Gilda e acordam com Rita», observou ela muitas vezes, cheia de amargura. Essa infelicidade a acompanhou pela vida toda. E as relações difíceis com as duas filhas, Rebecca (de Welles) e Yasmin (de Ali Khan), marcaram-na violentamente. Rita envelheceu antes do tempo, submetida também às tiranias do seu pai/patrão cinematográfico, Harry Cohn, *boss* da Columbia. Hollywood estabelecia regras férreas em troca do sucesso: muitas estrelas tentaram resistir com a ajuda de psico-fármacos, drogas e álcool. E o *Sunset Boulevard* era particularmente duro. A "queda" de Rita foi atribuída a um sistema nervoso enfraquecido por uma série dramática de "breakdowns" e muitas vezes imputada ao álcool. Acrescentou-se a doença de Alzheimer. Um mito, aquele de Rita Hayworth, destinado a não acabar nunca. Mas também, é bom repeti-lo, uma mulher violada mais e mais vezes por uma vida que com ela sempre foi, até nos momentos de apoteose, demasiado avarenta.

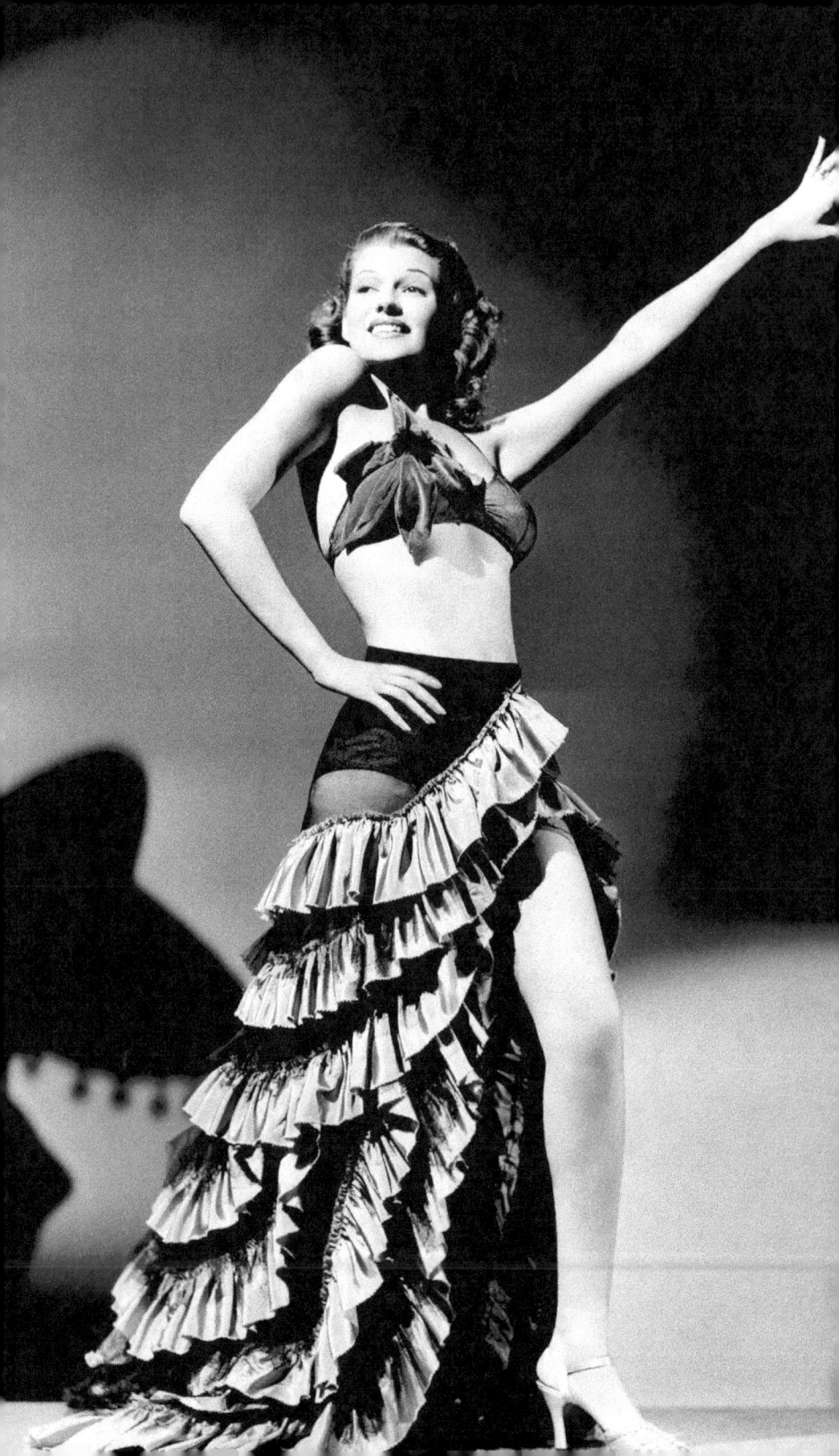

Filha de artistas: os Dancing Cansinos

Em 17 de outubro de 1918, no Brooklyn, Nova Iorque, onde estava estacionado o *trailler* de família, nasceu Margarita (ou Marguerita, uma dúvida jamais esclarecida) Carmen Cansino. Era a primeira filha de um casal que lutava como muitos, que acreditava nos Estados Unidos, onde, de alguma maneira, tinha se encontrado no fim da Primeira Guerra Mundial. O pai, Eduardo, chegava do sul da Espanha, da Andaluzia, pátria do *flamenco*, onde o sobrenome Cansino significava algo: dança. Os Cansino, com base em Sevilha, garantiam seriedade na execução e divulgação dos bailes de sua terra. Ambulantes, em seu frenético vaivém, tinham percorrido, além de toda a Espanha, a América do Sul. Depois, tinham procurado uma sede onde se estabelecer. O grande chefão era Antonio, o avô de Rita. Sua mulher Carmen deu a ele a beleza de dezessete filhos, alguns dos quais (entre eles, Eduardo, Elisa, Angel e Paco) brilharam como grandes bailarinos.eduardo, típico espanhol nos traços, rosto magro e fino, cabelo untado com pomada, costeletas compridas, encontrou Volga Haworth, uma moça de dezessete anos fugida de casa para ser bailarina de Ziegfeld. E ela, também, filha de artistas, descendia de John Haworth, estimado ator do teatro elisabetano inglês, e tinha origem, além de feições, irlandesa. Dessa união, nasceu Margarita. Gorducha, com o cabelo nem moreno nem ruivo, Margarita parecia predestinada a encarnar o papel da menina um pouco distante e "difícil": «Loretta Parkin vinha todos os dias para brincar com Vernon e Sonny Cansino, os irmãos de Rita», escreveu Barbara Leaming. «Rita estava ali, mas ficava em silêncio. Nunca se juntava às brincadeiras deles. Sentava nos degraus do alpendre e olhava para eles enquanto brincavam. Lembra Loretta: "Era tímida de verdade. Eu passava mal por ela. Todas as brincadeiras dela consistiam em ficar sentada na varanda. Aquilo era tudo que ela fazia. Eu tinha uma irmã da idade dela, por volta de quatorze anos. Ela saía com os amigos, com os rapazes, e ia para a escola. Eu sabia que Rita não podia ir para a escola porque devia trabalhar para sustentar a família. Seus irmãos menores nos tinham dito que os pais haviam mentido sobre a idade da filha para não mandá-la para a escola. A família vivia graças a ela. Para Rita, não existia vida, nada de escola, nada de amigos, de rapazes. Ela não podia fazer nada senão ficar sentada ali, horas e horas, até o momento de ir para o trabalho"». Logo após o nascimento de Margarita, a família Cansino troca o *trailler* por um apartamento nos arredores. Em 1920, Eduardo inventa os "Dancing Cansinos", uma companhia de dança em que atuam ele, alguns irmãos, o tio José e a irmã Elisa, com quem Eduardo fazia um duo formidável. Na família, todavia, as bocas que precisam comer são muitas, e a América não é naquele momento muito generosa. É época de *vaudeville*, um tipo de espetáculo leve e fácil, que vive seus últimos fogos antes da chegada do cinema sonoro, e os "Dancing Cansinos" obtêm um bom sucesso, deslocando-se, muitas vezes, também para a costa oriental. Margarita, nesse tempo, aprende logo a dançar. Sobre a sua estreia, existem as versões mais diferentes e fantasiosas. Como lembra Gerald Peary: «A mais benigna fala de uma menina de quatro anos, cansada de brincar com as bonecas, que se aventura entre as luzes do palco em pleno espetáculo, move alguns passos de dança entre os artistas surpreendidos e se dobra em uma perfeita reverência enquanto o teatro se enche de palmas. Uma versão só um pouco mais elaborada do mesmo episódio foi divulgada, algumas vezes, pela própria Rita. Em suas palavras, o evento aconteceu no *Carnegie Hall* e teria sido um episódio de espontaneidade programada, astuciosamente interpretado por uma menina de quatro anos muito precoce. Finalmente, a versão mais provável conta que um outro artista de vaudeville, [...] chamado Basil Lamberti, teria pedido a menina emprestada para os pais, a fim de dar um pouco mais de graça a um episódio musical. Obtida a permissão dos pais, a menina

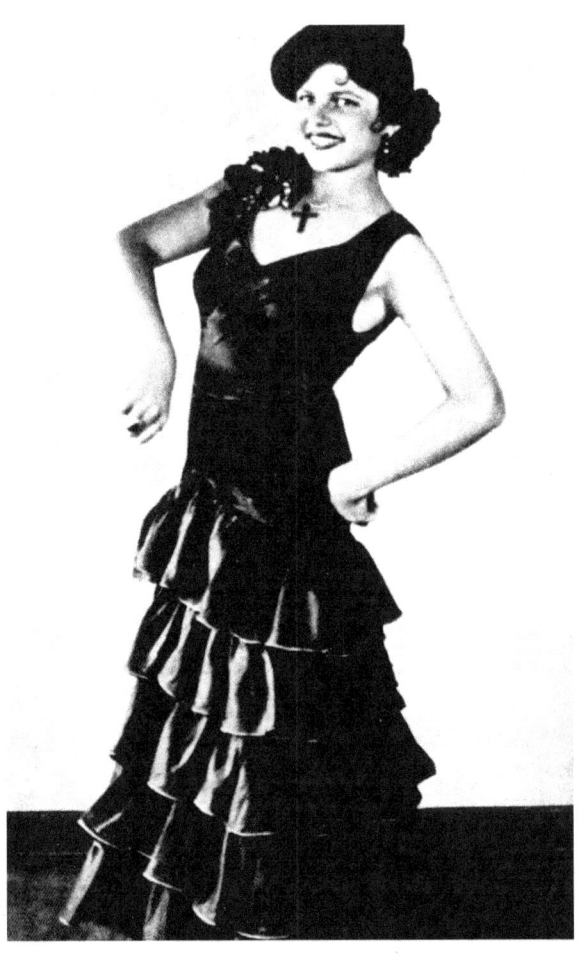

recebeu a primeira tarefa na cena: o humilde papel de oferecer, para Basil, as macetas do xilofone». Estamos em 1922. Dois anos depois, Margarita começa a freqüentar a escola, mesmo que não assiduamente, porque muitas vezes se ausenta para acompanhar os pais em *tournée*. É o Instituto nº 69, de Jackson Heights, no Queens, para onde a família Cansino se mudou. Em 1926 acontece a verdadeira "estreia" de Margarita no cinema. Naquela época, no Brooklyn ainda existiam uns estúdios como, por

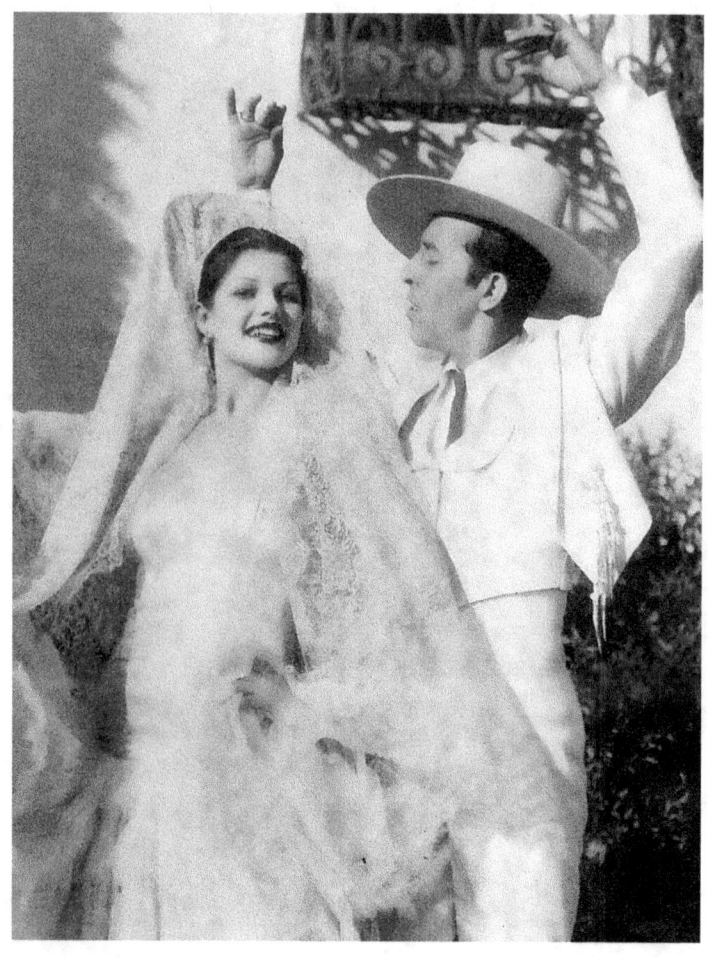

exemplo, a Vitagraph, que estão produzindo um curta-metragem sobre as danças tradicionais. Margarita, que está com oito anos, participa. O *short* é projetado só uma vez, no mesmo ano, como "extra", em Nova Iorque, por ocasião da apresentação de um dos primeiros filmes sonoros, *Don Juan*, de Alan Crosland, interpretado por John Barrymore e Mary Astor. O sucesso deste filme com música sincronizada, mais do que "sonoro" no verdadeiro sentido da palavra, decretaria o fim da era do "mudo"

- juntamente com *O Cantor de Jazz* [The Jazz Singer], de 1927, sempre de Alan Crosland, com Al Jolson - e também da era do vaudeville.Eduardo Cansino decide se mudar com a família para onde está começando a se desenvolver a indústria do cinema: Hollywood, na Califórnia. Na esquina entre o Sunset Boulevard e a Vine Street ele abre uma escola de dança, a *Professional Dancing School*. É um sucesso: entre os alunos, incluem-se também Lupe Velez e James Cagney, Mildred Costello, Nancy Carroll, Jean Harlow e muitos outros. Eduardo Cansino quer enturmar-se com o mundo de Hollywood. Margarita, entretanto, continua estudando e entra na Alexander Hamilton High School. Em 25 de outubro de 1929, chega, de repente, a "Sexta-feira Negra", a queda da bolsa de Wall Street. Começa a Grande Depressão, que terá repercussão em todo o mundo. Em três anos, só nos Estados Unidos, o índice das cotações dos títulos industriais baixará de 452 a 58, a produção industrial diminuirá em 54%, e os desempregados chegarão aos quinze milhões. O presidente Hoover e o governo não conseguem enfrentar a situação. Nas ruas, as fileiras de pessoal à procura de trabalho e de algo para comer são intermináveis. Canta-se para matar as mordidas da fome: "*Brother, can you spare a dime for me?*" [Irmão, tens um tostão sobrando pra mim?].Na *Professional Dancing School* dos Cansino, os lucros começam a baixar e os clientes a minguar. Mas Eduardo não se desmoraliza e tenta reagir. Cuida das coreografias dos entreatos musicais que acompanham a apresentação e os intervalos dos filmes no *Carthay Circle Theatre*. Eduardo não vai sempre ao palco, mas envia alguns dos seus mais confiáveis colaboradores, naturalmente pertencentes à família: entre eles, o sobrinho Jack e Margarita, que está se transformando em uma moça voluptuosa. Em 1932, enquanto o público espera para assistir ao filme *Back Street*, Margarita estreia de verdade. É um sucesso. Para o público e também para Eduardo, que, atrás dos bastidores, fica deslumbrado. Ele dirá depois: «Percebi de repente que ela já não era uma menina. Apesar de ter somente quatorze anos, já possuía a figura de uma mulher. Compreendi que se exibir nos entreatos e dirigir a escola era ridículo. Eu poderia construir um espetáculo completo de dança com a minha filha». Enquanto se joga de corpo e alma a preparar o novo repertório dos redivivos "Dancing Cansinos", Eduardo chama da Espanha o pai, Antonio, a quem confia a gerência da escola. Para acrescentar algo mais à transformação da filha, Eduardo manda que ela pinte os cabelos de preto corvino. Agora parece de verdade uma espanhola, uma sevilhana fogosa e *caliente*, capaz de animar públicos de qualquer tipo e paladar com seus vertiginosos *flamencos*, com a mantilha e as castanholas. Mas há um problema: Margarita, pela lei americana, com essa idade, não pode trabalhar onde são servidas bebidas alcoólicas. Após alguns contratos para boates e cassinos instalados em navios fundeados além do limite das águas territoriais, a família Cansino decide emigrar para o México. De Tijuana e Agua Caliente, logo após a fronteira com os Estados Unidos, estão chegando ofertas interessantes. São cidades que vivem do espetáculo, cheias de boates de luxo e de tentações de qualquer tipo e para qualquer bolso. Além do mais, muito freqüentadas pelo mundo de Hollywood. Para Margarita, a partir desse momento, abrem-se novas perspectivas, totalmente diferentes daquelas que jamais teria imaginado. A escola, por exemplo, torna-se uma lembrança, mesmo tendo-se mudado, quando trabalhava no Carthay Circle, para a Carthay High School, muito perto do teatro em Hollywood, com o objetivo de não descuidar do estudo por causa do trabalho. Rita entra em um período fundamental para sua sorte futura, mas também muito difícil pelo tipo de relacionamento a que o pai a submeterá. Lembra Leaming em seu livro: «Anos depois, ela contou para sua secretária, Shifra Haran, e para outras pessoas, como Eduardo, entre um espetáculo e outro, após ter bebido e jogado fora seus ganhos, a enviava à rua para procurar um pouco de peixe para o jantar. Se, como freqüentemente acontecia, ela voltava de mãos vazias, ele a castigava com murros – procurando sempre não deixar marcas visíveis para o público». Leaming conta também que Rita revelou a Orson Welles, seu segundo marido, uma realidade bem mais terrível, sobre alguns abusos sexuais.O

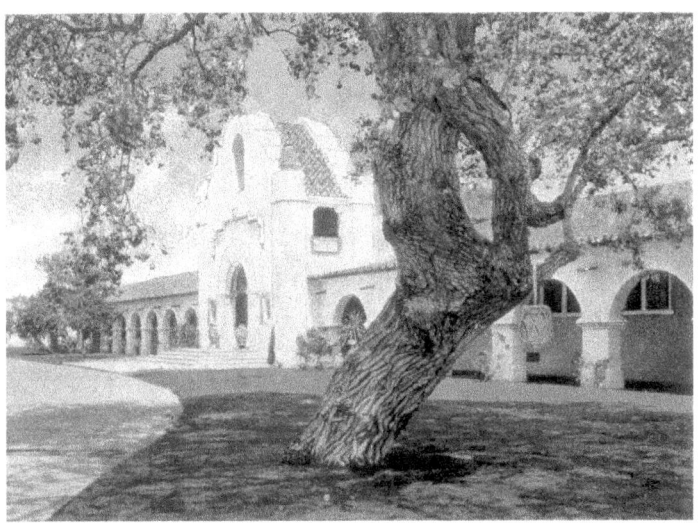

espetáculo dos "Dancing Cansinos" - em que ao público, sempre abundante, parecem mais marido e mulher do que pai e filha - obtém sempre muito sucesso. O casal se exibe regularmente no Foreign Club de Tijuana e no clube do Hotel Caliente, perto de Agua Caliente, nova residência da família Cansino. Em 1934 Margarita é escolhida para uma breve aparição em um filme realizado no México em co-produção com a Columbia. É um filme para o grande público de expressão hispânica da América Latina e dos Estados Unidos, e é realizado muito rapidamente e com poucos recursos. O filme, distribuído no ano seguinte, era *Cruz Diable* - ou *Diablo, The Devil's Cross* para o mercado americano - conforme as confusas recordações de Rita muito tempo depois e conforme as pesquisas de Gene Ringgold para um livro seu. Dirigido pelo mexicano Fernando Fuentes e interpretado, entre outros, por Ramon Pereda, este filme não deixou rastro nenhum. Com o pai, entretanto, Rita trabalha também como figurante em um filme com Dolores del Rio: *In Caliente* (ou *Viva Señorita*), de Lloyd Bacon.Enquanto, nos EUA, os tempos continuam ainda bem sombrios, mesmo se iniciando a fase do chamado segundo New Deal, o movimento de relance e de

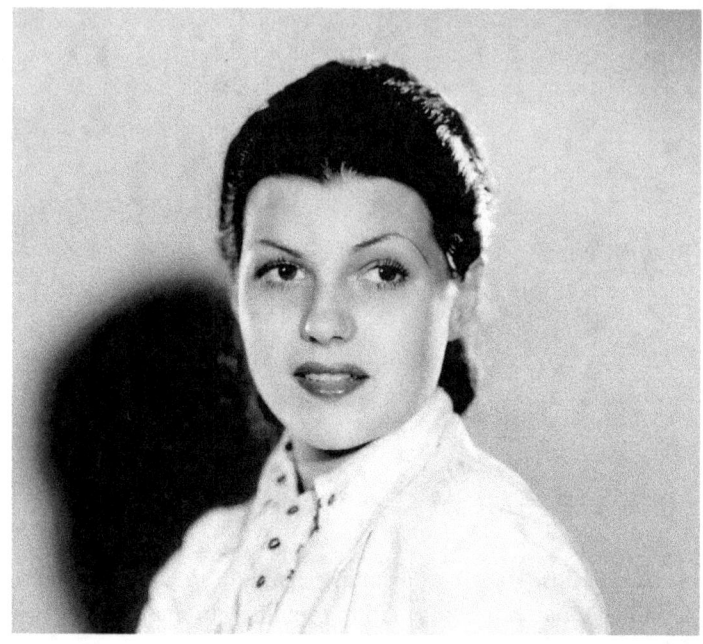

renascimento econômico e social do país sob o impulso do presidente Franklyn Delano Roosevelt, no México, em Agua Caliente, Margarita está amadurecendo a sua entrada em Hollywood. Alguém do mundo do cinema, de passagem por onde os Cansino se exibem, parece notá-la. Lembram Joe Morella e Edward Z. Epstein: « Por ela se interessaram a Warner Bros. e o agente Max Arnow, mas os testes não deram a ela um contrato ». Foi uma frustração para as esperanças dos Cansino. A Warner Bros. tinha produzido um musical inovador, *42nd Street*, sempre de Lloyd Bacon, cujo sucesso revolucionara literalmente aquele gênero. Além do mais, na Warner Bros. sabiam descobrir e valorizar novos talentos, e Eduardo esperava que fossem reconhecidos os dotes potenciais de Margarita. Morella e Epstein escrevem que, «enquanto pessoalmente ela transpirava voluptuosidade, em fotografia parecia uma mocinha gorducha com um penteado de adulta», muito longe dos ideais de mulher então em voga em Hollywood: Crawford, Garbo, Norma Shearer, Harlow. Nem ela tinha a perfeição miúda de seus protótipos "espanhóis": Dolores del Rio, Lupe Velez e Lili Damita: « Como sua mãe, Margarita era demasiado alta para aqueles tempos». Pouco tempo depois, porém, uma noite, no Hotel Caliente, durante o número com o pai, entre o público há quem a note de maneira particular. Após o espetáculo, Margarita, tímida e quase incapaz de articular uma palavra (essa sempre foi uma característica dela, talvez por um tom de voz muito baixo e uma timidez crônica), aproxima-se, em companhia do pai à mesa onde foi convidada. Descobre que, à sua frente, estão Winfield Sheehan, chefe de produção da Fox Film Corporation, Joseph Schenck e Louella Parsons, uma das jornalistas que fazem e desfazem destinos e sortes do pessoal de Hollywood. Margarita fala pouco, mesmo em inglês. Parece que Parsons, em uma segunda ocasião – um teste para Hollywood feito a convite de Sheehan - não tenha sido muito terna em julgá-la. Teria dito achá-la pesada demais, pouco bonita, e tímida demais, não apta, enfim, à câmera. Mas Sheehan gosta do teste. Para os Cansino, a "fase" mexicana já é um capítulo encerrado. Sheehan manda Margarita para cursos de dicção e de recitação e a obriga a se colocar de dieta. Ela, dócil, faz tudo o que lhe pedem: recebe também lições de natação, tênis e equitação (mesmo tendo medo de cavalos), saindo-se bem em cada disciplina. Sheehan lhe oferece um contrato, renovável a cada seis meses, assinado pelo pai, pois ela é menor de idade. E lhe pede também para mudar o nome: Margarita Cansino é longo demais, não funcionaria. Assim, ela vira Rita Cansino. O passo da dança ao cinema, do palco de Agua Caliente ao *set* de Hollywood, parece breve.

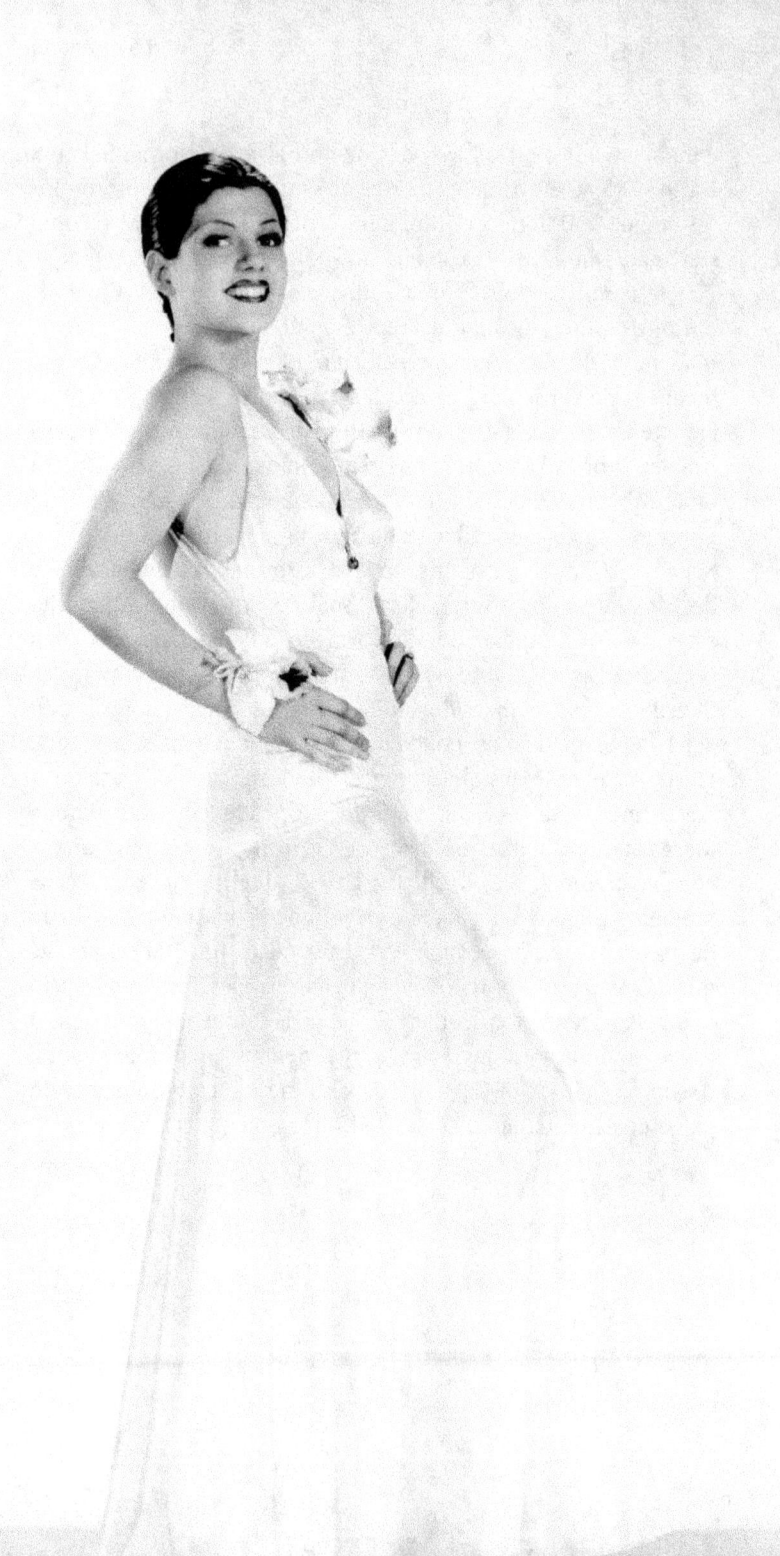

Os primeiros passos (de dança) na Fox

1935 é um ano-chave para a América. No campo econômico as coisas estão indo melhor. O New Deal do presidente Roosevelt, lançado em 1933, já após um ano, começou a produzir resultados positivos. A depressão parece superada, mas a direita e as alas mais conservadoras criticam violentamente as inovações, que parecem pôr em perigo as bases tradicionais do capital americano. E a política exterior pouco isolacionista do presidente, que afinal, após Pearl Harbor, desembocará no mais puro "intervencionismo". Arthur Meier Schlesinger Jr. comentou assim esse período sofrido e explosivo: «Os críticos de direita (republicanos conservadores e também democráticos conservadores) propuseram de novo o fantasma do comunismo, acusando o New Deal de jogar a favor dos bolcheviques e de dar um endereço totalitário ao governo central. Mais que contra Roosevelt, que apesar de tudo continuava tendo ainda popularidade altíssima, estimulada na gente com seus freqüentes *fireside chats*, os famosos discursos ao lado da lareira, os conservadores bateram duro, com preferência no seu "trust de cérebros", isto é, aquele grupo de intelectuais que, por ambição de poder, teriam se substituído aos industriais e aos financeiros na direção da economia do país. No verão de 1934, a iniciativa da "cruzada" contra o New Deal, em favor da volta a uma economia de livre concorrência não perturbada pela ingerência do governo central, foi assumida por uma organização chamada American Liberty League». O programa se baseava no respeito dos direitos do indivíduo e no estímulo à iniciativa privada, "protegendo a propriedade e o uso da propriedade". À ALL aderiam muitos industriais, financeiros, grandes comerciantes, latifundiários.

«Em 1935 - ainda nas palavras de Schlesinger Jr. -, sob a pressão crescente da oposição de direita, o governo lançou um programa político e econômico por muitos lados diferente daquele seguido nos dois anos anteriores. Fala-se, a esse propósito, de um segundo New Deal (de 1935 a 1940), que, na interpretação de alguns, representou uma completa inversão de rumo relativamente ao comportamento anterior da administração Roosevelt. Para outras pessoas, ao contrário, o segundo New Deal não seria senão uma versão, por assim dizer, posta em dia, adequada realisticamente ao desenvolvimento crescente do capitalismo, do primeiro New Deal. Nesse caso, entre os dois programas não existiria uma fratura, mas uma continuidade garantida principalmente pela política de limitação e de controle dos monopólios pelo executivo». Substancialmente, o "primeiro" New Deal tinha precisado enfrentar uma realidade dramática e de emergência e, por isso, as tentativas de solução foram obviamente mais drásticas. O "segundo" New Deal, com uma economia mais ativa, decide insistir na realização de uma administração mais eficiente e equilibrada.

Em Hollywood, Rita aguarda sua chance. Empenha-se em desenvolver seu programa de "melhoramento" pessoal, mas isso não basta para que lhe seja entregue um papel de relevo. Um mês após o ingresso dela na Fox, a produção faz Rita estrear num curta-metragem falado em espanhol, que deveria apresentar as novas *starlettes* da casa. Desse curta, de que nem se conhece a verdadeira difusão, só sobra uma foto de Rita, com a saia de tule, com postura graciosa encarada por baixo e com os braços levantados como uma dançarina das *Quatro Estações* de Vivaldi. O resultado não é dos mais confortadores. As pernas de Rita são mais do que torneadas, os braços são bem redondos, os cabelos negros e o batom encarnado, o rosto é um pouco arredondado. Uma linda moça, mas uma entre tantas outras, uma "camponesa" que inspira pensamentos de genuinidade, de simpatia, bem longe do estandarte das deusas hollywoodianas do momento.

Apesar disso, Sheehan continua acreditando nela: «Ela tem algo especial», diz. «Talvez seja aquele sorriso...». E a todos os estúdios e departamentos envia comunicações como essa: «Em minha opinião, temos uma moça que nos fará ganhar dinheiro pelo menos como Dolores del Rio, senão mais, pois ela é mais jovem e sabe até dançar. Mas precisamos prepará-la pouco a pouco, criá-la, construí-la para que se transforme em uma carta que a Fox possa jogar por muitos anos. E não insistam na menoridade dela». Rita, na verdade, nessa época ainda não completou dezessete anos, mesmo que, para Sheehan, ela já tenha os requisitos que farão dela - ele tem toda certeza - um dos maiores mitos da história do cinema.

A verdadeira estreia não é das melhores. Ao contrário. Anos depois, Spencer Tracy, que foi o protagonista e que sempre amou falar muito claro, dirá: «Foi um dos piores filmes realizados em qualquer época e em qualquer lugar. O fato de Rita ter sobrevivido a uma estreia parecida é prova bastante para mostrar que ela está merecendo todos os reconhecimentos que agora estão lhe dedicando. Aqueles primeiros anos na Fox – é sempre Tracy - foram bastante febris para ela, que, todavia, sempre falou disso com bastante humor. Naquele período, ela fez também uns gracejos com os irmãos e, pela primeira vez na vida, pareceu verdadeiramente divertir-se».

O filme se chama *O navio de Satanás* (*Dante's Inferno*) e é uma confusão quase indescritível como argumento e situações. Spencer Tracy é um ex-fogueiro que inventa uma espécie de casa dos horrores. Entre infinitas adversidades e acontecimentos, o projeto vai à ruína. Antes do *happy end* ou, pelo menos, da punição do "ruim" Tracy, «quase no fim da última bobina – lembra Gerald Peary -, após situações muito complicadas, Tracy se dá um tempo de *relax* à mesa do salão da S.S. Paradise, o navio-cassino que ele abriu após a destruição do seu Inferno. A atração é um casal de dançarinos que apresentam ritmos latinos. Um lindo jovem (Gary Leon) faz voltear uma moça do Terceiro Mundo, com a cabeleira preta e recolhida em um *chignon*. É Rita, esplêndida, vivaz, com os olhos tenebrosos e os lábios provocantes. Por cinco minutos, a câmera acompanha os movimentos e as piruetas da moça. Não faltam os primeiros planos do seu lindo rosto, nem o ressalto das suas pernas, agora

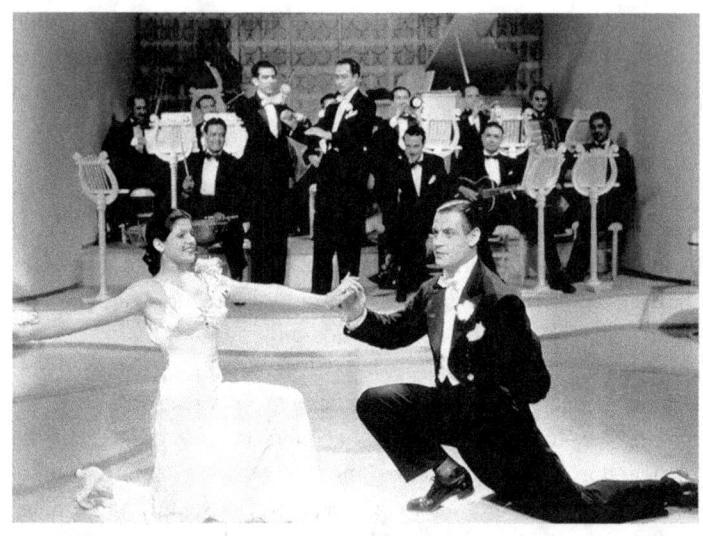

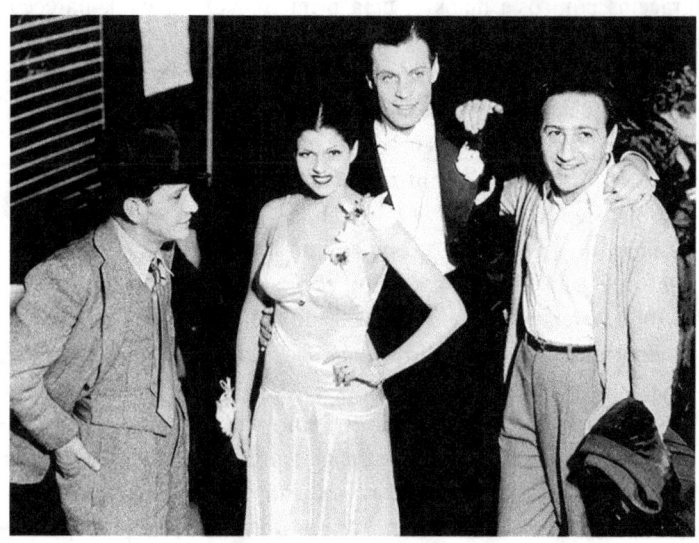

esbeltas. A atriz dança sem a menor hesitação, do jeito mais profissional». A coreografia é de Eduardo Cansino. A cena foi rodada mais vezes e com intervalos de tempo enormes, pois Leon, durante as tomadas, tinha quebrado até um tornozelo. Logo após ter acabado sua dança, Rita some. A conclusão, assim como o início, não tem nada a ver com ela. Mas é sua primeira aparição de verdade, mesmo sem que sua boca diga nada.

A crítica não se manifesta além da cáustica descrição - *a posteriori* - de Gerald Peary que já citamos. Nessa primeira aventura, porém, graças a Sheehan ou à sorte, Rita é bem assessorada pelo cameraman Rudolph Maté, nome hollywoodiano de Rudolf Matéh, polonês de Cracóvia, um dos maiores da época. Profissional extraordinário do branco e preto, a estética do contraste, o uso da grande-angular e as luzes de corte fizeram dele um dos mais importantes "câmera" da história do cinema, com um "credit" que vai desde Carl Theodor Dreyer (*O martírio de Joana d'Arc* e *The Vampyr*) a René Clair, Hitchcock, Lubitsch, até *Gilda,* de Charles Vidor. A dançarina do *Navio de Satanás* é, para ele, o testemunho de uma emigração submetida aos compromissos, mas a mão dele continua sendo aquela de sempre. Então, mesmo com pouca sorte em muitos sentidos, o exórdio de Rita Cansino não é dos piores.

O Navio de Satanás é a estreia real de Rita Cansino no cinema, mas não em seu currículo, porque o filme - que, evidentemente, nem entusiasma quem o produziu - fica congelado por um tempo. Para o público, de fato, Rita estreia no *Gaúcho Negro* (*Under the Pampas Moon*), dirigido por James Tinling e interpretado, no papel do protagonista masculino, por Warner Baxter, uma certeza na bilheteria. O filme é apresentado em pré-estreia no Radio City Music Hall, com muito público. É muito ruim, mas importante para Rita. Dessa vez, ela deve, realmente, participar da ação cênica e não só se limitar a dançar. Fala alguma coisa num argumento que hoje aparece totalmente desarticulado. Quatro palavras mal faladas com o protagonista em um café de Buenos Aires, vestida como um confeito, com Baxter na procura patética do cavalo que lhe foi roubado nas ruas da

31

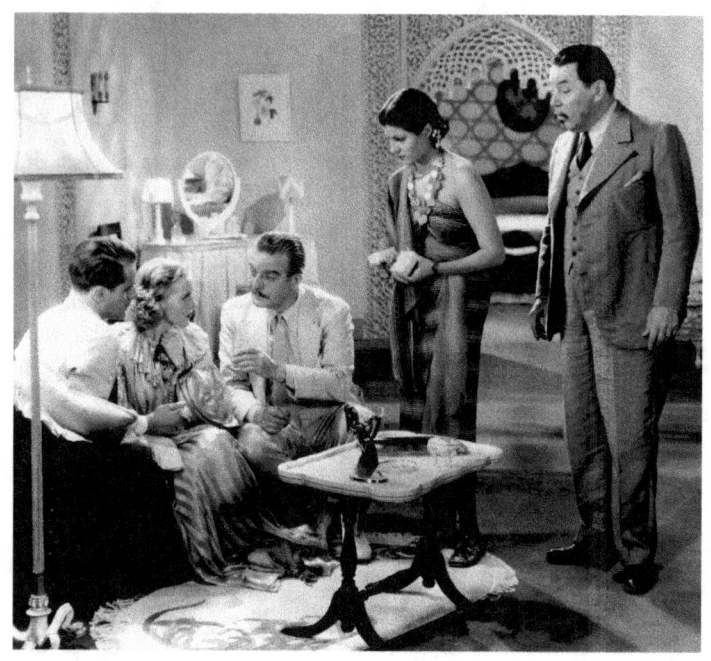

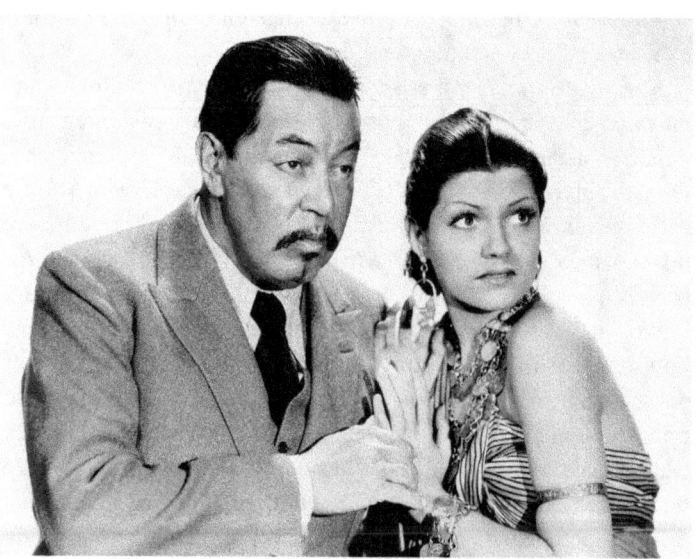

capital portenha. Rita, desde quando lhe confiam o papel, não cabe em si de contente e continua estudando e repetindo, como uma discipulazinha, as palavras que deve dizer. Chega tarde ao set, transcurando o ritual da maquiagem e recebendo a primeira bronca fora da família. Na realidade, falar da atuação de Rita no *Gaúcho Negro* é quase um eufemismo.

Segue, sempre em 1935, outra aparição num episódio da série dedicada a Charlie Chan, o infalível investigador chinês. Mas, também nesse caso, não se trata de glória verdadeira. O episódio se chama *O Segredo das Pirâmides* (*Charlie Chan in Egypt*) e é dirigido por Louis King. Pura "segunda divisão", apesar dos esforços de Warner Oland no papel de Chan. Rita é Mayda, uma incrível criada egípcia que, vestindo uma túnica que mais parece "uma toalha de banho listrada", exibe um bronzeamento de *outdoor* publicitário de verão e jóias de pura bijuteria em cenários do mais genuíno papelão de estilo faraônico. Rita entra e sai de cena repetidamente, antes de sumir totalmente durante a segunda parte do filme, quando as investigações para procurar o assassino ficam mais apertadas. Ainda assim, é no *Segredo das Pirâmides* que temos, porém, a primeira frase, de verdade, de Rita na frente da câmera: «A senhora quer o remédio?».

Um início como muitos outros, filmes mais do que medíocres, na mais bondosa das interpretações. Sheehan, porém, continua confiando muito nela e decide entregar-lhe o papel principal no "remake" de *Ramona*, um grande sucesso mudo de Dolores del Rio: «E tenho certeza que, naquele papel, Rita Cansino se transformará em uma estrela», ressalta o seu mentor. «Nem todo mundo, porém, concordava», lembram Joe Morella e Edward Z. Epstein, «talvez porque não se preocupava em paparicar diretores e produtores ou de participar dos seus *parties*, Rita Cansino não era muito querida. Ela era um bem raro na cena de Hollywood – uma *lady* –, e a única pessoa que parecia verdadeiramente interessada em explorar "somente" o talento dela era Sheehan».

O "remake" de *Ramona* deveria ser filmado em technicolor, e Rita – entre uma polêmica e outra – faz muitos testes em cores. Nessa situação, em momentos não muito fáceis, já emerge o grande caráter dessa moça de dezessete anos mais madura do que a sua idade. «Quando uma cena não ia bem ou para ela era difícil obter a expressão que o diretor pedia – lembram Morella e Epstein –, zangava-se tanto consigo que estalava em lágrimas. Atrás da fachada de frieza escondia-se uma criatura terrivelmente tensa. Para alguns *cameramen* ela parecia somente uma mocinha apavorada que fazia tudo o que os seus pais esperavam que ela fizesse».

Enquanto o projeto *Ramona* anda muito devagar, Sheehan lhe oferece um papel mais completo do que os anteriores em *Paddy O'Day*, um filme dirigido por Lewis Seiler e interpretado por Pinky Tomlin, um cantor que, faz pouco tempo, alcançara o vértice do sucesso com a clássica *The Object of My Affection*, e por Jane Withers, uma menina que é a substituta de Shirley Temple. Rita, nesse filme, transforma-se em russa – uma russa pouco acreditável, se não em Hollywood, mesmo vestindo a sua "babushka" –, chama-se Tamara Petrovitch e entrelaça uma forte amizade com Paddy (Withers), que levará para ela o amor (Tomlin). Todo mundo depois canta e dança, segundo o roteiro. A revista «Variety» ressalta Rita pela primeira vez e escreve que «ela se vira discretamente».

Durante as tomadas, Rita experimenta pela primeira vez também o sistema publicitário hollywoodiano, e é praticamente obrigada a sair com Tomlin e a freqüentar boates e restaurantes da moda, com base no princípio de que, «se seus nomes aparecerem nos jornais, o filme será um sucesso». Para essa simulação, sendo Rita menor, é preciso a autorização de Eduardo, que não tem problema nenhum em concordar. Rita não gosta dessa publicidade obrigada, mas não há outra saída senão submeter-se. Ela tem a chance de conhecer lugares onde nunca foi. Lugares como o "Cocoanut Grove", do Ambassador, ou o "Club Alabama", na Central Avenue, onde seu acompanhante lhe apresenta Louis Armstrong. Rita bebe muito, cai totalmente bêbada e acaba na casa de Tomlin, onde é reanimada por ele e pelo seu amigo Duke Taylor, que se comportam como cavalheiros. Desde aquela noite, entre Tomlin e Rita nasce uma profunda amizade. O mesmo

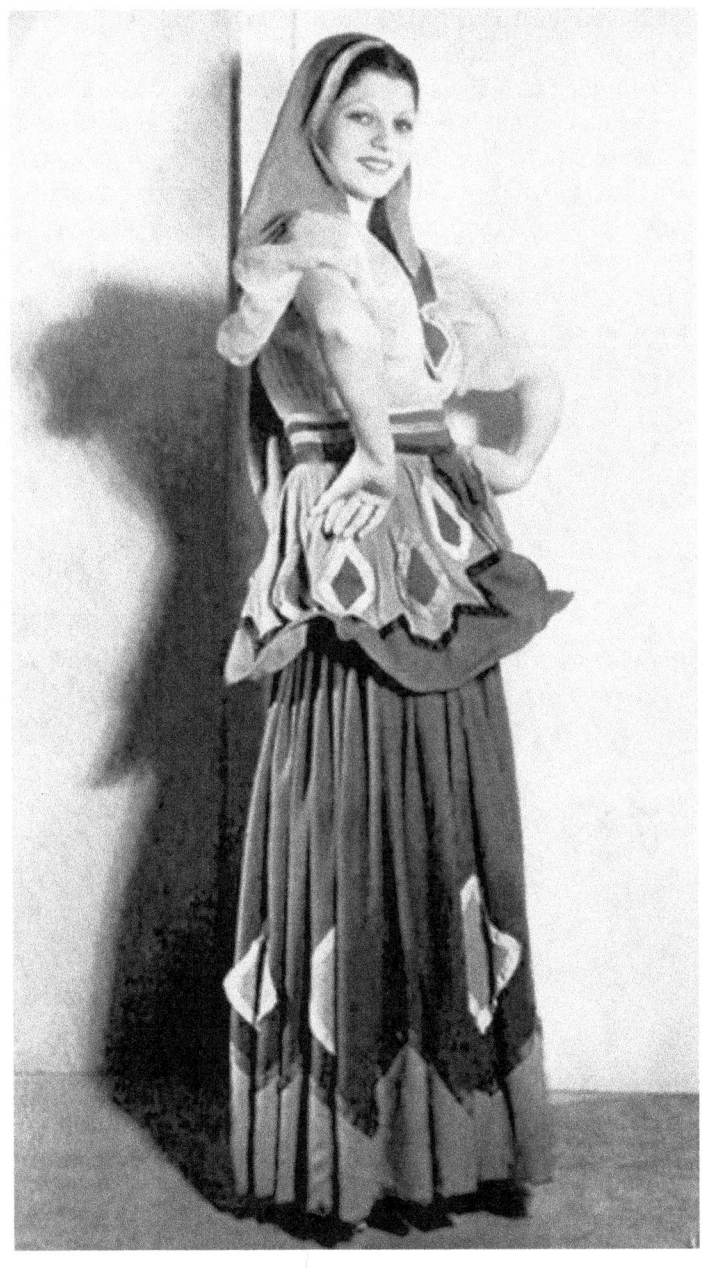

Tomlin contou como Rita, «poucos dias depois, foi lhe pedir conselho: um produtor portava-se do modo habitual, e ela não sabia o que fazer. Tomlin a aconselhou a ignorar as propostas do produtor porque a beleza e o talento lhe permitiam alcançar o sucesso sem precisar ir para a cama com ninguém», informam Morella e Epstein, que acrescentam: «enquanto trabalhava em *Paddy O'Day*, ela caprichava para decorar o roteiro de *Ramona*. Por horas e horas, experimentava figurinos e maquiagem. O projeto a excitava muito e, psicologicamente, virou a coisa mais importante da vida dela. Era nervosa, insegura e, na verdade,

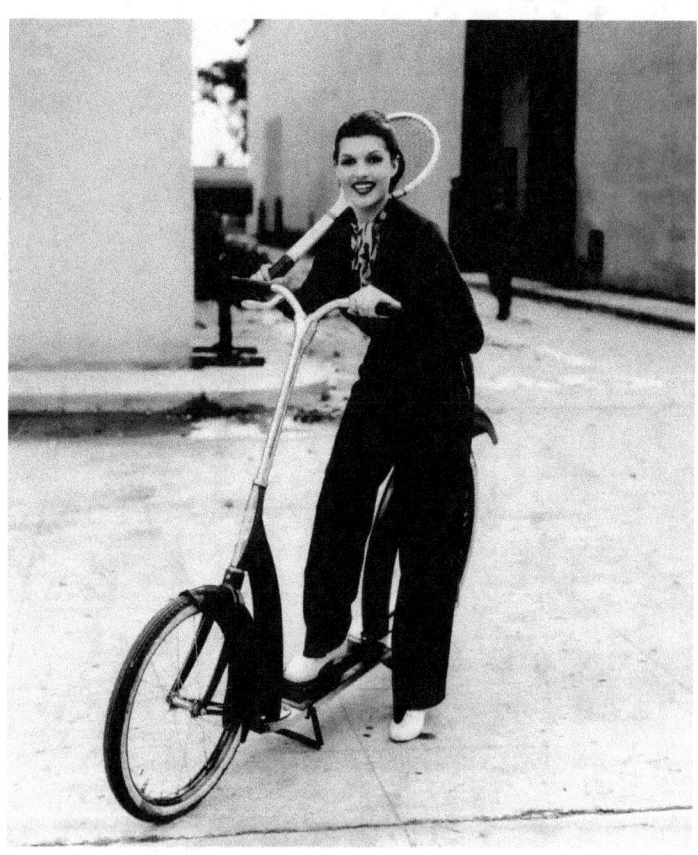

sem experiência para assumir um papel como aquele».

As coisas se movimentam, mesmo que devagar. Também 1936 é um ano importante para Rita e para sua carreira. *Human Cargo*, de Allan Dwan, a transforma em Carmen Zoro, uma picante latino-americana que caiu, ninguém sabe como nem por que, em uma escura história de *gangster* e de tráfico de estrangeiros. Carmen/Rita morre na metade do filme. «Variety» fala dela mais uma vez, mesmo sendo o filme aquilo que é, e a define «uma moreninha de lindo semblante, que não atua mal». Não há mais nada a dizer dessa outra prova de "segunda categoria", além do fato de que os protagonistas são Claire Trevor e Brian Donlevy nos papéis de dois jornalistas rivais.

No mesmo ano, Rita trabalha também em outro filme, *Mensagem Secreta* (*A Message to Garcia*), de George Marshall, no qual interpreta a irmã de Barbara Stanwyck. Uma boa oportunidade. Mas, infelizmente para ela, seu papel é cortado durante a montagem. Rita não fica decepcionada. Espera *Ramona*, que considera uma coisa certa e que vira, a cada dia mais, uma idéia fixa (e uma angústia). Mas é tranqüilizada por Sheehan, que, há bastante tempo, a prepara para o "grande passo". Em uma sexta-feira lhe comunicam oficialmente que o papel é dela. Golpe teatral. No dia seguinte, a Fox é absorvida pela 20th Century Pictures, e Darryl F. Zanuck substitui Sheehan na direção da produção. O papel prometido a Rita vai para Loretta Young. O contrato é anulado, mesmo se os testes realizados com Don Ameche e Gilbert Roland não sejam nada desprezíveis. Um trauma, uma cicatriz indelével para Rita, que, em 1972, dirá pensando em *Ramona*: «Poderia ainda decorar os diálogos».

De repente ela está desempregada. Sem "padrinhos", sem amigos verdadeiros, sem a força e a experiência para sobreviver e decolar em Hollywood. Tudo aquilo que ela fez até agora lhe parece um investimento improdutivo, um fracasso total. De repente, porém, aparece um elemento imprevisto. Edward C. Judson, um episódio único em todo sentido, que revolucionará a vida dela. E, antes de tudo, será seu marido.

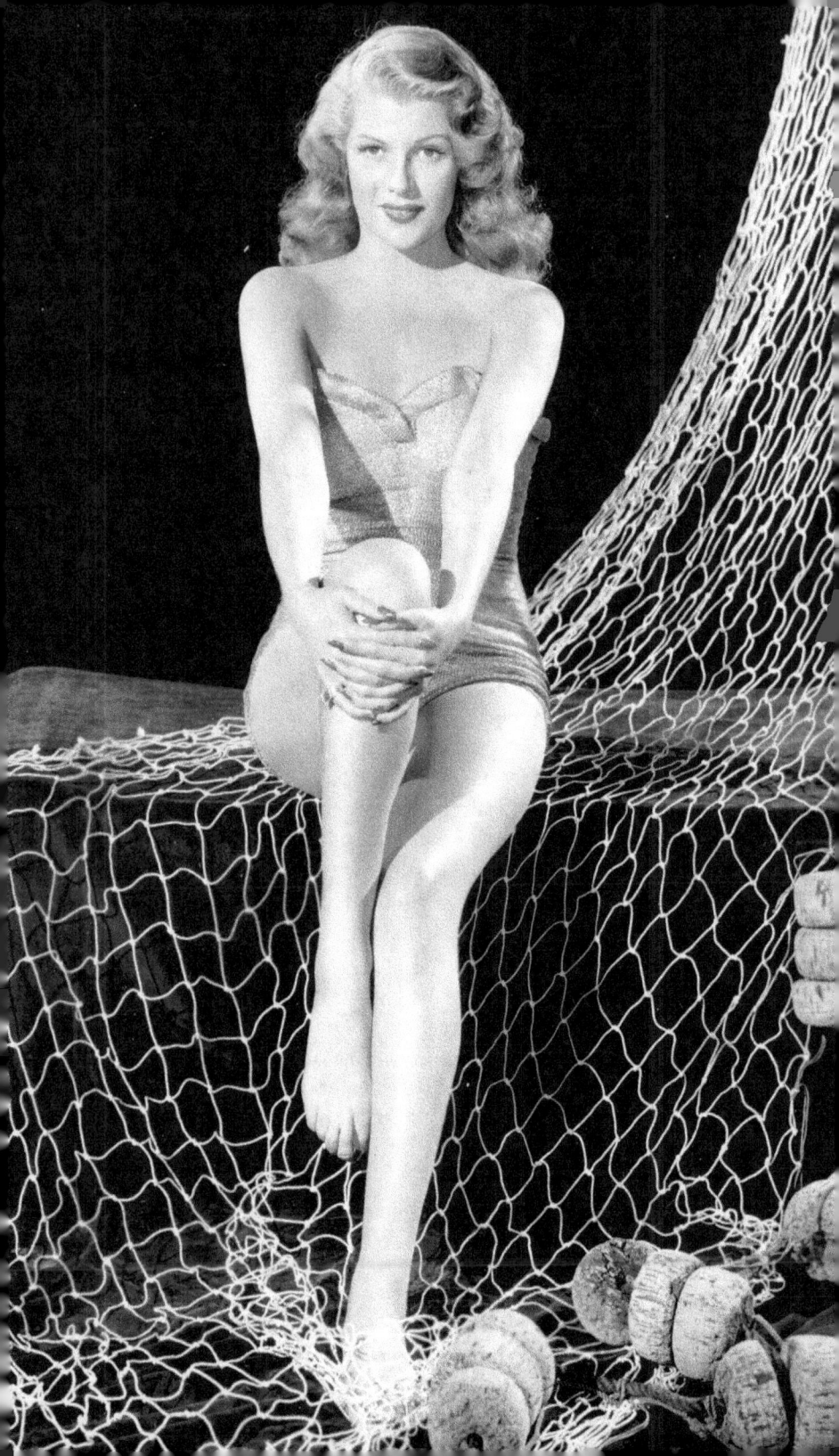

Edward C. Judson, um marido pigmalião

Gorducho, careca, com mais que o dobro da idade de Rita, Edward C. Judson é conhecido no ambiente hollywoodiano. Todo mundo sabe quem ele é, e ele também parece saber quem é todo mundo. Mesmo que ninguém saiba, na realidade, o que ele faz. Muitas as opiniões: há quem diga que ele é um ex-caixeiro, outros afirmam que é dono de um salão de automóveis. É definido, também, como um petroleiro, um *business man*, um playboy, um jogador, um empresário. Com um passado que é preciso descobrir.

Igualmente fantasiosas são as hipóteses sobre como Judson conheceu Rita. Segundo Peary, ele teria assistido, em 1935, ao teste de *Ramona* e teria ficado fascinado. A versão dele é: «Eu apareci na porta da casa de Rita para marcar um encontro, e fiquei nos arredores como *boyfriend-manager*». Definitivamente pouco crível o conto de Mary Jo Pace, uma biógrafa de folhetim, que reproduzimos como curiosidade: «No final do show dela na calçada [estaríamos no Greenwich Village, de Nova Iorque, e o ano seria 1935, segundo Pace – *N. do A.*], Margarita pegou o sombrero de mexicano do pai e começou a rodar pelo público para juntar alguns tostões, quando percebeu que alguém estava lhe apertando um pulso. O segurava um homem moreno, elegante, que a fixava de um jeito esquisito. Margarita, que, mesmo não sendo uma Venus, tinha todas as curvas no lugar certo e que, há alguns anos, já estava acostumada a se defender dos galanteadores, encurtou: "Se você gostou tanto assim, ponha uns dólares no chapéu". "Conseguirei", respondeu ele, "fazer encher até a borda esse chapéu de notas de cem", e convidou ela e o pai para almoçar em um dos restaurantes mais badalados do bairro». Fontes mais fidedignas afirmam que provavelmente

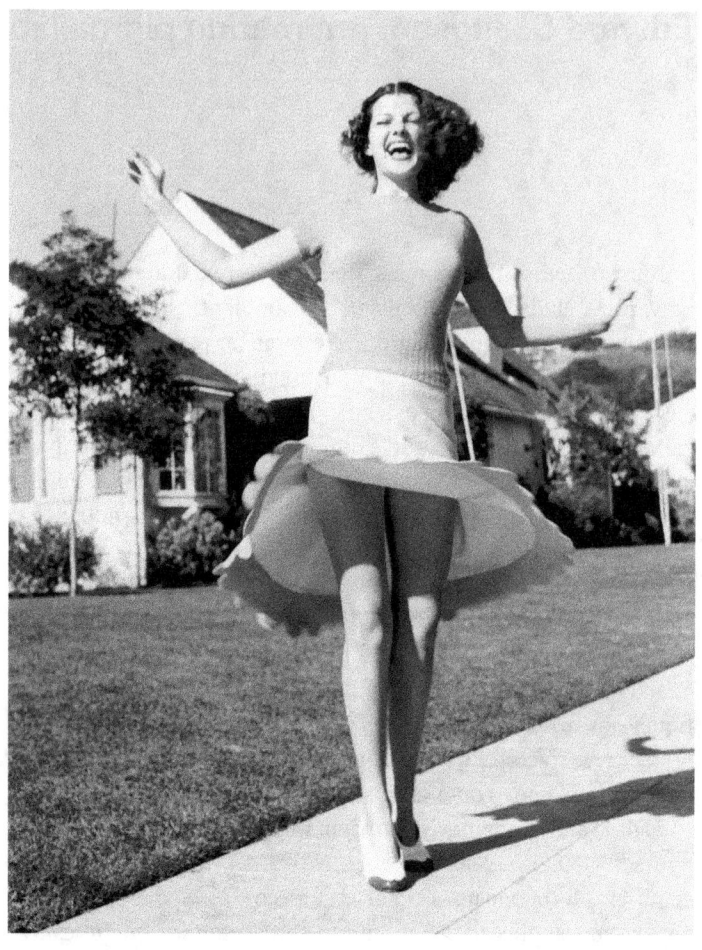

Judson teria conseguido ser apresentado a Eduardo Cansino e o teria convencido de que poderia ajudar muito a carreira de Rita. Eduardo, que nunca tinha visto a filha deprimida e desanimada como após a perda daquele papel em *Ramona*, concordou. Judson mergulha na promoção da sua descoberta. Não é, todavia, totalmente desinteressado e usa métodos ousados até para Hollywood. Começa um sutil jogo de sedução na família Cansino. Parece que Eduardo o detesta, mas, de qualquer maneira, o aceita, Volga aguenta a ostentada gentileza dele. Impressionado pela doçura e timidez da sua protegida, decide mudar-lhe o *look*: aquele ar latino não favorece a carreira dela. Em um segundo tempo, a mudança alcança também os hábitos: para ter sucesso, é indispensável serem conhecidos, vistos "nos lugares certos", aqueles freqüentados pelo *jet-set* de Hollywood. É indispensável ser objeto de fofoca, muitas vezes criando habilmente esta pequena propaganda pessoal. Judson, entre várias dificuldades que derivam principalmente da educação rígida e tradicional de Rita, a leva pelos *night clubs* em busca de alguma ponta, se não de um contrato.

Rita é, para Judson, uma das muitas jogadas na sua vida de *gamblin' man*. Qualquer esquema vale para alcançar a finalidade preestabelecida e é preciso agir gradualmente. Judson recorre a suas amizades, como Nat Levin, *boss* da Republic e, principalmente, Harry Cohn, da Columbia: um personagem importante na história de Hollywood - duro, impiedoso, sátiro, mas com muito gênio nos negócios. Rita, aliás, decepcionada após ter sido despedida por Zanuck, está disposta a aceitar qualquer oferta. Finalmente sai para ela uma ponta na Columbia, um filme sem muitas pretensões, *Meet Nero Wolfe*, escrito originalmente por Rex Stout e dirigido por Herbert Biberman, que, daí a poucos anos, se encontrará nas listas negras do maccartismo: sua obra mais importante, e mais "incriminada", é *O Sal da Terra* (Salt of the Earth), de 1953. Em *Meet Nero Wolfe* os protagonistas são Edward Arnold e Joan Perry, que em breve se tornará a senhora Cohn. No elenco, aparece, no papel do detetive Archie Goodwin, Lionel Stander, destinado, ele também, a entrar nas listas maccartistas. A contribuição de Rita no filme é mínima: com o nome de Maria Maringola, pede ajuda a Wolfe para encontrar o irmão desaparecido. Logo depois, as vicissitudes do argumento evoluem, e dela não se sabe mais nada.

Na Hollywood daqueles anos, há uma grande rachadura entre as "majors" – a Metro Goldwyn Mayer, a Warner Bros., a Fox e a Paramount – e as outras produtoras, como a Columbia, a Crescent, a Republic. Habitualmente, os atores têm um contrato com uma delas, mais dura é a condição dos *freelance*. Entre o fim de 1936 e os primeiros meses do ano seguinte, Rita aparece em quatro filmes de produtoras diferentes, curiosamente todos "bangue-bangue", um gênero não preferido por ela pelo medo que sempre lhe deram os cavalos, apesar de ela, como vimos, ter aproveitado as lições de equitação recebidas em seu primeiro aprendizado. São obras de nível médio, sem pretensões. As produtoras são a Crescent, a Grand National e a Republic, a melhor das três. A queda de qualidade e de atmosfera da Fox nestes filmes é sensível. Os cenários são pobres, mais magros; as tomadas acontecem com pressa e de maneira aventurosa. São filmes, estes, com um máximo de três ou quatro dias de externas, estruturados para limitar o máximo possível os custos, com o despertador às três e meia da manhã e a primeira "ação!" uma hora depois. Rita não desanima e, mais adiante no tempo, quando esse período representará só uma lembrança de juventude, ela falará quase com um pouco de saudade: «No final do dia, todos nós começávamos a pular de cume em cume, à procura de algum raio de sol para uma tomada a mais. Quando o sol estava próximo ao ocaso, subíamos em um morro mais alto. Quando a luz sumia também de lá, subíamos em uma montanha. Tudo acabava por volta das nove da noite. Engraçado».

O primeiro é *Rebellion*, ambientado na Califórnia e centrado na perseguição de uns mexicanos. Há um herói, o especialista em bangue-bangue Tom Keene, que, após mil peripécias, casa-se com Paula Castillo (Rita) e se torna governador. O segundo é *Old Louisiana*, e repropõe o duo entre Rita e Keene. Dessa vez, Rita é Angela González, filha do governador espanhol, esplêndida em suas mantilhas. *Trouble in Texas* é um clássico do gênero, onde abundam diligências e assaltos, com o inevitável salvamento da bonita. Rita, então, chama-se Carmen e dança um pouquinho, sendo o protagonista masculino Tex Ritter, que no filme consegue embutir até três canções e um rodeio. Os biógrafos mais obstinados lembram que a revista «Variety» define Rita «talvez a mais linda estrelinha de nossos dias».

Logo depois é a vez de *Hit the Saddle*, um filme que pertence a um seriado muito popular, *The Three Mosquiters* (Max Terhune, Robert Livingston e Ray Corrigan). Pura segunda divisão também esse filme, mas arrecadações garantidas sem nenhum problema. Rita, aqui, chama-se Rita, e em um *saloon* se exibe em um fandango e em uma interpretação pessoal da *Cucaracha*. O "bonitão" dos três mosqueteiros (Livingston) naturalmente se apaixona por ela. O *happy end* é garantido.

Há pouco mais a dizer sobre produtos desse tipo. É preciso, porém, considerar como Rita continua sendo utilizada exclusivamente em papéis de mulher espanhola ou mexicana, apesar das primeiras tentativas de Judson para fazê-la perder aqueles caracteres "de família", e como, não por acaso, a imprensa a ressalta somente nos filmes em que dança. Quando se apresenta em alguma dança, ainda mais se for exótica, Rita transforma-se e quem a vê da poltrona das salas cinematográficas fica impressionado pela sua

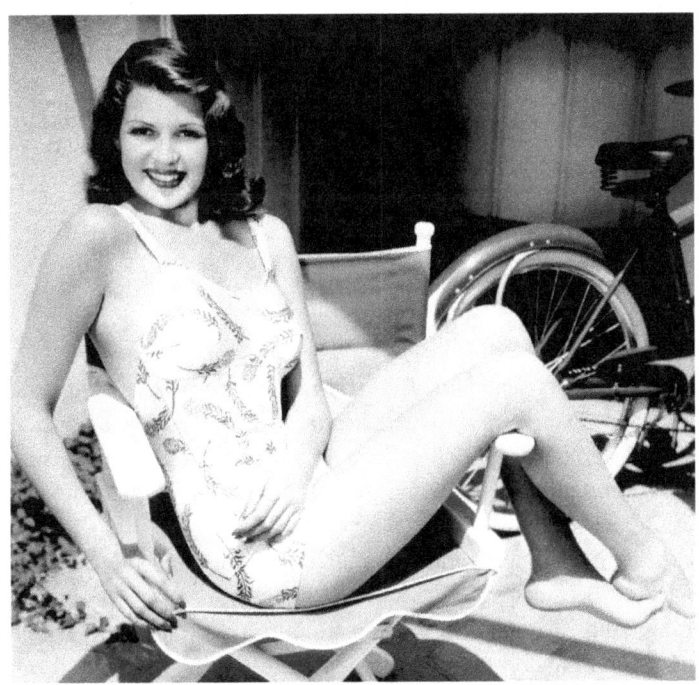

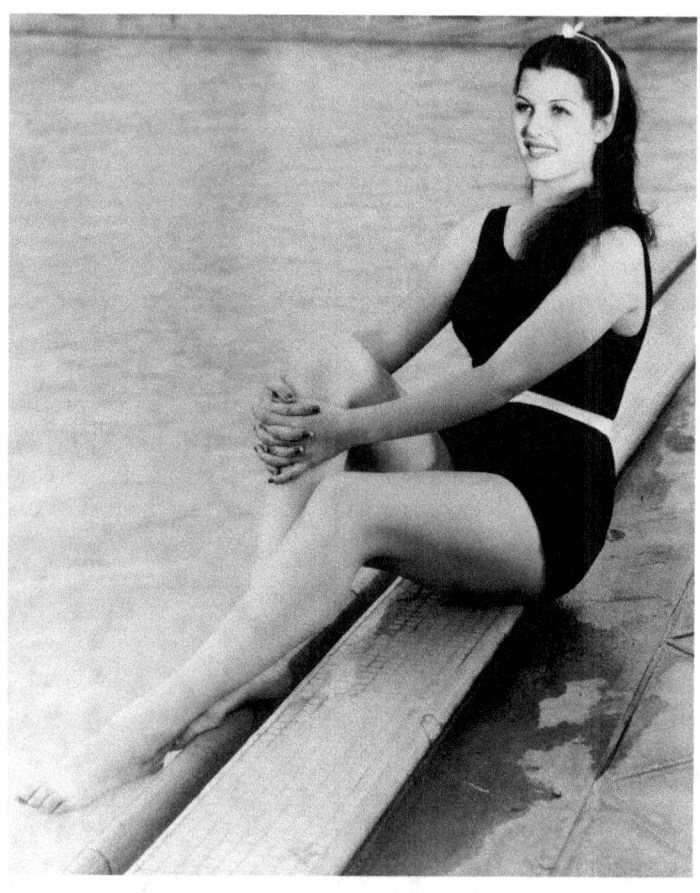

exuberante sensualidade. Ela tem a dança no sangue e, quando dança, se exibe sem timidez e hesitações. Um sinal de talento.

Em 29 de maio de 1937, o golpe teatral: Rita foge com Judson, e os dois se casam em Yuma. As reações da família Cansino são muito latinas. Até aquele momento, Eduardo e Volga haviam considerado Judson como o manager de Rita, e nunca tinha passado pela cabeça deles que ele pudesse ter projetos sobre a filha. Aliás, Rita estava só com dezoito anos. Para os pais, ela não tinha falado nada das intenções matrimoniais com Judson,

que, tendo ultrapassado os quarenta, era até mais velho do que Eduardo. «Na verdade, nossa mãe desprezava Ed Judson», lembrava Vernon Cansino. «Não gostava de nada dele». Volga ficou tão perturbada pelo improvisado casamento que adoeceu. Eduardo estava furioso. «Se só tivesse imaginado que você iria se aproveitar de Rita, nunca o teria permitido. Eu achava que você fosse interessado somente na *carreira* dela» [a itálica não é minha, mas de Morella e Epstein, que lembram o episódio].
Com certeza não é *amour fou*. Rita pensa em poder alcançar aquele sucesso a que parece condenada pela sua mesma família

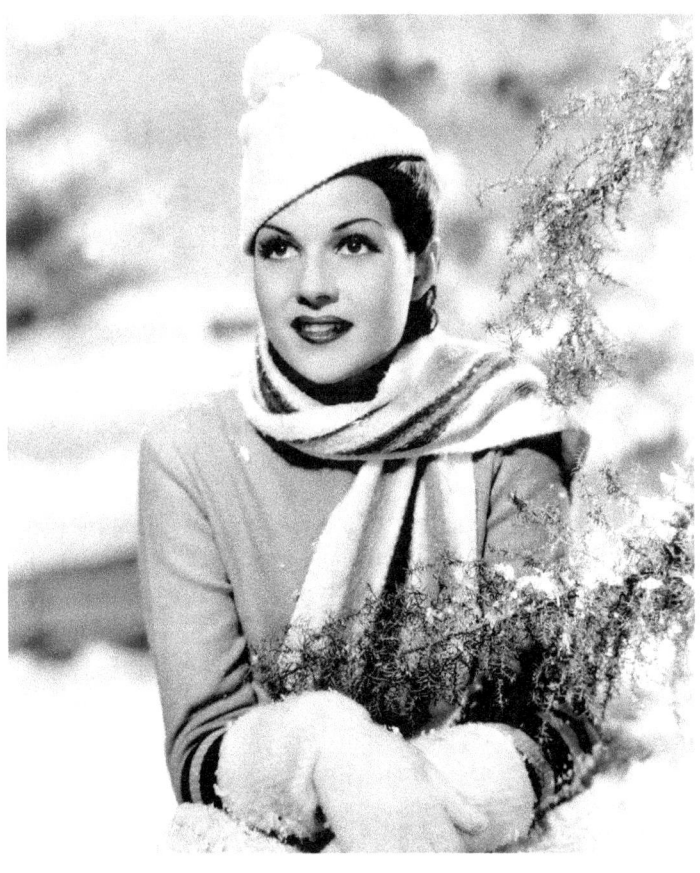

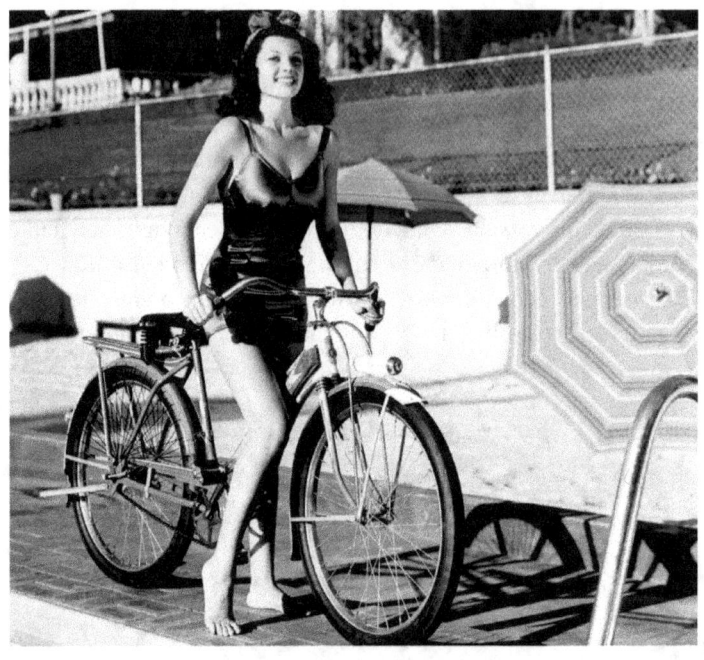

desde quando nasceu e, principalmente, conseguir escapar das garras paternas.

Judson, entretanto, arma uma jogada das suas: forte pela amizade com Harry Cohn, consegue convencê-lo que contratar Rita seria um bom investimento para uma produtora que tem somente uma estrela: Frank Capra. A Columbia, nesse momento, deve segurar o poderio da Fox e da Warner. Um evento talvez tenha influenciado a situação: em 7 de junho de 1937, com vinte e seis anos, a *"Blonde Platinum"* por excelência do cinema americano, Jean Harlow, morre. «A notícia deixou atônita Hollywood e todos os fregueses de salas cinematográficas», ressalta Irving Shulman, autor de uma biografia da diva. Entre as necrologias e os obituários da imprensa, o tantã da grande indústria é frenético: «É preciso inventar outra», ritma. «E quanto mais rápido, melhor». Isso, além das insistências de Judson, que, com quase toda certeza, acaba convencendo Cohn a arriscar. Mesmo que, pela sua própria arte denegridora (muito útil para baixar o preço de compra de quem quer que seja), Rita seja "definida": «Os tipos latinos», alega, «não estão na moda. Esse nome, Cansino, parece demasiado mexicano» (pelas crônicas, Rita fará sua estreia, pelo contrato Columbia, no papel de uma dançarina "latina").

Judson não desiste. E responde: «É só mudar o nome. O que é que você acha do sobrenome de jovem da mãe? O tio dela, Vinton, trabalhou muito bem na RKO». Dito e feito: "nasce" Rita Hayworth, com aquele "y" a mais com relação ao sobrenome da mãe. O resultado é importante e repentino: o contrato com a Columbia é de sete anos. Até na família Cansino, é recebido como uma dádiva, como uma promessa esperada demais.

Mas as surpresas não faltarão, e começam quase imediatamente. Os relacionamentos, entre todos, começam a ficar mais confusos e mais abrasados. Judson pede a Volga e Eduardo um relatório muito pormenorizado dos ganhos da filha na época dos Dancing

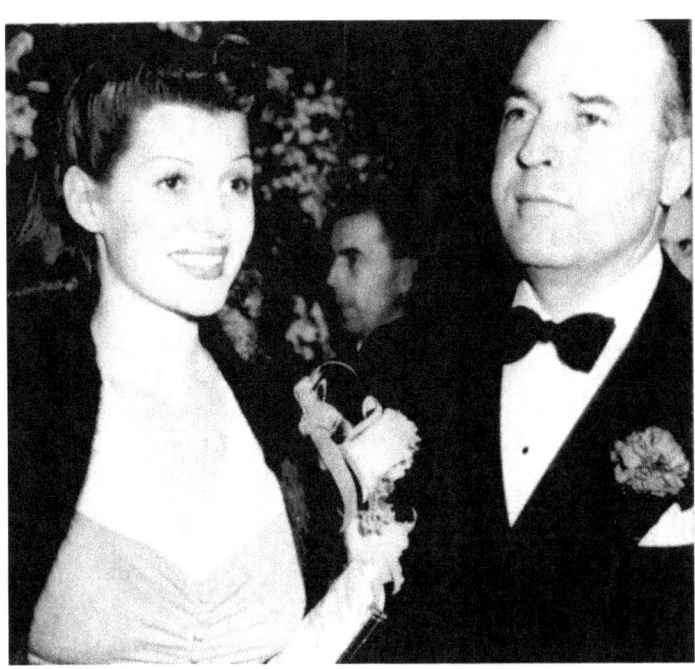

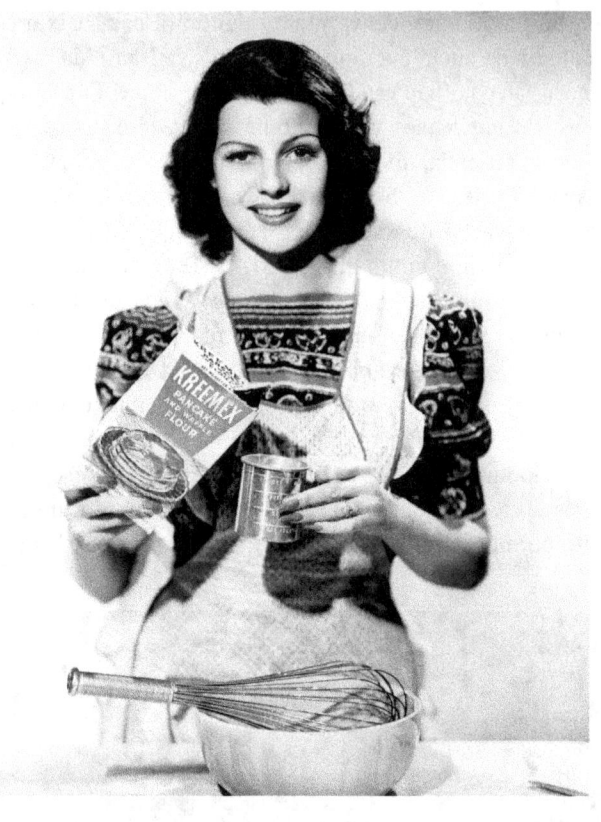

Cansinos. Rita fica sem jeito. É a primeira de uma longa série de contrastes entre um ambíguo marido-pigmalião e uma família tirânica. Judson, aliás, parece ter ideias bem claras sobre onde quer chegar e não perde tempo. Em quase seis meses Rita atua em cinco filmes, todos de segunda categoria, em um contínuo aprendizado que, para ela, parece não acabar nunca. Mas é a regra dos estúdios: cada nova estrela deve demonstrar, como no antigo faroeste, aquilo que sabe fazer. A estreia com o novo nome é em *Criminals of the Air*, de Charles C. Coleman, onde Rita é uma bailarina mexicana em um local de fronteira. Uma história sem brilho e complicada, protagonizada por Charles Quigley e Rosalind Keith. Insatisfeito, Judson inventa cotidianamente jeitinhos para angariar mais dinheiro, principalmente, as fotografias publicitárias. Rita aparece, assim, de vez em vez, como "Miss Ano Novo", "Miss Agradecimento", "Miss São Valentim" etc., em calendários e publicações várias.

Nesse ano cheio de compromissos - afinal, serão oito os filmes rodados por Rita em 1937-, seguem *Girls can Play, The Shadow, The Game that Kills* e *Paid to Dance.*

Após *Criminals of the Air*, Rita volta para sua cor natural de cabelo, o castanho, abandonando de uma vez o preto corvino. Judson, como já dissemos, mal aguentava esse "gueto" mexicano do personagem de Rita. Com a ajuda de Helen Hunt, uma cabeleireira e maquiadora muito habilidosa e disponível, que em seguida se transformará em uma amiga muito importante para Rita, ele decide dar uma mudança radical no semblante físico dela. Rita Cansino desaparece definitivamente, enquanto a grande *star*, a "grande fantasia", a Atômica, o "sonho proibido" da América talvez comece aqui. Judson convence Rita a se submeter a demoradas, intermináveis sessões de eletro-coagulação na Electrolysis Association of America para realçar e acentuar a atadura dos cabelos: um processo lento e doloroso, além de caro (vinte e cinco dólares por sessão, pagos por Judson). Quando Cohn é informado, decide generosamente transferir o custo do tratamento à Columbia. Contou a Hunt: «Até quando tudo não terminou, habitualmente eu clareava os cabelos na atadura, para que não se notassem demais... Os câmeras continuavam insistindo para que eu lhe clareasse os cabelos». E, ainda, mais lições de recitação, com Ben Snyder, o professor "da casa". Todavia, até essas sofridas mudanças parecem inúteis. Em Hollywood, a beleza é de casa, e é preciso algo mais para emergir.

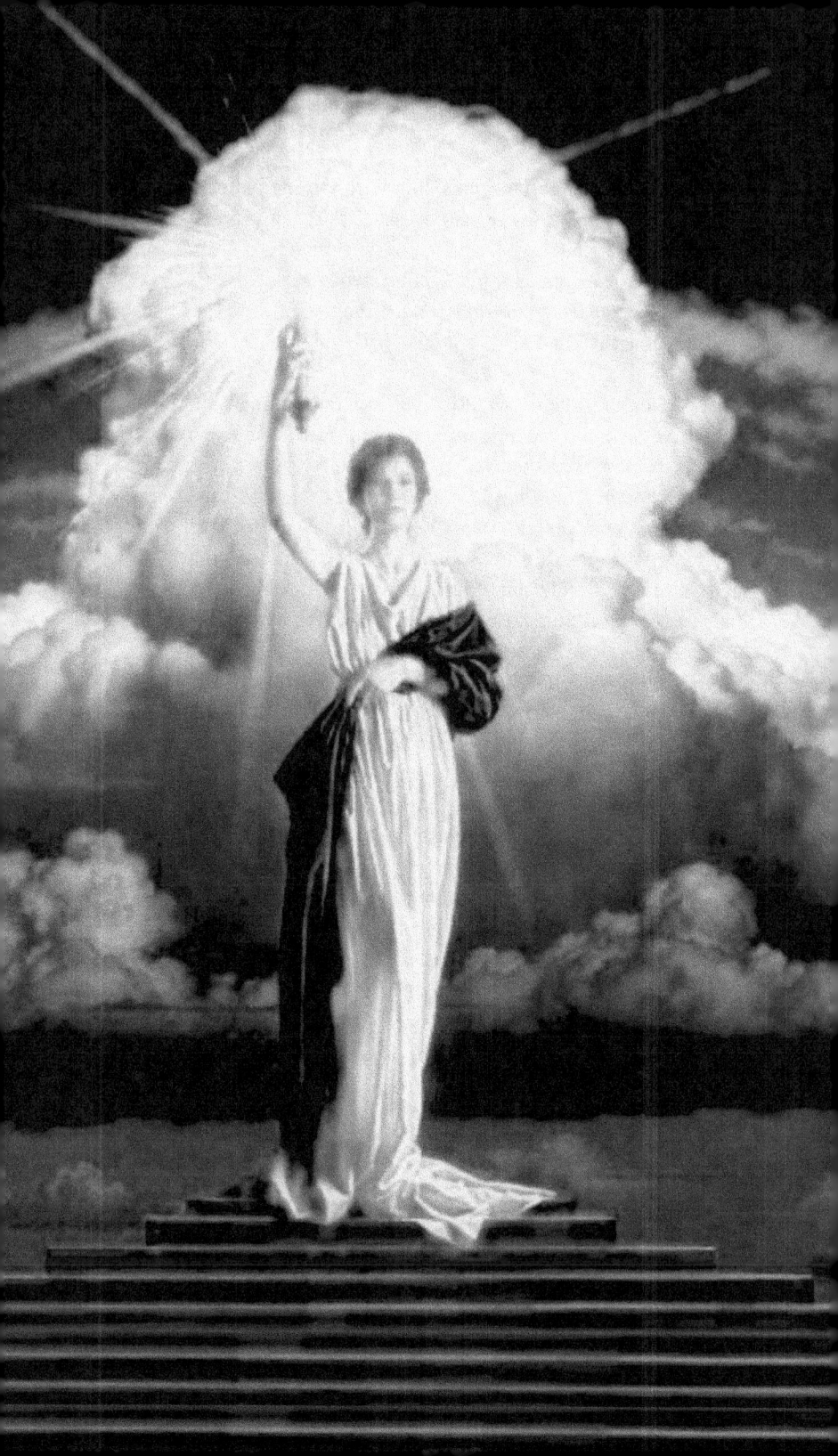

Aprendizado na Columbia

Em *Girls can Play* Rita é americana para todos os efeitos e faz parte de uma equipe de *softball* que parece construída na base de critérios exclusivamente estéticos. Calça curta em cima de lindas pernas, uma das poucas transgressões possíveis da época. E nada mais. A equipe de Rita é mais fraca, mas ela a conduz até o triunfo. Quem a ajuda é um jornalista interpretado por Charles Quigley, que fica ao lado dela também no seguinte *The Shadow*, onde, pela primeira vez, ela está com o papel de protagonista, mesmo o filme não sendo grande coisa. Quigley é o "puro" que, graças à força da própria pureza tão americana, consegue salvar uma equipe de hockey de um bando de malandros. A filha do chefão, afinal, coroa seu sonho de amor e de honestidade.

Paid to Dance, ao contrário, é uma combinação que nasce das crônicas, das histórias do *racket* da prostituição, na época nas mãos do gangster Lucky Luciano. Mais do que insistir no lado social e político dos fatos contados, transforma-se num melodrama policial que tenta copiar um sucesso da Warner do ano anterior, *Marked Woman*, com Bette Davis e Humphrey Bogart. Dançarinas, *night clubs*, gangsters e um comum bom senso conferem ao filme uma espécie de consciência sindical que, com o olhar de hoje, faz sorrir.

Judson escolhe, a esse ponto, outro caminho: o da propaganda mundana. Começa escolhendo tecidos e modelos de roupas adequados às suas aspirações e procura vestidos e joias emprestadas para Rita. Os locais disputados dessas voltas promocionais são mais ou menos os mesmos de sempre, aqueles "justos": o Ciro's, o Grove e o Trocadero. Rita, como sempre dócil, submete-se a tudo isso da melhor maneira possível, com a ajuda de Helen Hunt, que envia para ela algum assistente, ou

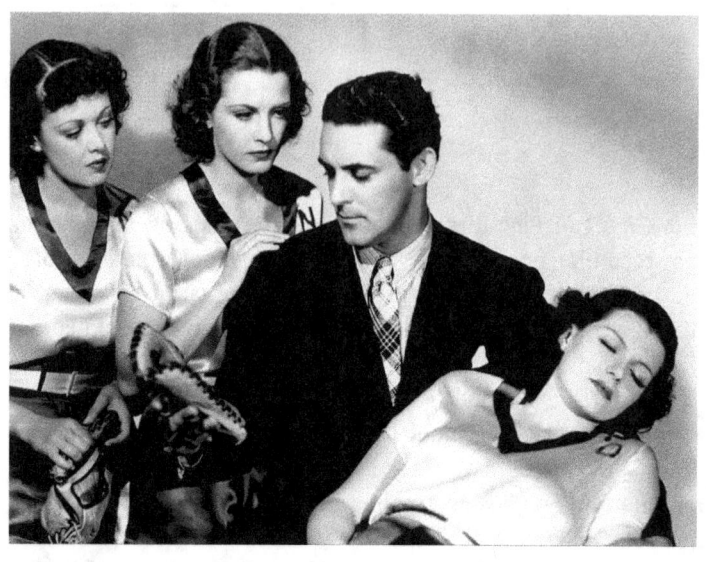

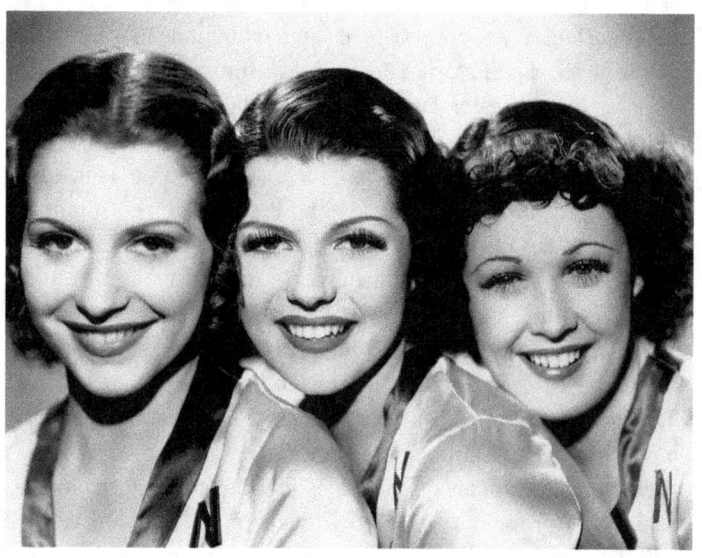

ela mesma vai, para penteá-la em casa ou no carro, em cima da hora. As coisas, a partir desse momento, começam a mudar, entre fotos nos jornais e citações nas crônicas sociais, mas a nova Jean Harlow, porém, ainda não nasceu.

O jogo é interrompido pela segunda "surpresa" de Judson. Com as fotos e o nome na imprensa, chegam também as fofocas. «Rita alimentou uma confiança cega e ilimitada no marido», mencionam Morella e Epstein, «enquanto não descobriu ser, na realidade, a "terceira" senhora Judson! Ela se sentiu traída e lhe opôs um muro de silêncio. Ed disse para ela que "estava se comportando como uma criança" e que as outras mulheres "pertenciam a outro capítulo de sua existência". Para Rita, porém, não era possível esquecer. Nada, na sua passada experiência, a preparara para aguentar uma prova como esta. Aquele homem era seu marido, e, por ele, ela tinha abandonado sua família. Se a primeira mulher de Judson era uma ilustre desconhecida, a segunda era uma celebridade: a pluri-divorciada Hazel Forbes, uma das belezas de Ziegfeld. Fazia parte do *cast* de *Whopee!*, show em cartaz na Broadway em 1928, quando tinha conhecido Judson, na época agente dos luxuosíssimos carros Isotta-Fraschini. Hazel e Judson tinham se casado em janeiro de 1929, mas muito cedo tinham se separado. Hazel obteve o divórcio em dezembro do mesmo ano e voltou a trabalhar em *Whopee!*. Pouco depois, casou com o herdeiro de uma grande fortuna, obtida com a produção de pasta de dentes, o qual cedo faleceu deixando à viúva todos seus bens. Casou depois com o famoso cantor Harry Richman e divorciou-se também dele».

Em 1938, a situação continua igual a antes: alguns filmes de pouca qualidade. Alguns anos depois, repensando àquele período, Rita disse: «Todos eram bastante fracos, mas com aqueles filmes de qualquer maneira aprendi algo. Aprendi que não se aprende muito com aquelas pessoas cujo único interesse é fazer algo com pressa mais do que bem feito».

Em *Who Killed Gail Preston?*, ela é a protagonista e, já desde o título do filme, dirigido por Leon Barsha, entende-se que sua personagem vai morrer. Não faltam, porém, alguns elementos de curiosidade, desde a peruca preta à Hedy Lamarr (Lamarr é uma das divas do momento, e em Hollywood a imitação é praxe admitida e corriqueira) até o desenvolvimento da trama, tão esforçada e desarticulada que provoca efeitos de filme cômico. Basta dizer que o assassinato anunciado acontece em um *night club* muito parecido com uma cadeia – com os *separés* quase iguais a celas oferecendo a possibilidade de assistir ao espetáculo por entre as barras – e onde o *maître* usa farda de policial. Até o nome do local, "Swing Swing", produz um efeito de pérfida ironia, brincando ousadamente com o nome do cárcere de Sing Sing e com o nome de um ritmo na moda. Rita/Gail se apresenta quase imediatamente na cena, cantando uma canção (dublada, porque Hayworth nunca cantou, e todos seus "hits" formidáveis, na realidade, são sempre, exceto numa ocasião muito breve, como veremos, dublados). Após um monólogo que deixa o espectador "saborear" seu jeito de ser antipática ou patética e após outra canção, a nossa protagonista cai no chão. Morta.

O filme seguinte é *There's Always a Woman*, dirigido por Alexander Hall, um filme pretensioso, "de primeira divisão". Mas isso também é um "*ballon d'éssai*", porque, como já lhe acontecera antes, no momento da montagem definitiva, seu papel é reduzido a uma ponta de uns trinta segundos. No elenco, além dela, Melvyn Douglas e Joan Blondell. Visto que a "primeira divisão" para ela significa principalmente "ficar no banco", Rita volta para a série inferior, com *Convicted*, onde encontra um roteirista como Cornell Woolrich, que aqui trabalha com a mão esquerda. E reencontra, como parceiro, Charles Quigley. O filme é um policial ambientado no mundo dos *racket* de Nova Iorque. Tem um irmão, meio malandro (mas inocente), que é acusado pela morte, em uma situação esquisita, de uma bailarina, tem um "mau", o dono da boate onde trabalhava a finada, e tem Rita, no papel da investigadora amadora. No final, raptada, é salva por Quigley no papel do detetive "bom" e profissional. *Juvenile Court*, de Ross Ledermann, o filme seguinte, encara a delinquência juvenil, uma veia que já deu certo em *Dead End* do ano anterior, um sucesso da United Artists dirigido por Sidney

Kingsley, e em *Angels with Dirty Faces*, da Warner, hoje um *cult movie*, interpretado por James Cagney, Humphrey Bogart, Pat O'Brien e Ann Sheridan. Em *Juvenile Court*, Rita é, mais uma vez, a irmã boazinha de um facínora. Não falta o advogado progressista, que aqui é Paul Kelly, com quem, Rita teria tido uma espécie de "simpatia", segundo um boato.

Nesta série de filmes pouco interessantes, aparece uma espécie de oportunidade: *Holiday*, dirigido por George Cukor, um mestre do cinema e da direção trabalhando *una tantum* na Columbia. A protagonista é Katharine Hepburn. Falta a irmã menor da Hepburn, e, por um tempo, Cukor pensa em Rita (que faz até uns testes). O papel, porém, vai para Doris Nolan. Cukor, todavia, fica impressionado pelo gênio dela. Dirá depois: «Rita tinha uma elegância natural. Imediatamente entendi que não era uma das muitas moças bonitas». Um *imprimatur*. Para Rita, esta experiência não é traumática como *Ramona*. Ao contrário, é um primeiro sabor da grandeza de Hollywood. Hepburn a impressiona muito. «Aprendi mais com ela em três dias do que com o trabalho feito em um ano em filmes fracos», é o comentário grato de Rita. Cukor a aconselha a continuar as aulas de dicção. Um estímulo, de um lado, mas também a realidade de que a "estrada real" ainda fica longe.

Emprestada para a RKO, com o consentimento de Cohn, que começa a pensar que o investimento não seja talvez tão improdutivo, ela interpreta *The Renegade Ranger*, outro bangue-bangue e, mais uma vez, um nome, o da sua personagem, que parece levá-la de volta ao passado: Judith Álvarez. Dessa vez, é uma *outlaw*, uma fora da lei, e é George O'Brien quem divide com ela essa fraca historieta. Rita monta até um cavalo selvagem e atira com dois revólveres. Aparentemente, não mostra dificuldade nenhuma. De volta à Columbia, trabalho não falta. *Homicide Bureau* é seu destino imediato. É outro policial ambientado num laboratório químico, onde a trama, o habitual "bons" e "maus", se desenvolve penosamente. Mas, ainda assim, haverá quem, depois, quisesse ver nesse filmezinho sem pretensões uma espécie de antecipação dos medos e dos sentimentos gerais relativos à iminente Segunda

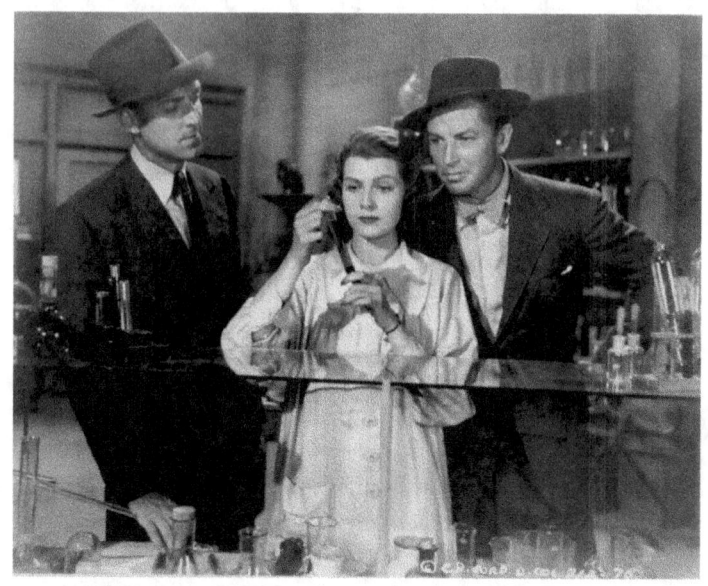

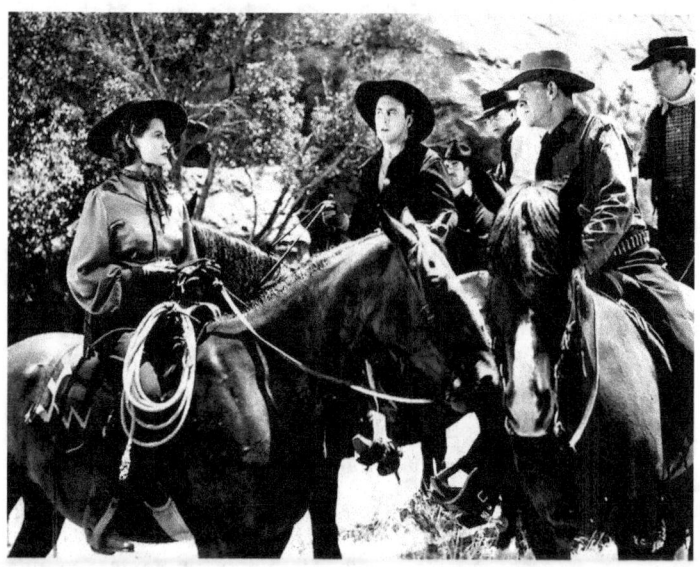

Guerra Mundial. Também o trabalho seguinte tem muito pouca qualidade artística, mesmo com as atuações de Ida Lupino e Warren William. É o primeiro filme em que Rita tem um dublê (Ellen Duffy) e figurinos feitos sob medida para ela. É *The Lone Wolf Spy*, onde um investigador é raptado pelos "inimigos" em uma confusão sobre alguns planos anti-aéreo. A guerra está virando realidade também para a América, e as temáticas desviam-se quase espontaneamente em direção a esta tragédia. O "Lobo Solitário" de que fala o título é um investigador, aqui interpretado com muito pouca originalidade por William. Rita é um dos "inimigos", mas é linda, extraordinariamente linda no seu vestido de lamé prateado, uma segunda pele praticamente. Segue a distribuição de um filme de dois anos atrás esquecido na gaveta de Cohn: *Special Inspector*, assinado ainda por Barsha e interpretado por Quigley (é a sexta vez que ele faz par com Rita). A trama de espiões e assaltantes na fronteira com o Canadá não tem nada de novo. O balanço de Rita Hayworth, ex Cansino, a esse ponto é de vinte e um anos de vida e de vinte e três filmes, todos poucos significativos. Longe do set, entretanto, tudo corre segundo os ritmos pré-estabelecidos por Judson: vida noturna e onipresença. Rita e o marido estão em toda parte. Mas ele não está satisfeito. E está convencido de que as potencialidades de Rita são muitas e bem diferentes.

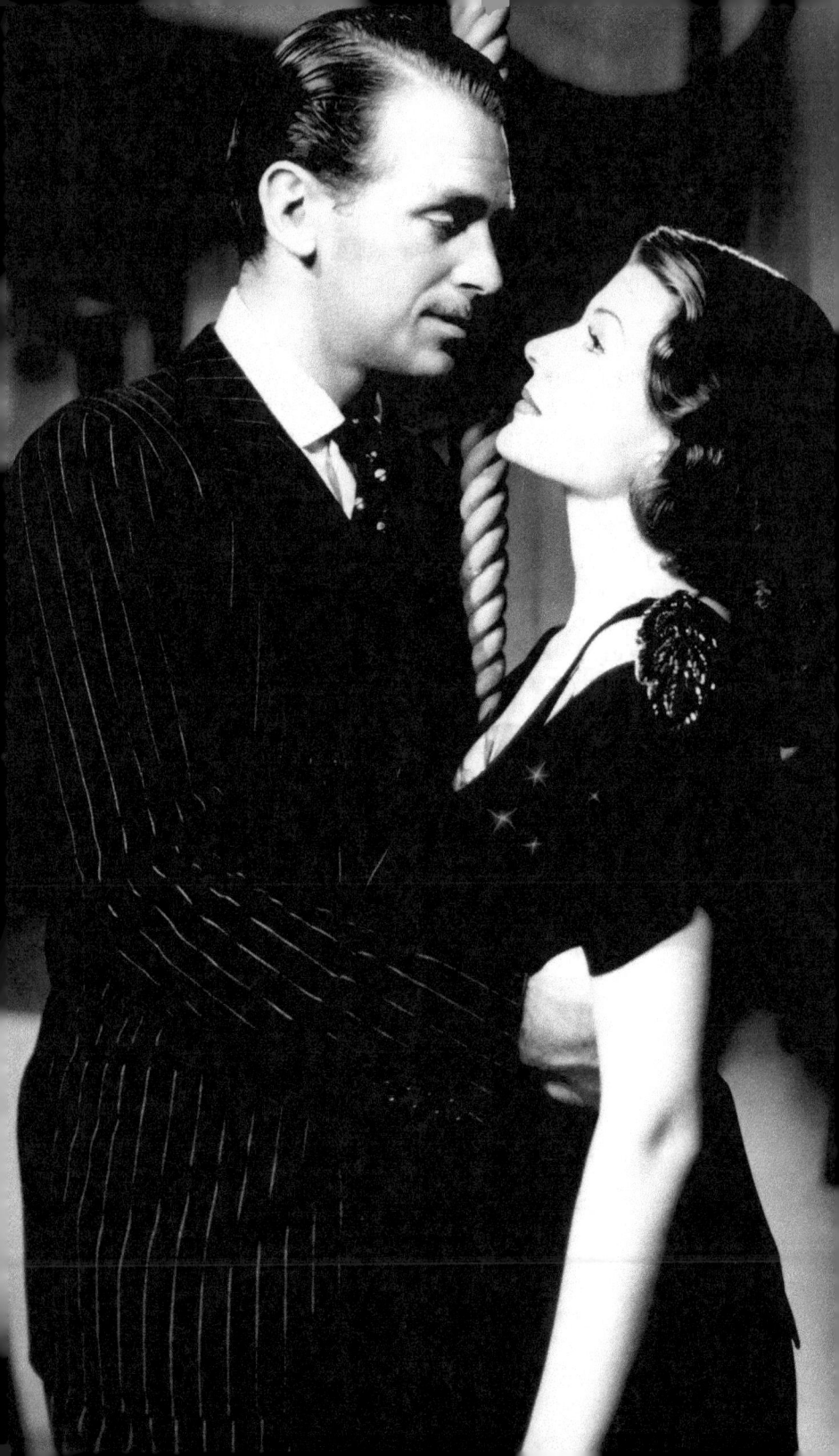

Howard Hawks, George Cukor, Charles Vidor, Raul Walsh

Desde 1938, o tantã interno da Columbia toca muito: é anunciado o novo filme de Howard Hawks, *Only Angels Have Wings*, ambientado no mundo da aviação e com os papéis principais já atribuídos a estrelas como Cary Grant, Jean Arthur e Thomas Mitchell. No filme há também a volta de Richard Barthelmess, um dos reis do "mudo". A atmosfera na produção é elétrica, as expectativas são muitas, e não há dúvidas sobre a possibilidade de que um *cast* tão excepcional não possa garantir um sucesso de amplas proporções. Rita adoraria ter até uma ponta nesse "acontecimento" de que todo mundo fala, e consegue. Obtém um pequeno papel no lugar de Linda Winters, a quem o papel parecia já prometido. Sobre a conquista deste papel – que, mesmo menor, será muito importante para sua carreira futura –, os boatos se espalham nas asas da inveja e da imaginação. A revista «Time» escreve que Rita «tinha posto o olhar sobre um filme de qualidade e investido cinco mil dólares do dinheiro do marido em um formidável vestido, reservando uma mesa em um *night club* de Hollywood quase ao lado da do diretor, Howard Hawks, e tinha deixado a natureza fazer seu curso». Segundo outras pessoas, esse vestido "fatal" seria somente o mesmo exibido por ela em *The Lone Wolf Spy Hunt*, de Godfrey, no ano anterior. A Small Agency, que na época cuida dos interesses de Rita, fala com a boca de George Chasin. Tudo foi muito mais simples: «Durante dias e dias», contará Chasin depois, « fiquei sentado perto da porta de Howard Hawks, logo depois mudei para perto da porta por onde Hawks devia passar para ir almoçar. Quando, por fim, saiu, fui atrás dele no corredor e pedi para ele fazer um teste de Rita. Nunca tinha visto Hawks antes daquele

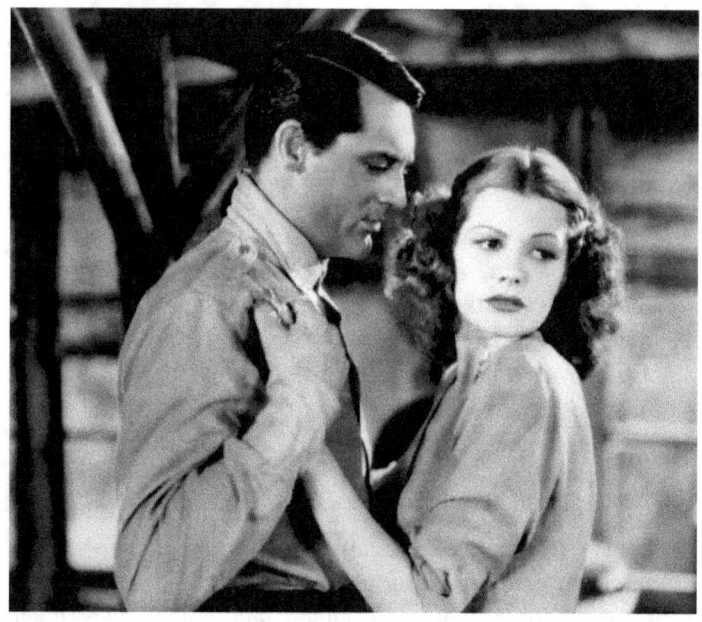

momento. Ele me disse que para o filme já tinha sido escolhida
Linda Winters, cliente do seu irmão. Concordou, de qualquer
maneira, em fazer um teste, e afinal Rita obteve o papel».

Judson é animado, Rita está com medo, apesar de Cary Grant
tentar ajudá-la de qualquer maneira, e naturalmente não faltará o
boato de uma grande paixão entre os dois, paixão frustrada desde
o início pela Columbia. Se com Grant tudo parece correr bem,
assim não parece – são sempre boatos – com Jean Arthur, que até
teria recusado ser fotografada com Rita, pelo medo da comparação.
Mas trata-se de fofocas. Não é literatura, ao contrário, aquilo que
dirá Hawks muitos anos depois repensando a sensualidade que
Rita, naquele filme, espalha pela tela, e que teria provocado, após
a estréia nas salas, muitas cartas de fãs entusiasmados: «Não
acho que ela se desse conta de quanto os outros a achassem
sexy. Observei a mesma coisa em outras mulheres, por exemplo
em Lauren Bacall. Essas moças eram ainda demasiado jovens e
inexperientes quando se transformavam em divas. Não sei se

Rita jamais entendeu qual foi o problema».*Only Angels Have Wings* não é uma obra-prima. É confuso, pouco acreditável, ambientado na América Latina entre aviadores consagrados ao perigo e demasiado "americanos", amores e ciúmes, traições e reconciliações na base de uma hipotética "paz geral". Os atores são importantes, assim como o diretor e o roteirista (Jules Furthman), mas o filme não decola no nível da qualidade, mesmo que as arrecadações pareçam contestar esta última afirmação. Rita, por este esquisito "pastel" para-patriótico, consegue uma popularidade e um sucesso até agora nunca alcançados.

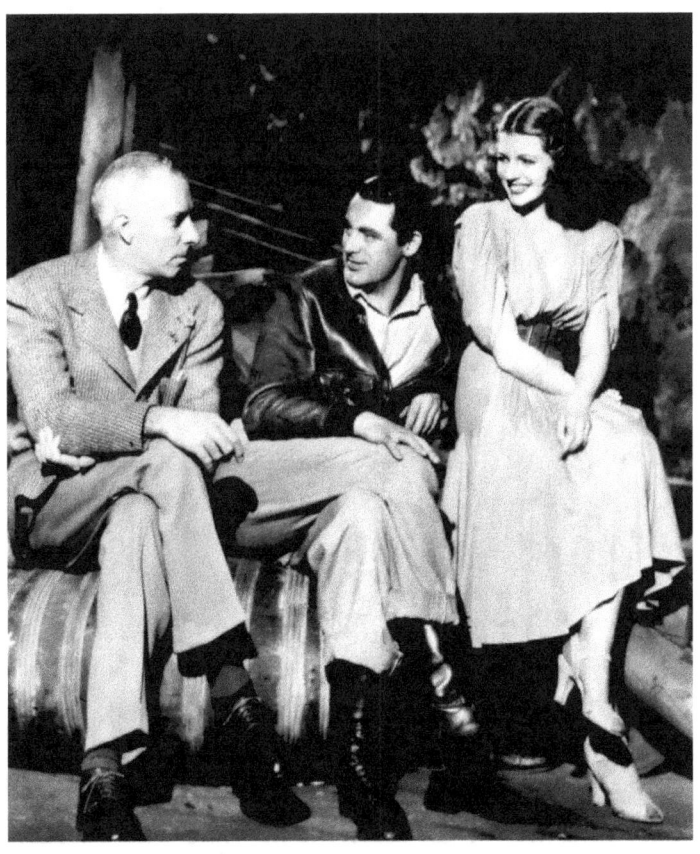

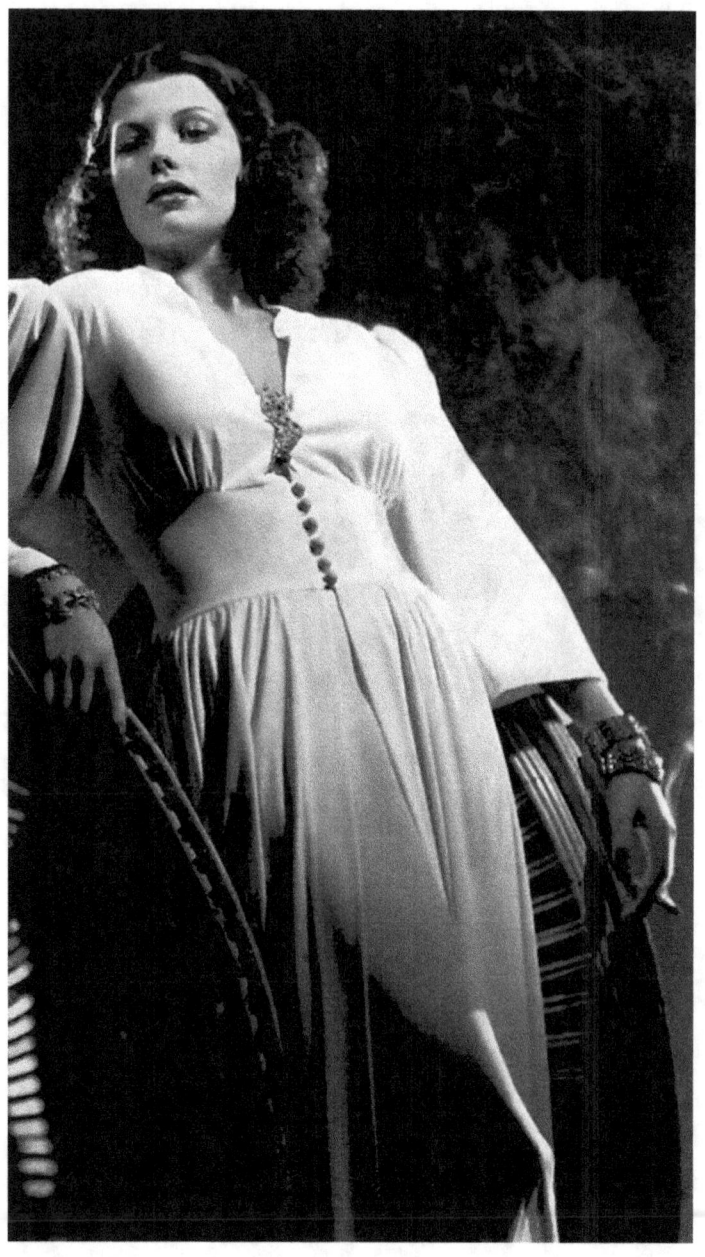

No nível privado, entretanto, todos os pecados se pagam: a desilusão de ter casado com um homem como Judson está presente nela há algum tempo. Mas agora as coisas se precipitam: ele, possesso pelo intento de fazê-la conseguir a fama, não tem limites. Rita, porém, é menos "desumana" do quanto seu marido acha: queria, por exemplo, filhos. Começa a tomar soníferos. Em casa muitas vezes chora. Os nervos começam a ceder. David Howard, diretor de *The Renegade Ranger*, teria dito: «Eu era muito amigo de Rita e estava a par de suas profundas angústias. Assisti também a uma briga entre ela e Edward sobre o tema filhos. Em uma noite de março de 1939, Rita me ligou, estava perturbada, evidentemente presa em uma crise de nervos. Tentei acalmá-la da melhor maneira possível. No dia seguinte, liguei, mas me responderam que os senhores tinham viajado para breves férias. Um par de dias depois, encontrei com Ed e, curioso, pedi notícias de Rita. Ele foi muito evasivo. Em minha opinião, naquela noite Rita tentou o suicídio. E, naquela mesma noite, faliu definitivamente o casamento entre ela e Judson». Profissionalmente, ao contrário, as coisas vão indo. A retribuição semanal aumenta para ela de 250 a 300 dólares, cinqüenta dos quais destinados para mais aulas de dicção. Judson, entretanto, encerra o relacionamento com a Small Agency e escolhe um novo agente para sua esposa: Henry C. Rogers, que, em seguida, será um grande amigo de Rita. Rogers ficou impressionado pela desenfreada ambição de Judson. Lembra que também Rita era ambiciosa, «mas era Eddie quem fazia tudo. Judson me propôs ser *press-agent* de Rita, em troca do cinco por cento das entradas por um período de três anos. Juntava em volta de trezentos dólares por semana, e minha fatia seria de quinze dólares por semana».
Rogers deve encontrar o jeito de propagandear em alto nível as qualidades de Rita. Judson, que nessas coisas é ótimo, lhe oferece uns palpites. Na imprensa, aparece uma nova sessão de fotografias de Rita como "Santa Claus Girl", como já acontecera anteriormente. Os jornais publicam o boato de que Rita "gastaria" tudo aquilo que ganha, por volta de 15 mil dólares por ano, em

vestidos, até receber um importante prêmio no mundo da moda. Morella e Epstein referem: «Rita tinha recebido pelo seu guarda-roupa um importante prêmio da moda por Jackson Carberry, presidente da Fashion Couturiers Association of America. "Não havia uma palavra de verdade", revela agora Rogers. "Eu que tinha escrito e enviado o telegrama para Rita nos estúdios cinematográficos; não existia nenhum Jackson Carberry nem uma associação chamada assim. Eu que tinha inventado tudo, completamente"». «Judson e Rogers - continuam Morella e Epstein - tiveram de juntar um espetacular guarda-roupa para o encontro com o fotógrafo de "Look" Earl Thiesen, a quem tinha sido encomendada a reportagem, e conseguiram, como sempre, graças ao empréstimo de vestidos e acessórios por lojas, armazéns e desenhistas de moda da cidade toda. Thiesen tirou um número infinito de fotos, e uma foi escolhida para a capa de "Look"».Esta vitória, que se junta ao sucesso obtido por *Only Angels Have Wings*, anima mais ainda Judson. De um lado, inicia a perseguição a Harry Cohn para que ofereça a Rita papéis de maior envergadura e nível artístico (e ele empurra a mulher quase a se entregar ao *boss*, que há algum tempo é fascinado por ela, mesmo esperando o momento para casar com Joan Perry). Do outro, em casa, ele vira um verdadeiro déspota, com Rita atropelada e perturbada pela súbita notoriedade. Henry Rogers contou: «Uma tarde Rita estava atrasada para umas fotos que deviam ser feitas na residência do casal: Judson contou piadas e distraiu a imprensa até quando, por fim, Rita, elegantérrima, saiu do quarto. Aproximou-se de Judson e, com o tom de uma filha que fica esperando a opinião e a aprovação do pai, lhe perguntou: "Está bem assim?". Ed a examinou com atenção e apontou um broche pregado no colarinho: "Coloca aí", disse apontando o ombro. Ela obedeceu imediatamente. "Agora sim que você está perfeita", ponderou. E, para os fotógrafos: "Força, garotos, mãos à obra! Nós estamos prontos"».

Rita começa a ser considerada uma das mulheres mais sexy entre as novas estrelas de Hollywood. Cohn deve de alguma maneira satisfazer seus desejos. Manda-a então trabalhar em *Music in my*

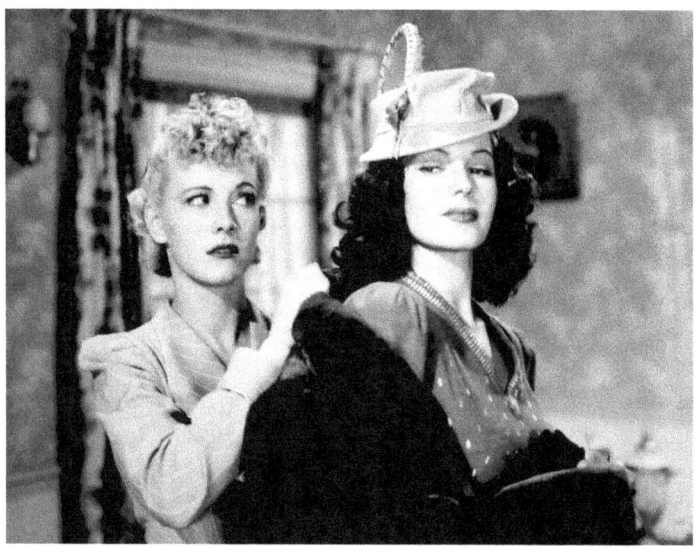

Heart, um musical com Tony Martin, que, porém, não valoriza a carga sensual da atriz e até parece "encerrá-la na vitrine", não explorando seu bom momento. O filme é uma cópia desbotada e aguada dos musicais de Fred Astaire na época da RKO e de *You Can't Take it with You,* de Frank Capra, pelo lado de "comédia" edificante que o anima.Logo depois, Rita aparece em *Blondie on a Budget*, um filmezinho de segunda categoria que nasce das *stripes* de Chic Young sobre a Blondie do título e Dagwood. É bastante engraçado, e ela se vira muito bem no papel de uma ex-namorada de Dagwood, que, de repente, se atira na casa deles. Para Blondie (Penny Singleton), se transformar em um animal feroz é um instante só...

A interpretação seguinte lhe oferece a possibilidade de trabalhar em um filme de alto nível. A Columbia a empresta, de fato, para a MGM, porque George Cukor, talvez lembrando as promessas feitas no passado, a quer como coadjuvante em *Susan and God*. O roteiro é de Anita Loos, os protagonistas são Fredric March e Joan Crawford. A ideia de rodar nos estúdios de Clark

Gable e Greta Garbo a emociona. Ela terá roupas de Adrian para vestir no *set*. *Susan and God* é adaptado de um grande sucesso da Broadway, escrito por Rachel Crothers e interpretado no palco por Gertrude Lawrence. O argumento enfrenta o tema do fanatismo religioso. Rita interpreta Leonora Stubbs, uma mulher fatal casada com um velho marido obtuso (Nigel Bruce) e apaixonada por outro homem (John Carroll). O papel dela não é de destaque, mas lhe oferece, em uma cena, a possibilidade de dançar uma rumba que desencadeia o entusiasmo do público e da crítica. Louis B. Mayer teria ficado muito impressionado por Rita e, em uma reunião com seus diretores, teria dado a sugestão de fazê-la trabalhar com Clark Gable, Spencer Tracy e Claudette Colbert em *Boom Town*, o segundo filme em que Gable atuava após *E o Vento Levou*. Que ocasião! Mas Hedy Lamarr, que era contratada pela MGM, queria aquele papel, insistiu, e o obteve.

De Rita, todavia, continua-se falando. Também a Paramount, a outra *major*, a procura para oferecer-lhe dois papéis em filmes importantes. Cohn é mais do que favorável a emprestá-la para a concorrência. Em caso de sucesso, sua atriz sairia valorizada; caso contrário, a Columbia e ele mesmo teriam se distanciado de filmes que "não podiam" funcionar... Infelizmente, não dá em nada. A protagonista de *Northwest mounted Police*, do mítico Cecil B. De Mille, acaba sendo Paulette Goddard, enquanto *I Wanted Wings*, de Mitchell Leisen, consagra a estreia de Veronica Lake, ao lado de Ray Milland.

Nem todo mal vem para doer. Neste caso, a vantagem que Rita obtém é insuspeitamente importante: Cohn a faz atuar em *The Lady in Question*, onde ela conhece Charles Vidor, que será um dos seus diretores preferidos, quando não o preferido, e Glenn Ford, um homem que sempre estará presente em sua vida. *The Lady in Question* é um honesto *remake* de *Gribouille*, uma comédia francesa baseada em um clássico triângulo. André Morestan (Brian Aherne) salva da guilhotina Natalie Rouguin (Hayworth) e logo depois a contrata como vendedora na sua loja, colocando em séria crise a relação com a mulher (Irene Rich). O filho (Glenn Ford) antes odeia a moça, depois fica apaixonado por ela. Após

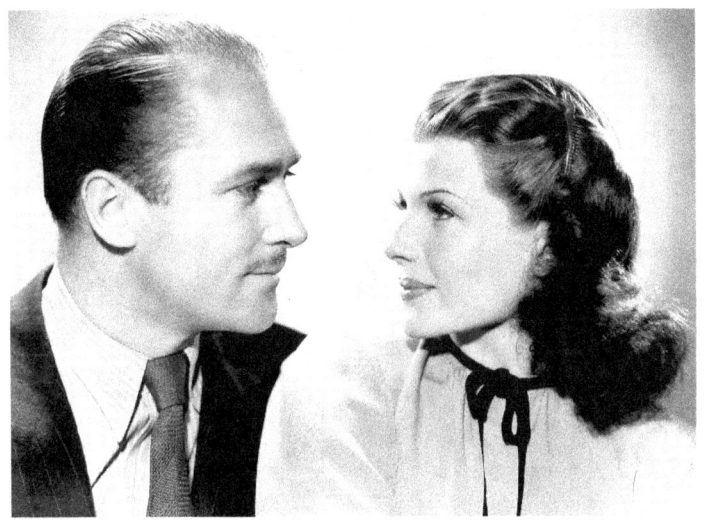

uma série de mal-entendidos, os dois jovens chegarão às núpcias. As críticas são boas, e até «The New York Times» escreve: «No papel da "senhora em questão", Rita Hayworth revela uma personalidade sedutora e um talento que deveria fazê-la ser reconhecida como uma das melhores atrizes de Hollywood».

O filme seguinte é *Angels over Broadway*, dirigido a quatro mãos por Ben Hecht – que também o escreveu e produziu – e Lee Garmes, um mago da câmera. Os intérpretes principais, com Rita, são Douglas Fairbanks Jr., Thomas Mitchell e John Qualen. *Angels over Broadway* é um pouco verborrágico e retórico, mas se distingue por algumas inovações que em breve serão clássicas no cinema americano: a voz *off* (aqui, aquela de Fairbanks) com que se abre o filme, e a fotografia de Garmes, muito expressionista, que parece antecipar *Cidadão Kane,* de Orson Welles, e a habilidade do seu *cameraman* Gregg Toland. Rita é Rita Barone, uma "chorus girl" que conseguirá conquistar Fairbanks. Mitchell não brilha como em *No Tempo das Diligências.* Hayworth no set é muito tímida e tem um medo reverencial de Fairbanks e, principalmente, de Hecht, que, porém, é conquistado por ela, e chegará até a propor para Cohn "costurar-lhe em cima" um filme

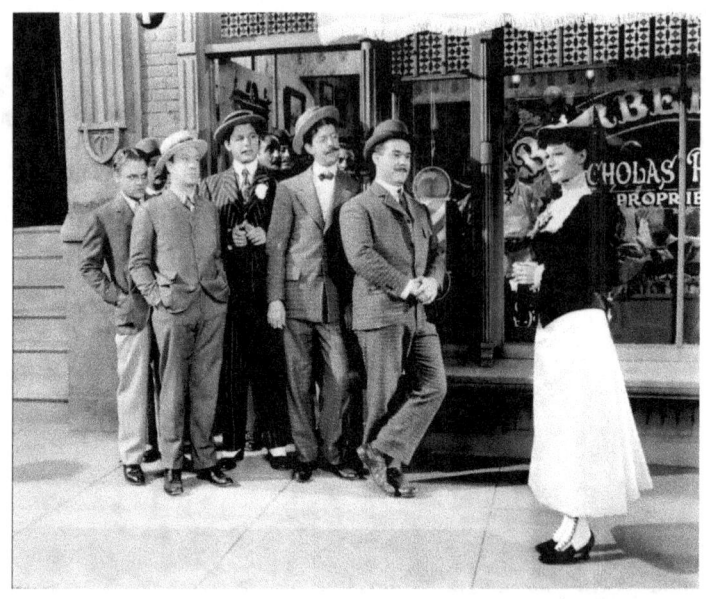

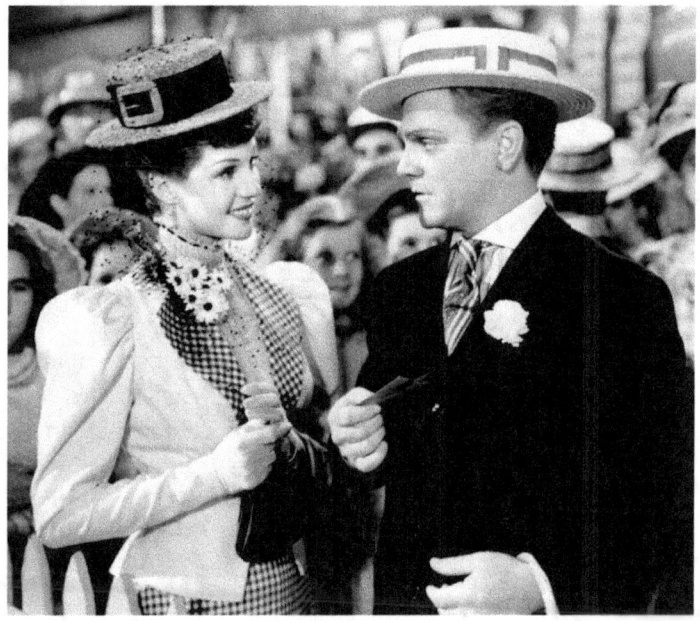

dedicado a Isadora Duncan. Cohn, por enquanto, a envia para "fora de casa" por três filmes, dois na Warner e um na Fox.
Ann Sheridan, "a moça 'Oomph'", e Rita são bastante parecidas, e, quando a primeira recusa pintar o cabelo de ruivo para *The Strawberry Blonde* - há quem diga que existiam também problemas de salário demasiado baixo -, o mesmo Jack Warner se enfurece. Até os figurinos já estavam prontos. Decide então recorrer a Rita. Ela também não é ruiva, e exibe desenvolta sua cor castanha natural. Mas, para Rita, o trabalho vem antes de tudo. Diretor do filme é Raul Walsh, seus parceiros são James Cagney e Olivia de Havilland. Recusar seria uma loucura. Assim, «em um domingo de manhã cedo uma Rita Hayworth de olhos esbugalhados apareceu - são Morella e Epstein que contam o acontecimento - na House of Westmore, o refinado salão de beleza de Los Angeles gerenciado por Perc Westmore, que era também o proprietário e trabalhava para a Warner Bros. Estava presente também Helen Bore, a melhor funcionária de Westmore, especializada em tinturas. Perc, Helen e Rita estavam ali sozinhos, e ninguém os teria incomodado naquele domingo especial. No fim do dia, a transformação de Rita, que precisara de horas, estava pronta. [...] Agora os cabelos de Rita eram "loiro morango", isto é, loiros na base com luzes avermelhadas. Na luz natural era uma cor um pouco esquisita, mas sob os refletores era perfeita».
O "morango loiro" do título é a mais bonita moça da escola em uma vicissitude que se desenvolve no fim do século XIX. Chama-se Virginia Brush. Por ela fica apaixonado Biff Grimes (Cagney), que, porém, acabará casando com Amy (de Havilland). Virginia casará com Hugo (Jack Carson). Mas Biff continua perturbado com o pensamento daquele "morango loiro". Cagney fica encantado pelo jeito e pela beleza de Rita, e a defende - no set e fora dele - das inimizades que chegam de toda parte. Ao contrário, parece que entre ele e de Havilland haja uma faísca contínua. É a terceira vez na sua carreira que Rita interpreta o papel do título do filme (as duas anteriores tinham sido "Gail Preston" e a "Senhora em questão" do homônimo filme). Pela Warner, naquele ano mágico para

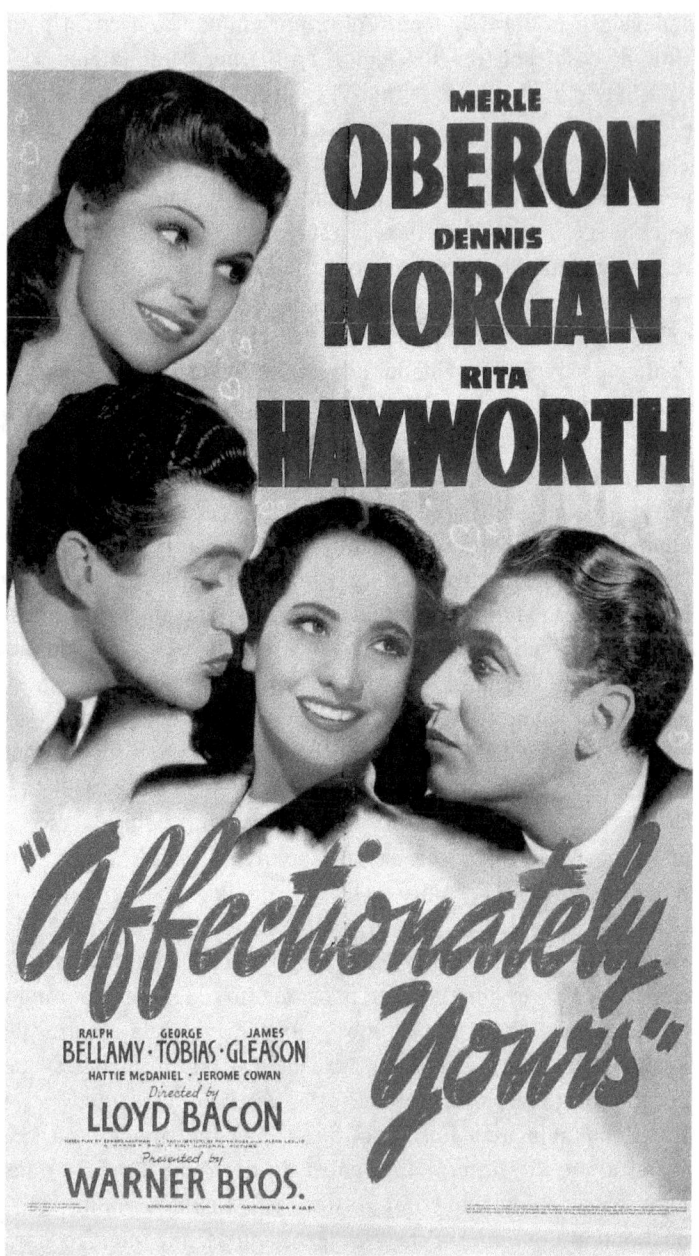

ela, roda logo depois outro filme, *Affectionately Yours*, uma comédia leve com Merle Oberon e Dennis Morgan. A direção, bastante modesta, é de Lloyd Bacon. Todo o filme parece imitar, em tons decididamente menores, *His Girl Friday*, um sucesso de Howard Hawks com Cary Grant e Rosalind Russell. O ambiente de fundo das vicissitudes dos protagonistas é o dos jornais, e Rita, com um chapéu de repórter, interpreta Irene Malone. Seu namorado (Morgan) quase se deixa reconquistar pela ex-mulher (Oberon). Há quem diga que este personagem de Hayworth tenha inspirado o quadrinho *Brenda Starr*, que nasceu e teve sucesso naquela época (no «Chicago Tribune» desde junho de 1940, autora Dale Messick), mas talvez seja um exagero.

Com este último filme, Rita não repete os sucessos de *Strawberry Blonde*, mas é um título a mais que se junta a uma filmografia que está se tornando mais encorpada. Falta ainda o *film-monstre*, aquele que pode lançá-la de hoje para amanhã entre as mais altas e brilhantes estrelas do firmamento hollywoodiano. Uma surpresa a espera. Quem a chama de volta é, exatamente, seu "inimigo juramentado", Darryl F. Zanuck em pessoa, aquele que a tinha despedida da Fox há poucos anos e que tinha tirado dela o papel de *Ramona*. Agora, ao contrário, é ele pessoalmente quem a procura. A proposta de Zanuck é irrecusável. Ele lhe oferece de multiplicar por cinco seu salário. Para Rita, é uma grande revanche pessoal, talvez a mais importante. Zanuck a quer para *Sangue e Areia*.

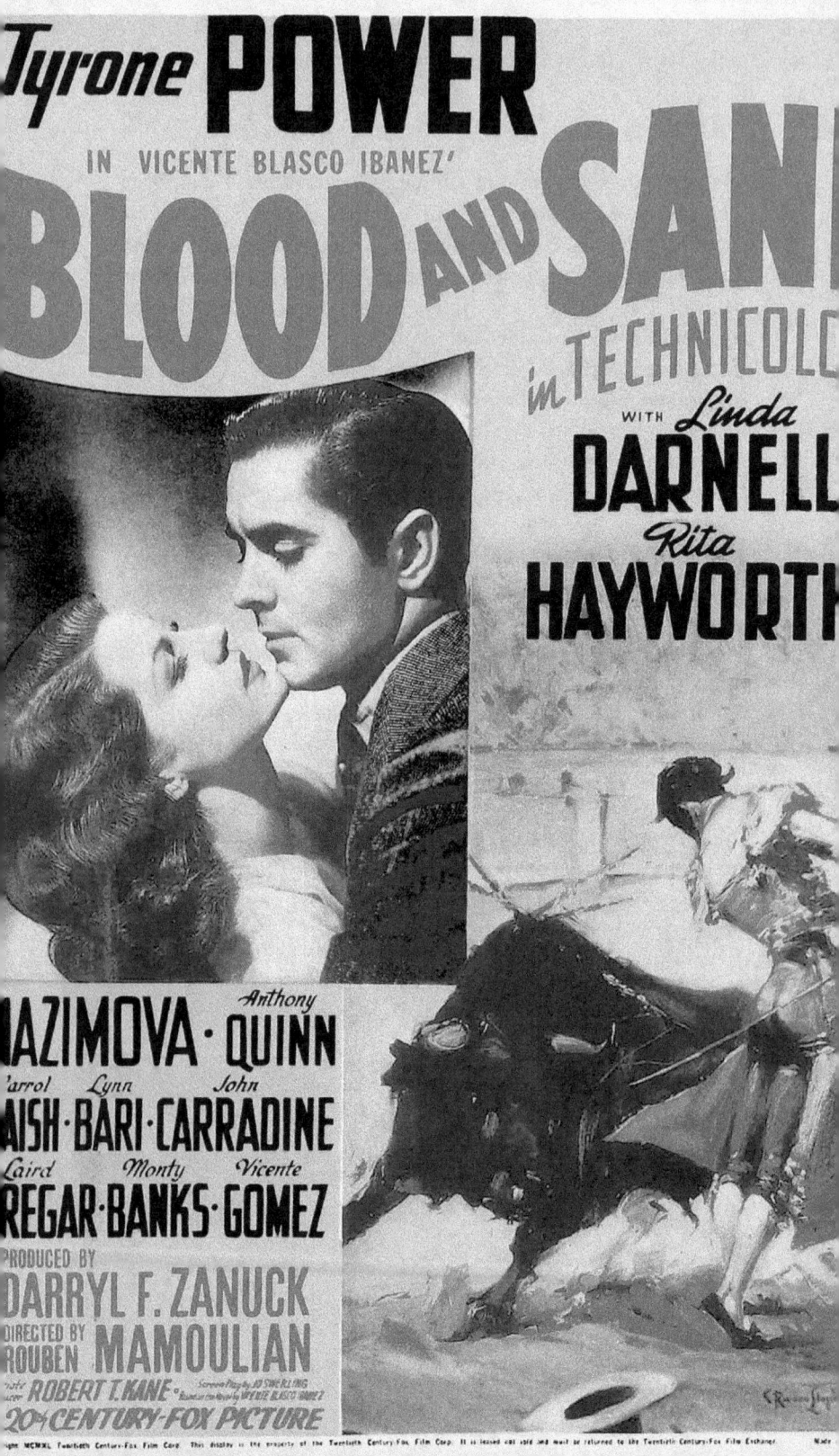

Sangue e Areia

Em 1941 o filme mais importante da Twentieth Century Fox é *Sangue e Areia*. O diretor é Rouben Mamoulian, um armênio de Tiflis que chegou aos Estados Unidos em 1923 e passou à história do cinema por ter dirigido dois mitos, Marlene Dietrich, em *The Song of Songs*, de 1933, e Greta Garbo, em *Queen Christina*, do mesmo ano. Na opinião de Zanuck, um diretor valioso e esperto, o melhor para enfrentar esta importante produção. O filme nasce do livro homônimo do espanhol Blasco Ibañez, um escritor popular de enorme sucesso, especializado em histórias populares enraizadas na mais profunda, e até um pouco retórica, "hispanidad". Seus romances refletem suas características de homem exuberante e sanguíneo, polemista. É radical quase até o anarquismo e protagonista de uma vida aventurosa que o leva ao exílio. Quando Rita começa a realizar o *Sangue e Areia* de Mamoulian, Ibañez já faleceu (em 1928) no exílio em Menton, após ter saboreado seu triunfo em Hollywood. Em 1921, de fato, o grande Rodolfo Valentino interpretou nas telas Julio Desnoyers, um dos seus *Quatro Cavalheiros do Apocalipse* (o romance é de 1916), sob a direção de Rex Ingram. No ano seguinte, o "bis", com Valentino no papel de Juan Gallardo, o toureiro protagonista de *Sangue e Areia*, dirigido por Fred Niblo, e rodeado por Nita Naldi como Doña Sol e Lila Lee como Carmen.

As diferenças entre o filme de Mamoulian e aquele de 22 são muitas, começando pelo sonoro e pelo technicolor, que na época de Niblo e Valentino obviamente não existiam. A aposta é alta: grandes atores, grande estrutura industrial, os requisitos de um acontecimento único. Tyrone Power será Juan Gallardo, Linda Darnell, Carmen, e Doña Sol terá as feições de Carole Landis. Mas esta não quer pintar de ruivo os cabelos (mais uma!), assim como o roteiro exige. Zanuck obviamente se enfurece.

Rita obtém um teste que entusiasma Mamoulian. Para ele parece uma Doña Sol perfeita, o que o deixa totalmente entusiástico. «No momento exato em que eu vi Rita Hayworth caminhar, entendi ter encontrado minha Doña Sol», disse ele anos depois. «Era uma bailarina, e então eu esperava que ela fosse muito agraciada, mas a isso se juntava algo mais: tinha um porte felino, insinuante, exatamente como eu tinha imaginado Doña Sol». Sim, pois Doña Sol é uma *femme fatale*: aquela que rouba o marido (Juan) da cândida e honesta Carmen.

Rita pintaria os cabelos de ruivo? Claro, ela já foi um "morango louro" (mas o filme era em preto e branco), por que agora não mudar para vermelho ticiano? Para ela, será a sorte máxima. É também a primeira vez em que o público poderá vê-la em cores, com um jogo cromático sapientemente dosado pela direção: o mármore azul e a grama verde, os cabelos ruivos flamejantes, roupas também sapientemente estudadas, seja nas cores, do branco ao laranja, ao vermelho, seja nos cortes, que valorizam as cadeiras, os ombros, o pescoço e o decote da atriz. Rita não acredita, Cohn fica olhando e esperando: se tudo correr bem, até para ele, desta vez, será um sucesso. A Columbia tem, de fato, muita dificuldade na distribuição (não própria, como a da Fox), e assim, "emprestar" aquela que parece se anunciar como a sua nova *star* é um jeito a mais de aumentar o valor dela.

Agora Rita mudou, já não é a "mexicanazinha". Paradoxalmente mais uma vez enfrenta um papel de espanhola, mas é uma espanhola muito *sui generis*. Já não é a moça boazinha, ao contrário. É a primeira vez em que ela encarna uma estraga famílias. Sua rival é Darnell, que fica a maior parte do tempo ajoelhada rezando para "*la Vírgen*". O jeito, por exemplo, com que aniquila e "destrói" Tyrone Power é extraordinário: na sua casa, mais hollywoodiana que espanhola, antes o seduz cantando-lhe melodias românticas acompanhada com o violão e depois o obriga – ele, o maior toureiro da Espanha - a se transformar em um patético touro. Só o professor Unrath (Emil Jannings), do *Anjo Azul,* foi tão humilhado no cinema.

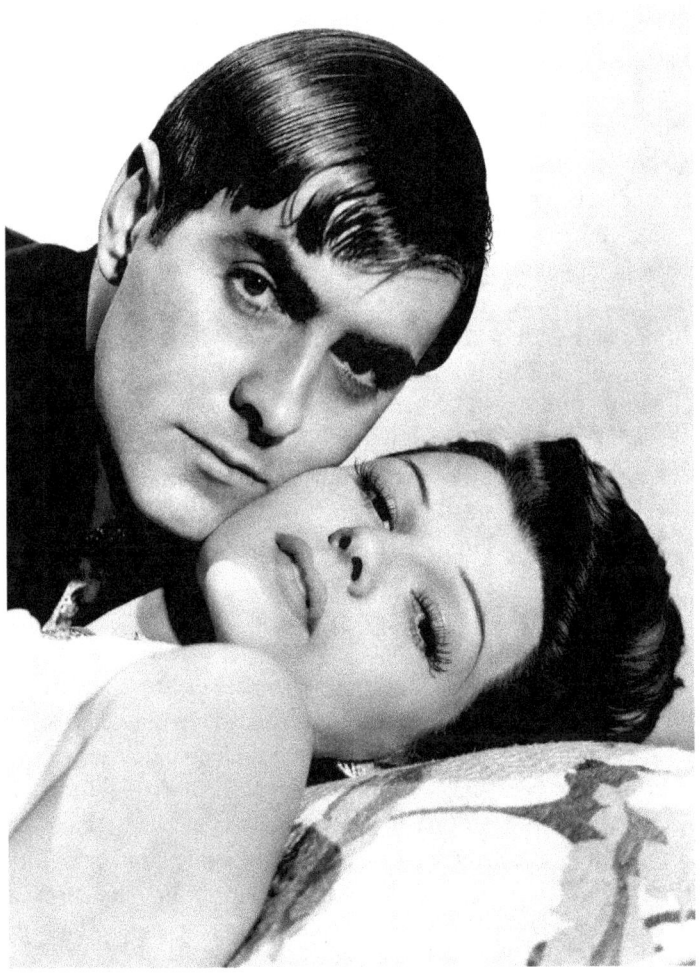

Um homem anulado por uma mulher que representa a pura sensualidade, nova para aquela época.

Manuel Puig, em seu romance *A Traição de Rita Hayworth*, dedicou uns trechos à sua emoção de criança em relação ao filme. Uma emoção manifestada por Toto, o filho do protagonista, que "percebe" mais do que qualquer outro a realidade das coisas:

«Rita Hayworth em *Sangue e Areia* canta em castelhano e meu pai gostou, naquele dia em que passaram o filme em favor da Sociedade Espanhola. Vieram à nossa casa para vender os ingressos e o papai comprou um para si também. O papai não vai gostar, ai que medo, não vai gostar, e ao contrário sim, ele gostou muitíssimo, e saiu feliz de ter vindo e "a partir de agora eu andarei sempre com vocês ao cinema", porque, assistindo ao filme, ele tinha esquecido todas as contas da loja. Saíamos do cinema e, enquanto caminhávamos, papai dizia que gostava mais de Rita Hayworth do que qualquer outra artista, e eu também começo a gostar dela mais do que todas as outras, o papai gosta quando ela faz "touro, touro" para Tyrone Power, ele ajoelhado como um idiota e ela com o vestido transparente que dava para ver até o sutiã, e ela se aproxima dele para brincar com o touro, mas ria dele e, afinal, o deixa. E tantas vezes ela tem um ar ruim, ela é uma artista linda mas traiçoeira»...

A fotografia de Ernest Palmer e Ray Rennahan, como já falamos, condimenta a história com jogos sapientes de cores e luzes, e a direção de Mamoulian vai procurando efeitos de Goya e de Velázquez. Mas o diretor, e não só ele, parece literalmente apaixonado por essa força solta da natureza que teve a sorte de dirigir. Em seguida, ele falará, como conta Gene Ringgold: «Rita nunca foi a mulher mais bonita do mundo. E quando a encontrei pela primeira vez nem era uma atriz particularmente dotada. Muitas mulheres, até mais lindas, não têm a menor idéia de como enfrentar a câmera e parecem incapazes de atuar bem. Rita Hayworth era diferente. Cada vez que aparecia na tela, deixava todo mundo ciente da sua beleza e das suas capacidades. Uma vez lhe fiz um teste: além de expressar o desejo somente com os olhos ou o rosto, ela usou o corpo todo com uma graça animalesca, tal que nenhuma outra atriz entre aquelas que eu conheci poderia igualá-la. Quando rodei *Sangue e Areia*, as mulheres fatais como Doña Sol já estavam um pouco fora de moda. As outras atrizes que testei eram todas invariavelmente ridículas. Rita Hayworth não era ridícula. Não me lembro de quantos filmes ela tinha interpretado antes de *Sangue e Areia*, mas foi exatamente esse

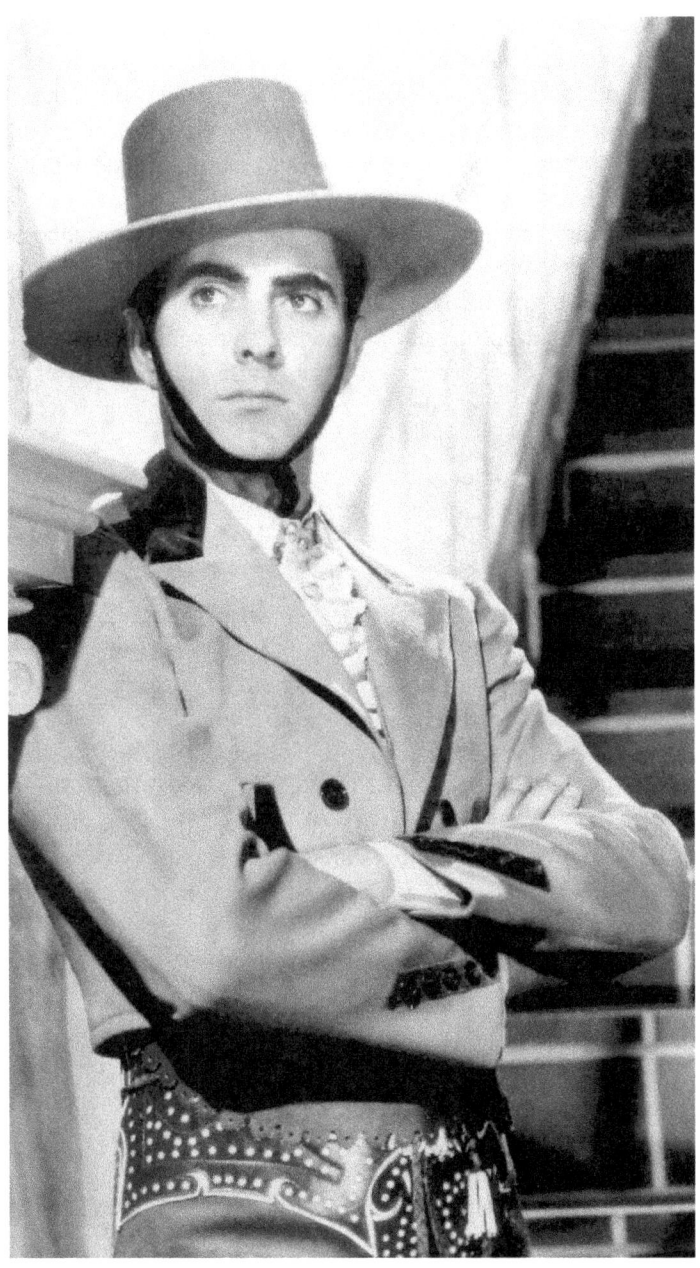

filme e o jeito como ela o interpretou que fizeram dela uma estrela internacional. Acho que o meu único merecimento foi o de tê-la escolhido contra a opinião dos estúdios e, como eu era o diretor, de ter-lhe explicado aquilo que eu queria. O resto dependia dela. Uns anos atrás, a encontrei em uma festa e fiquei olhando para ela por uns minutos antes de ela me ver e me cumprimentar. Estava já com uns cinqüenta anos, e, em volta dela, havia mulheres muito mais jovens e lindas, mas ela, ainda, tinha as mesmas qualidades de quando eu tinha feito o teste para Doña Sol. Não penso exagerar dizendo que cada homem presente naquela festa era consciente da presença dela, e todos nós sentíamos, quase por instinto, que se tratava de uma verdadeira mulher, cujo fascínio amadurecera e não se atenuara com o tempo».

Sangue e Areia, desde a estréia, é um triunfo colossal de Rita. A grande ocasião tanto esperada chegou, e ela soube explorar da melhor maneira. Os elogios são quase gerais, o entusiasmo aumenta, enquanto a Segunda Guerra Mundial enfurece. Em períodos tão obscuros e incertos, descobrir personagens como Rita "ajuda" a aguentar situações trágicas. A fama e o sucesso se espalham em toda parte. O sistema americano da mídia, já poderoso, se movimenta. A revista «Life» faz uma reportagem sobre Rita, demonstrando quanto, de um dia para outro, sua realidade havia mudado. De acordo com as lembranças de Henry Rogers: «Maggie Haskell, a assessora de imprensa da Columbia, pariu a ideia de mandar fotografar Rita vestindo uma camisola de dormir branca e preta, de cetim e renda. Estávamos na residência Judson, para fotografar "Rita Hayworth na sua casa", quando o fotógrafo disse: "Rita, senta na cama, sim, deixa a colcha, levanta os joelhos, se coloque com o corpo de perfil com relação à máquina e solta um olhar provocante". Rita, sempre pronta a colaborar, pulou na cama e se posicionou como lhe pediam, enquanto Maggie, Ed e eu ficávamos olhando. Clic, clic, clic, continuava disparando a máquina. Três semanas depois a fotografia estava na capa de "Life"» (a data é 11 de agosto de 1941).

O sucesso parece deteriorar mais ainda o relacionamento com Judson. De repente, ele queria ficar tranquilo em casa com ela.

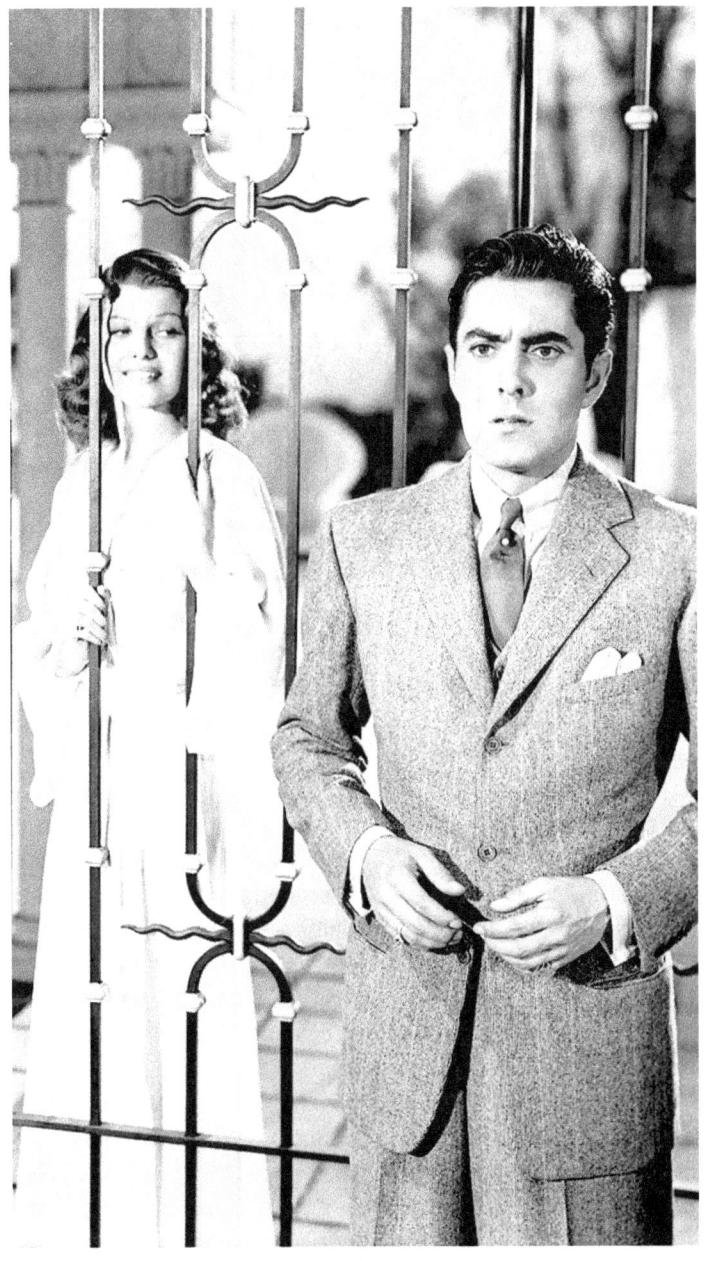

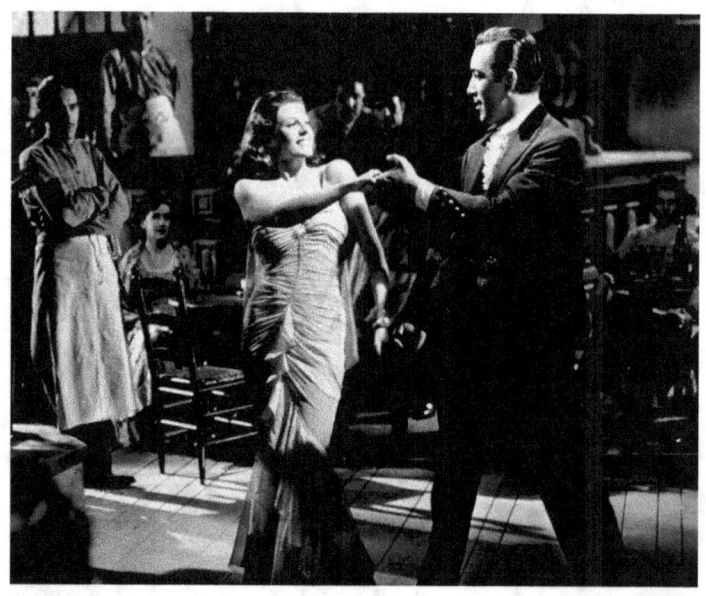

Henry Rogers, o assessor de imprensa de Rita escolhido pelo mesmo Judson, contou: «Um dia Eddie apareceu muito abatido. Disse-me: "Sabe, Henry, Rita acaba de começar a trabalhar em *Sangue e Areia...*". "Claro que sei, e daí?". "Acabam de começar as tomadas e já Rita tem um caso com Tony Quinn"». De fato, no set e fora, alguém havia comentado. Coisas que acontecem, principalmente no mundo do cinema. Continua Rogers: «Fiquei muito atingido. Um homem que diz a outro homem que a mulher tem um caso não era uma coisa muito leve no longínquo 1941. "Eddie, mas é ridículo!", objetei. "Você ficou dando ouvidos a fofocas idiotas. Quem lhe contou uma "besteira assim?". 'Ela mesma'", sussurrou. "Você deve entender, Henry, que não me interessaria muito se Rita tivesse um caso com Tyrone Power ou Darryl Zanuck ou de qualquer maneira com alguém que a ajude na carreira, mas com um Tony Quinn!"». Mais terrível ainda um episódio relatado por Morella e Epstein: «Judson pensava que a posição de Rita na Columbia era precária! Como conta Rogers, Judson de verdade disse para ele: "Henry, preciso da sua opinião.

O contrato de Rita está vencendo. Tudo parece ir da melhor maneira possível, porém não acredito que Harry Cohn renovará o contrato dela. Ele nos convidou para o fim de semana no seu iate, para ir até Catalina. O que você acharia se eu ficasse doente no momento de viajar? Poderia insistir para que Rita fosse, de qualquer maneira, sozinha. Se Rita e Harry Cohn passarem juntos o fim de semana, com certeza ele renovará o contrato por mais um ano". Rogers é categórico: "Aconselhei evitar aquela doença diplomática e acompanhar a mulher. Lembrei-o que Rita já tinha mostrado ter talento e estava progredindo rapidamente na carreira. Ela não precisava de jeito nenhum ir para a cama com os produtores para seguir em frente. Nunca perguntei se Rita foi sozinha ou acompanhada pelo marido. A realidade é que o contrato foi renovado e ela ficou mais famosa ainda».

Barbara Leaming citou outras versões sobre o relacionamento do casal. A primeira é aquela de Roz Rogers, mulher de Henry e amiga de Rita. Para ela, Eddie Judson sempre foi simplesmente "um mostro". «Tentava empurrá-la a ter casos com qualquer pessoa em troca de um empurrão na carreira». Outra versão é aquela de Orson Welles: « É a história mais triste do mundo. Ela tinha tido aquela vida terrível com o pai. E também, de uma maneira ou de outra, teve a continuação do mesmo jeito com seu primeiro marido, um cafetão, literalmente um cafetão ». Rita dirá, na instância pelo divórcio, no tribunal, onde chega acompanhada pela mãe: «Eu nunca tive um momento de descanso, eu não podia decidir nada. Desde o início, tinham me dito que eu, sozinha, não poderia fazer nada de bom. Minha personalidade estava destinada a ser reprimida cada dia mais ».

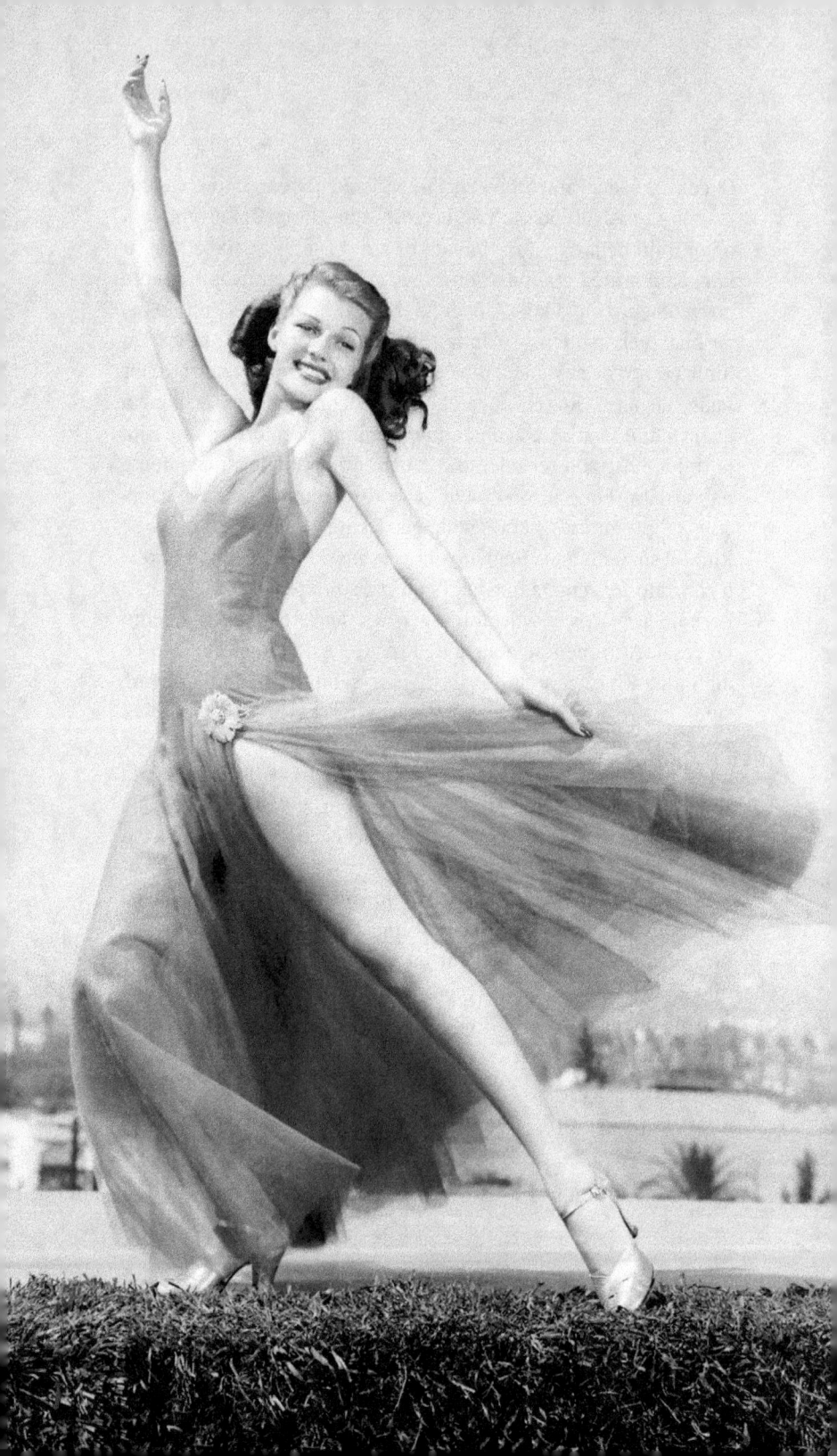

Em dupla com Fred Astaire

Agora Rita é uma estrela. E disso deve se dar conta até Harry Cohn, que nunca a encorajou calorosamente, talvez por algumas reiteradas cantadas sem sucesso. Ele a recebe, na volta à casa-mãe após o empréstimo a Zanuck, com Fred Astaire, um mito para Rita e um ótimo lance para a Columbia. Eles rodarão juntos *You'll Never Get Rich*, o segundo musical para ela após *Music in my Heart*, algo incomparavelmente menor em que trabalhou há pouco tempo. Astaire é o ator que encarna o sonho da dança, uma habilidade natural extraordinária - um dos níveis máximos a que uma atriz que saiba dançar pode aspirar naquele momento (Cohn se limita a defini-lo como "um profissional de classe"). Há algum tempo o sodalício entre ele e Ginger Rogers parece ter se quebrado. Não por acaso, rodou um par de filmes com duas novas parceiras, Eleanor Powell e Paulette Goddard, mas evidentemente os resultados não foram dos melhores para um perfeccionista como ele.

O filme é em preto e branco, mas Cohn, desta vez, não regateia nas despesas. A trilha sonora é de Cole Porter, a direção de Sidney Lanfield, e Rita recebe, na ocasião, um guarda-roupa adequado. Quanto à eventualidade de poder aspirar a ser a nova parceira fixa de Astaire, uma pergunta que a imprensa lhe fez milhares de vezes, ela teria dito: «Nem pensava nisso, ou seja, no primeiro momento pensei, sim, mas logo tirei aquela ideia da cabeça para não ser influenciada de maneira nenhuma».

A habilidade de Rita na profissão de bailarina faz tempo que é conhecida no meio; e ela vem de uma escola dura e de uma sólida tradição de dançarinos. No momento de passar para a realização do filme, ela se sente nervosa, Fred Astaire, que, além de tudo, conhece seu pai há muito tempo, a assusta um

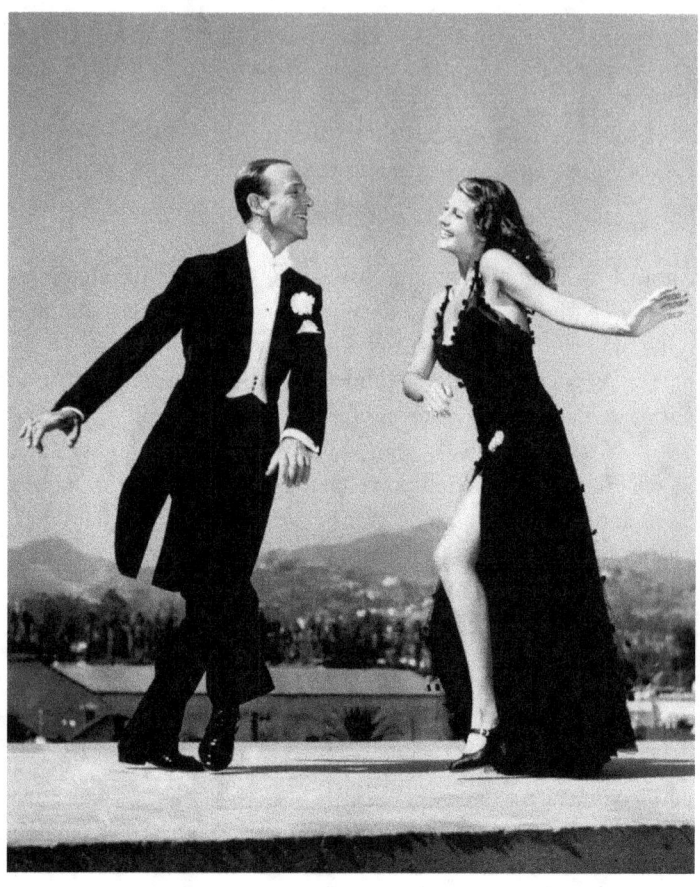

pouco. «Astaire percebeu o nervosismo de Rita», escrevem Morella e Epstein, «e fez todo o possível para ela ficar à vontade, brincando de *clown* e conseguindo fazê-la rir. Ficou fascinado pela maneira com que ela se iluminava quando iniciavam as tomadas e executava os passos de dança com uma intensidade e uma energia inimagináveis durante as provas». Astaire lembra: «Rita aprendia os passos mais rápido do que qualquer outra que eu tenha conhecido na minha vida. Uma vez, antes do almoço, mostrei para ela um passo, e logo depois ela voltou e o executou com perfeição. Com toda probabilidade, ela o tinha provado muitas vezes durante a pausa».

You'll Never Get Rich é apresentado no Radio City Music Hall de Nova Iorque, em grande estreia, mesmo havendo a guerra e tudo "devendo" ser feito em sintonia com o patriotismo. O enredo é muito comum, com um "ele" e uma "ela" vivendo uma história de amor em um ambiente tremendamente patriótico. O filme é apresentado em todo o país com Rita, a nova diva, acompanhada por um soldado, um *marine*, um marinheiro e um guarda-costas. O final do filme apresenta um bolo de noiva militarizado, povoado em cada nível por soldados e esposas de guerra - uma obra-prima "kitsch" - com Fred e Rita em cima.

You'll Never Get Rich consegue um sucesso de notáveis proporções. Judson acompanha a mulher e, como sempre, eles aparecem nas melhores boates de Nova Iorque, do Stork Club a El Morocco. Não falta nem mesmo uma fotografia em cima da Estátua da Liberdade. Mas ele já está fora do jogo. A separação acontece com pouco relevo nos jornais, porque é o momento - é o 7 de dezembro o de 1941 - do ataque japonês a Pearl Harbor. Um choque para a América, que logo depois do episódio entrará em guerra.

Após *You'll Never Get Rich*, Rita volta para a Fox. O acordo entre Zanuck e Cohn era somente por três filmes. A espera um musical em technicolor: *My Gal Sal*, dirigido por Irving Cummings, ambientado em uma atmosfera estilo *The Strawberry Blonde* e centrado na história mais ou menos romanceada de Paul Dresser (nascido Dreiser), irmão maior de Theodore Dreiser, o grande escritor. Dresser era um músico, nativo da Indiana e emigrado ao Leste para tentar a sorte no musical. Entre as canções por ele compostas, *On the Banks of the Wabash*, um sucesso, *Come Tell Me What's Your Answer* e *My Gal Sal*, que é o título dessa biografia cinematográfica. No filme, Rita canta [com a voz de Nan Wynn] e dança: é Sally Elliott, uma diva da Broadway que casa com Dresser, além de ter escrito as letras de algumas das suas canções. É egocêntrica, mimada, vaidosa; até enquanto não encontra Dresser, interpretado por Victor Mature. Entre Victor e Rita, existe um *affair* também na vida. Mature é casado há seis

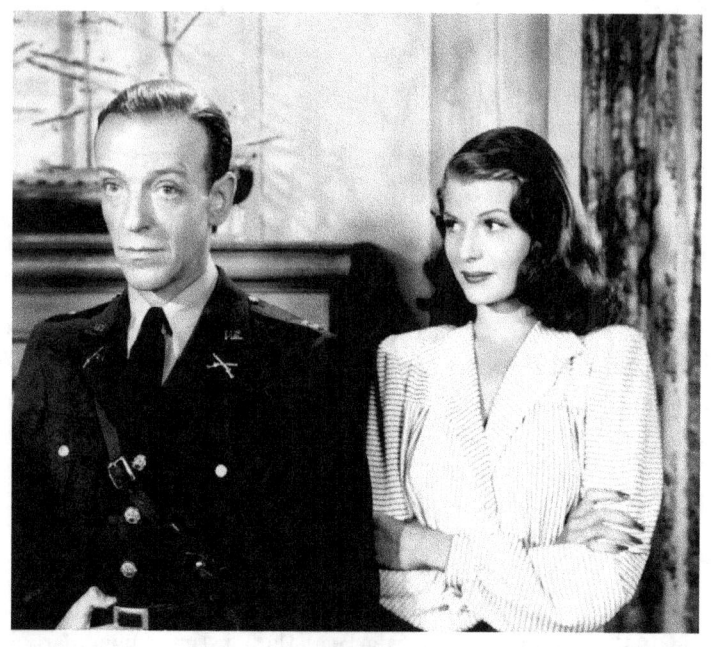

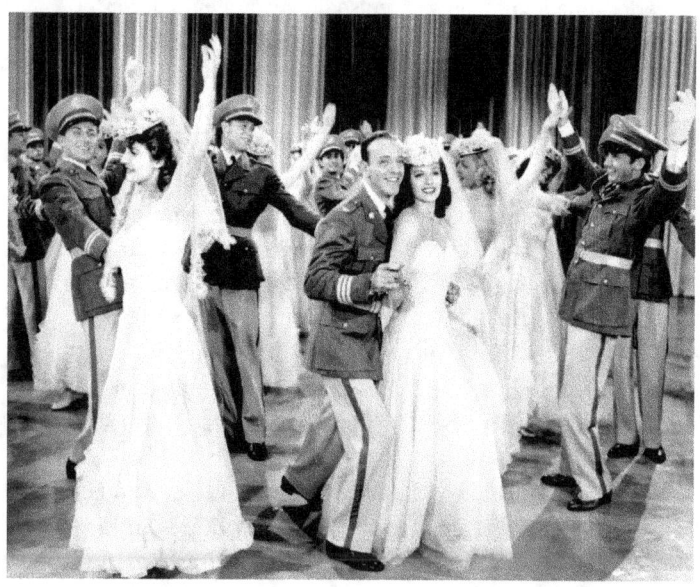

meses, e Rita deve ainda se divorciar de Judson (o fará em 22 de maio de 1942). Deste caso todo mundo em Hollywood fala. Louella Parsons, por exemplo, das colunas do seu jornal, aconselha Rita a não se casar com Mature. Victor e Rita tinham se encontrado pela primeira vez durante as tomadas de *Sangue e Areia*, mas depois tinham seguido caminhos diferentes, Rita com Anthony Quinn e Mature saltitando entre Betty Grable e Lana Turner, antes de casar com Martha Stephenson Kemp. Reencontram-se no set de *My Gal Sal*. Desde aquele fatídico primeiro encontro pouco tempo passou. Zanuck, o produtor, "lança" o filme com esta publicidade gratuita. Desta vez, Rita não está nem aí com as fofocas. Está tão feliz pelo sucesso e quer continuar seu caminho. No papel de segunda protagonista feminina, encontramos Carole Landis, a qual, recusando *Sangue e Areia* pela pintura dos cabelos, tinha decretado o triunfo de Rita. Entre as duas atrizes, porém, não acontecem conflitos, nem no set nem fora. O filme é magnificamente fotografado por Ernest Palmer, recém-premiado com o Oscar, exatamente por *Sangue e Areia*.

A vida de uma diva é intensa: vemos Rita dirigir o time dos Hollywood Leading Men no *softball* beneficente contra os Hollywood Comedians, capitaneados por Betty Grable; participar à "Charlot's Revue", em favor das ajudas de guerra; aparecer em transmissões para o exército; fazer visitas a hospitais, e participar de muitas tournées, nas quais canta, dança e reencontra o violão e as castanholas de sua infância. Nessa época, ela conhece também Elsa Maxwell, a outra "grande" colunista social de Hollywood, que, para ela, será determinante no futuro em muitas opções.

Rita atua pela Fox no terceiro filme do acordo, que contribui para a difusão de sua já amplíssima popularidade: *Tales of Manhattan*, uma obra em episódios em que aparecem muitos grandes de Hollywood, de Ginger Rogers a Henry Fonda, de Charles Boyer a Charles Laughton, de Edward G. Robinson a Thomas Mitchell, entre outros. Tudo assinado por um diretor como Julien Duvivier. Também os roteiristas são de primeiro escalão: Ferenc Molnár, Ben Hecht, Donald Ogden Stewart. Os episódios se ligam um ao outro, num "crescendo" musical. Rita

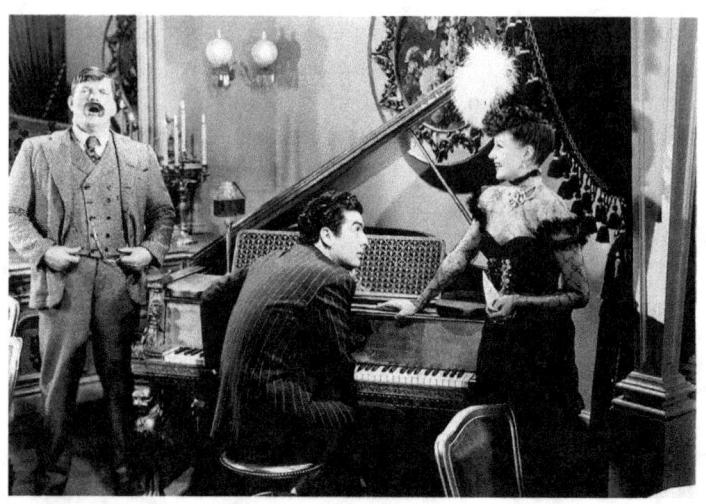

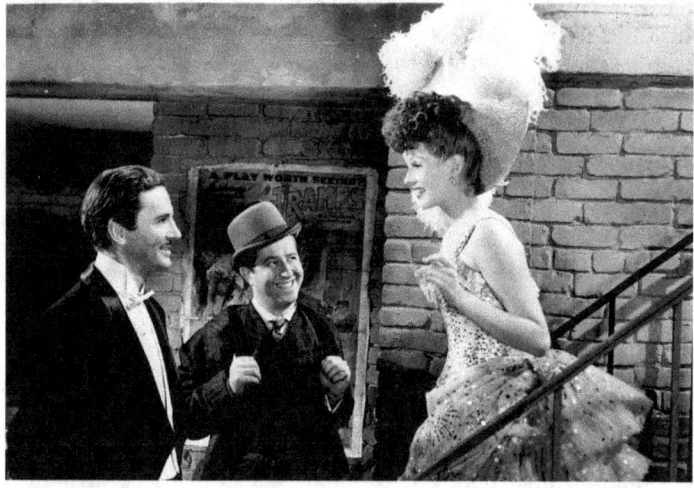

volta ao papel de mulher fatal, sensual e misteriosa, casada (Mitchell atua como marido dela) e que, ao mesmo tempo, mantém um relacionamento intenso e passional com outro, mais jovem e fascinante (Charles Boyer). O filme não é uma obra-prima. Incertezas, um pouco de confusão no argumento, e os "*cameos*" dos grandes atores não favorecem a agilidade do desenvolvimento. Mas o sucesso é grande. Para Rita atuar com estes "personagens" é uma verdadeira consagração. A fotografia, muito bonita, é de Joseph Walker.

À margem, um episódio descreve muito bem o clima de competição no set. Quem o conta é Oleg Cassini, futuro estilista, mas naquele tempo figurinista de boas esperanças: «Eu também tinha o meu papelzinho», escreveu em sua autobiografia. «Devia desenhar um vestido para Rita Hayworth, que estava no auge da popularidade. O filme era produzido pela Twentieth Century Fox e eu esperava que um bom desempenho de minha parte pudesse acabar com a guerra fria entre mim e o estúdio – uma esperança vã, pois Charles Le Maire, responsável pelo guarda-roupa, se opunha fortemente a quem se insinuava no seu campo. "O estúdio já tem estilistas talentosos. Não precisamos dos independentes", me disse ele. "Muito bem", insisti, "porém *Mr.* Spiegel [o produtor – *N. do A.*] não concorda". Desenhei um vestido branco, clássico, em jersey de seda, com listras azul claro e púrpura no busto. Quando o vestido ficou pronto, Hayworth se apaixonou. Me beijou e disse: "Você me compreende". Le Maire, porém, estava furioso. "Devo experimentá-lo na frente da câmera", disse, excluindo-me da prova; eu não tinha nenhuma qualificação para estar presente, pois eu era um cara de fora. Obviamente acharam-no defeituoso: o púrpura absorvia demasiada luz, disseram. O remédio era fácil: bastava esfumar a cor. Mas Le Maire conspirou contra mim. Foi até Hayworth, foi até Charles Boyer, que devia realizar a cena com Rita (ele teria vestido o *tight* e aquele esperto chefe do guarda-roupa afirmou que o vestido branco teria dominado a tomada, fazendo-o desaparecer), foi até Darryl Zanuck. Eu soube de todas essas maquinações por Spiegel, quando me telefonou: "Temos uns problemas..."».

Se publicamente tudo parece ir muito bem para Rita, não dá para dizer a mesma coisa sobre a esfera particular. Judson fala pouco, parece meio escondido, mas, no momento do divórcio, aparece com pedidos econômicos precisos e pesados. Antes de maio, quando o tribunal dissolve o casamento, é uma polêmica densa. Judson sempre considerou a mulher um investimento

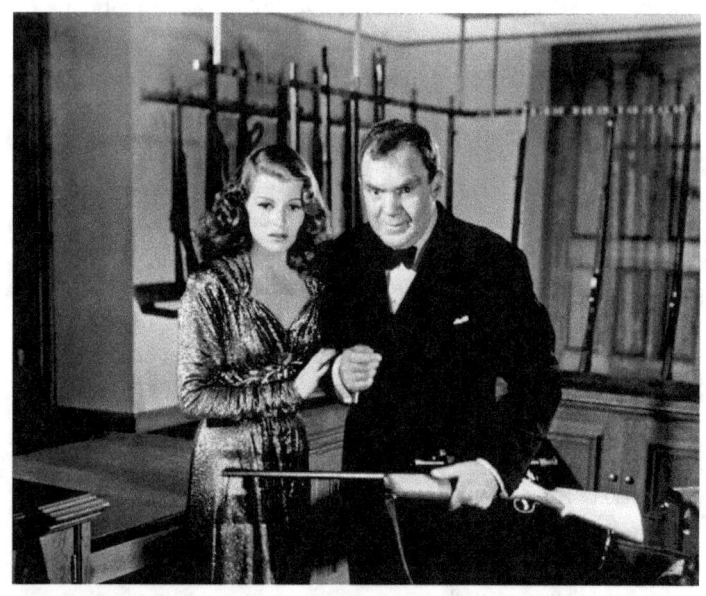

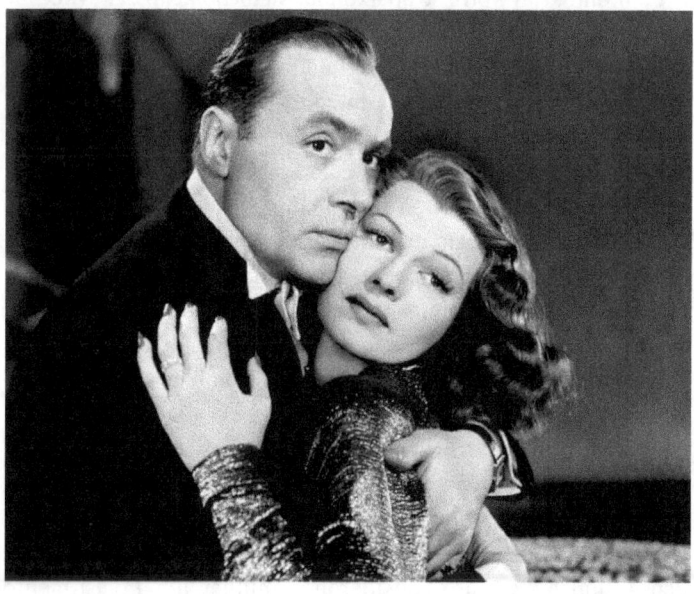

ou pouco mais. Melhor aproveitar o máximo possível, e chuta um pedido de 30 mil dólares. Rita é assistida pelo advogado Don Marlin, que, em fevereiro seguinte, consegue uma transação. Fala-se em doze mil dólares à vista. Uma grande quantia, que Rita deve conceder a ele – após uma primeira, irada e violentíssima recusa –, pois Judson parece ter arranjado, durante os anos, um volumoso dossiê sobre a mulher, que seria uma mina de ouro pela imprensa social.

Após o divórcio, Rita procura soltar declarações mais diplomáticas sobre o ex-marido, que fica em Hollywood com a intenção declarada de continuar fazendo o pigmalião. «Compreendo o quanto ele fez por mim... Jamais tive de lutar sozinha, porque era ele quem lutava para mim», ela declara publicamente. «Minha carreira era a única preocupação dele, ele deu tudo por isso, e seus esforços foram premiados... Apesar dos nossos desacordos, ele tem direito a uma justa recompensa». Em particular, teria sintetizado: «Ele me ajudou na carreira, e se ajudou com o meu dinheiro». Judson, após pouco tempo, some de Hollywood e desaparece no nada. Não falta quem diga que ele tenha sido "aconselhado" ou "ajudado" por Harry Cohn...

Entretanto, o caso entre Rita e Victor Mature, que se separou da mulher, parece se desenvolver. Mas, de repente, o ator é chamado às armas em Connecticut. Rita vai visitá-lo, apesar da não concordância de Cohn, que fica furioso por aquilo que ele chama "uma besteira". Considerando o sucesso e a popularidade crescente de sua nova estrela, o *boss* está preparando para ela outro filme com Fred Astaire, *You Were Never Lovelier*, dirigido por William Seiter, e gostaria que Rita fosse mais dedicada ao trabalho. O filme, graças principalmente à extraordinária harmonia entre os dois protagonistas, é outro grande sucesso desde a estreia, acontecida no Radio City Music Hall no outono. O elenco é de primeira: de Adolphe Menjou a Leslie Brooks e Adele Mara, entre os atores, de Jerome Kern e Johnny Mercer, autores das músicas, a Xavier Cugat com sua orquestra. A trama é fraca, ambientada na América do Sul. Rita interpreta Maria Acuña, de uma rica família local. Tem duas irmãs, que são exatamente o

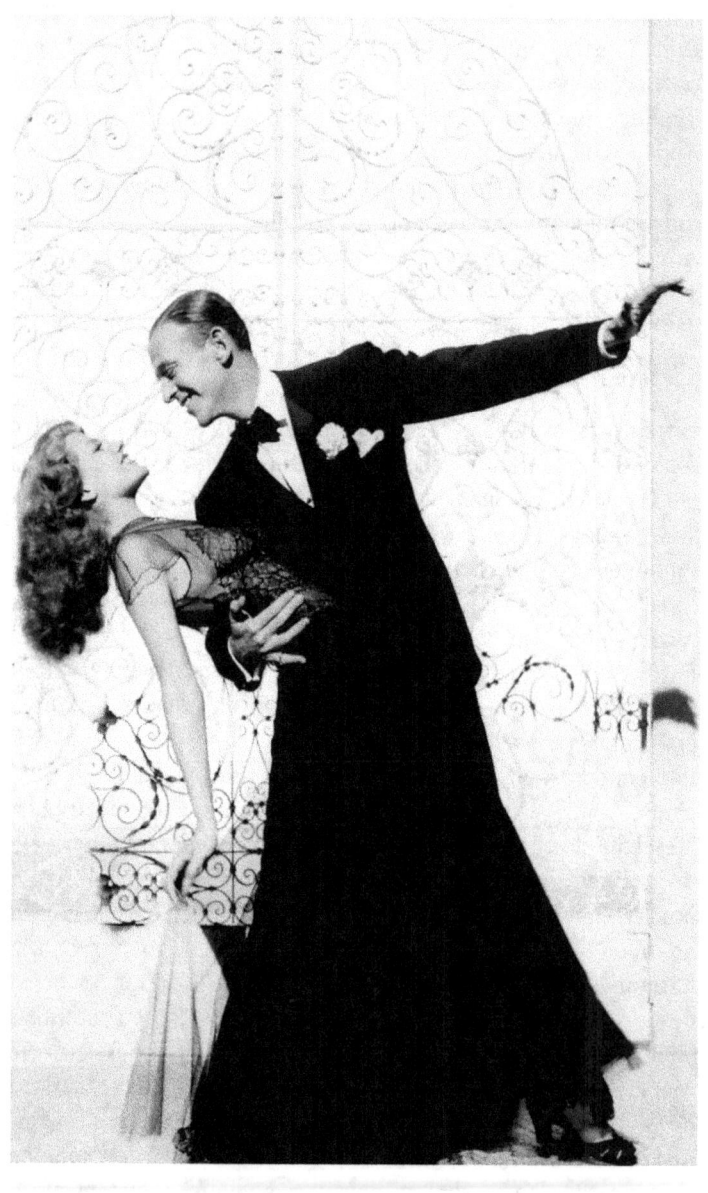

contrário dela: vivazes, conversadoras, à espera de um casamento com seus recíprocos "prometidos". Não podem casar, porém, até que o tenha feito também Maria, que não está nem um pouco intencionada. Menos mal que de repente aparece Robert Davis (Astaire), um dançarino meio boêmio. O final é positivo: todos e todas se casam felizes e contentes. Naturalmente, não faltam os números de dança, com Rita belíssima, laço nos cabelos e meias brancas nos pés.

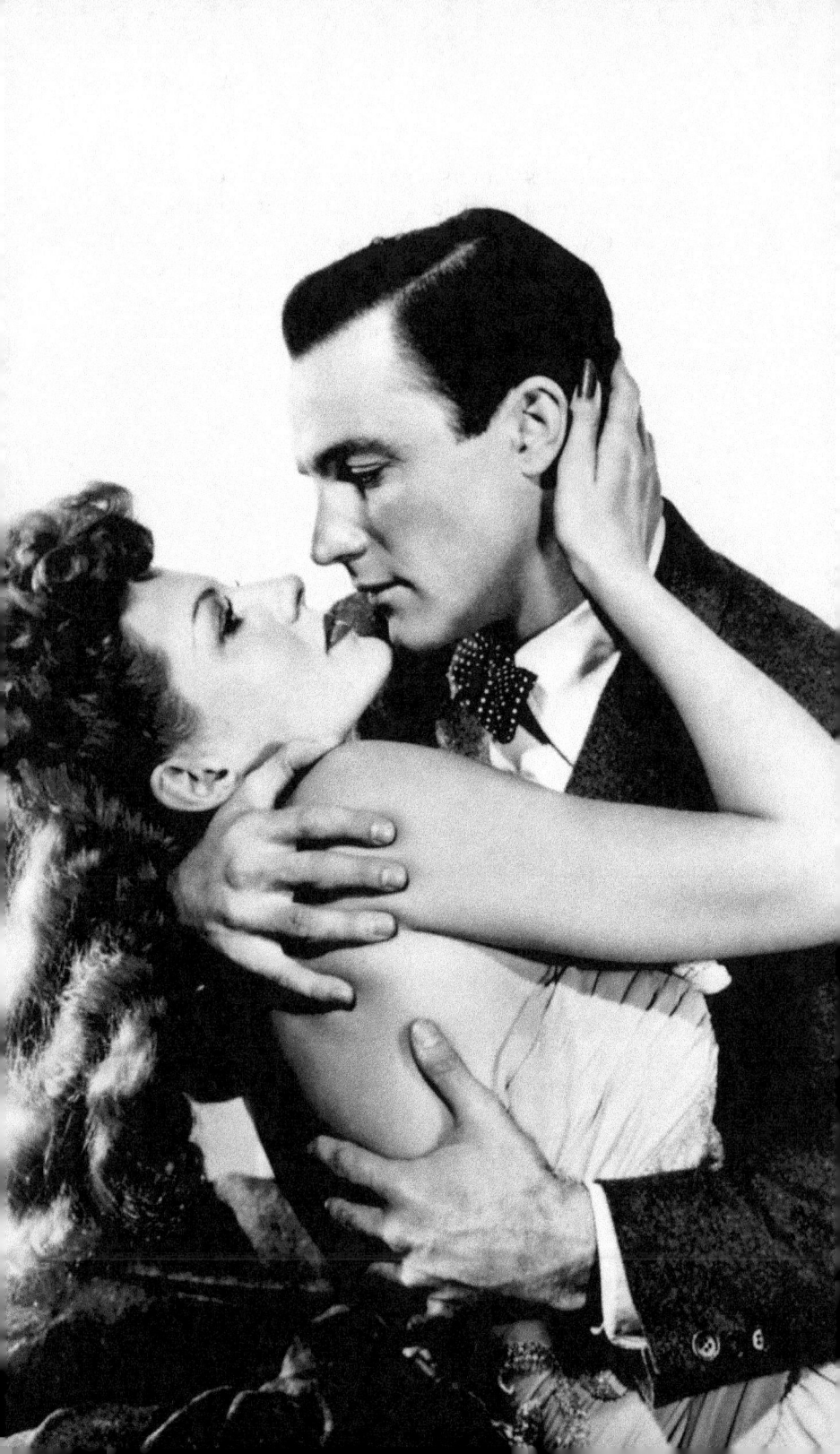

No set com Gene Kelly e mulher de Orson Welles

1943 é um ano especial para Rita Hayworth. Em sentido profissional, deve ser lembrado como o ano em que, nas salas, não é exibido nenhum filme "dela". A única aparição acontece num cinejornal da série "March of Time", intitulado *Show Business at War*. Entretanto proliferam as brigas e as incompreensões entre ela e Cohn; a tensão entre os dois aumenta quando é anunciado o projeto de longo prazo de *Modelos* (Cover Girl) que, na realidade, já está em fase de definição. Rita se recusa a participar de *My Friend Curly*, um pequeno filme que Cohn lhe propõe. Ela é irredutível: já atuou em muitos filmes "caseiros" e uma pausa não lhe faria mal. Ademais, há a guerra. Com generosidade, ela participa de iniciativas especiais para as forças armadas.

No mesmo ano, ela se casa pela segunda vez. Não com Victor Mature, como todos pensavam. É uma surpresa, um "golpe teatral". O marido é Orson Welles, *"croce e delizia"* do sistema cinematográfico americano, um personagem único e muito conhecido. Mature dirá em seguida: «Fiquei decepcionado, surpreendido e profundamente magoado quando soube do casamento de Rita com Welles. Antes da minha partida, tínhamos feito, entre nós, uma espécie de promessa».

Os boatos sobre a paixão devastadora entre as duas estrelas são infinitos. Há quem diga que Welles, em viagem latino-americana para a política de boa vizinhança teorizada por Roosevelt, teria deixado o Rio de Janeiro, onde estava realizando as tomadas de *It's All True*, a toda pressa com o propósito de "ir se casar com Rita Hayworth", que o enfeitiçara em *Sangue e Areia*. Os dois teriam se encontrado em uma festa na casa de Joseph Cotten. Para outros, o fatídico encontro teria acontecido no restaurante

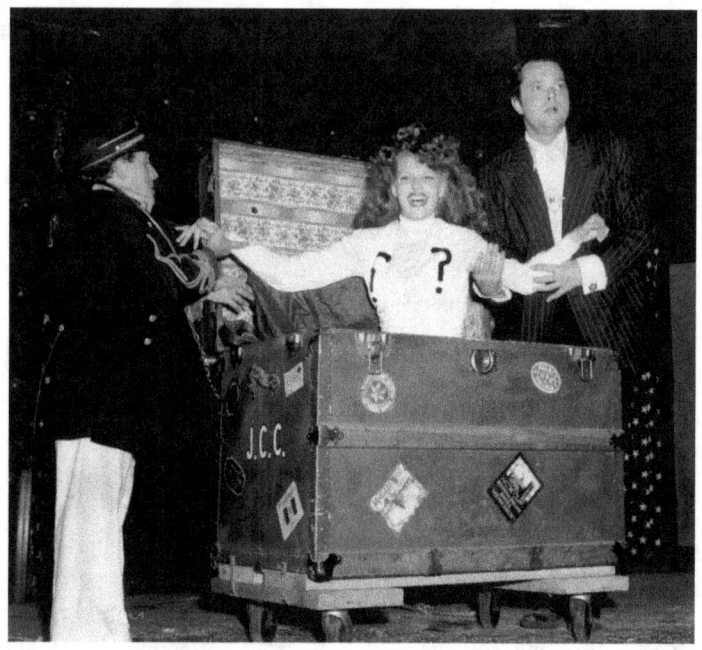

Lucy's, na frente dos estabelecimentos da Paramount e da RKO, onde Welles trabalhava. Além das anedotas sobre o "como" e o "quando", o encontro acontece, e é mais do que significativo. Em setembro – exatamente em 7 de setembro, em Santa Mônica – Welles e Rita se casam.

Se de Judson não se sabia nada, de Welles se sabe muito. Todo mundo o conhece desde *A Guerra dos Mundos,* que ele desencadeou dos microfones do rádio, e por *Cidadão Kane,* que em 1941 fez clamor pela referência ao magnata da imprensa William Randolph Hearst. Ao mesmo tempo, revolucionou a linguagem cinematográfica. Ele é o *enfant prodige* de Hollywood, mas também o *enfant gaté.* Seus filmes – idolatrados pela crítica como etapas da história do cinema – arrecadam pouco. E ele é uma pessoa que não dá nada mais de quanto ele mesmo quer dar. Esta é a sua imagem pública, acompanhada por biografias que o apresentam – dessa vez sem exageros – como um gênio desde criança.

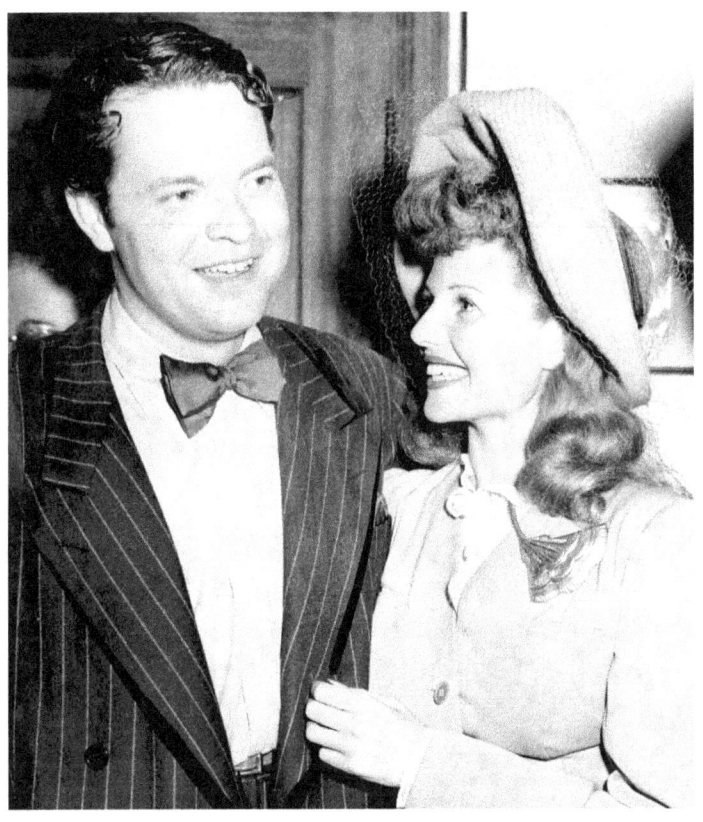

Filho de pais divorciados precocemente - quando Orson tinha seis anos, em 1921-, mãe pianista morta após um ano da separação e pai suicida logo depois em Chicago, Welles viaja muito jovem para a Irlanda a fim de pintar, mas acaba aportando no Gate Theatre, uma instituição da tradição teatral. De volta à América, liga-se ao "trust" de cérebros do *New Deal* e, antes no Federal e logo depois no Mercury Theatre, dirige peças totalmente anticonformistas, como *Macbeth* em chave *voodoo*. A imprensa não gosta dele, e ele não procura um relacionamento mais pacífico com a mídia. Parsons odeia profundamente Welles e entoa, como muitos outros, o epitáfio fúnebre para o "coitadinho" Mature.

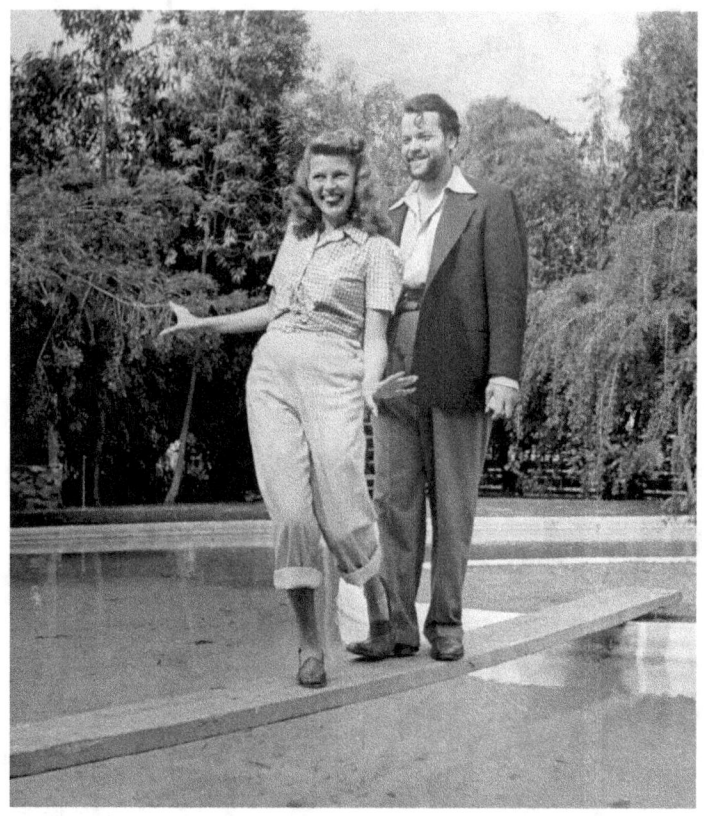

Na realidade, Rita e Orson se conhecem na noite em que ela participa de surpresa ao *Mercury Magic Show* (chamado também *The Mercury Wonder Show: Mysterious, Thrilling, Sensational*). Trata-se de um espetáculo para as Forças Armadas - das quais Orson conseguiu ficar de fora com artes várias - e em que colaboram "voluntários" de todo tipo: de Joseph Cotten a Agnes Moorehead, a Marlene Dietrich. No final Rita deveria ser serrada em duas partes pelo "mago" Orson. Estas *performances* voluntárias de Hayworth foram muito rapidamente proibidas – com ela substituída por Marlene – por Cohn, que ressalta, como conta o mesmo Welles a Peter Bogdanovich, que Rita é

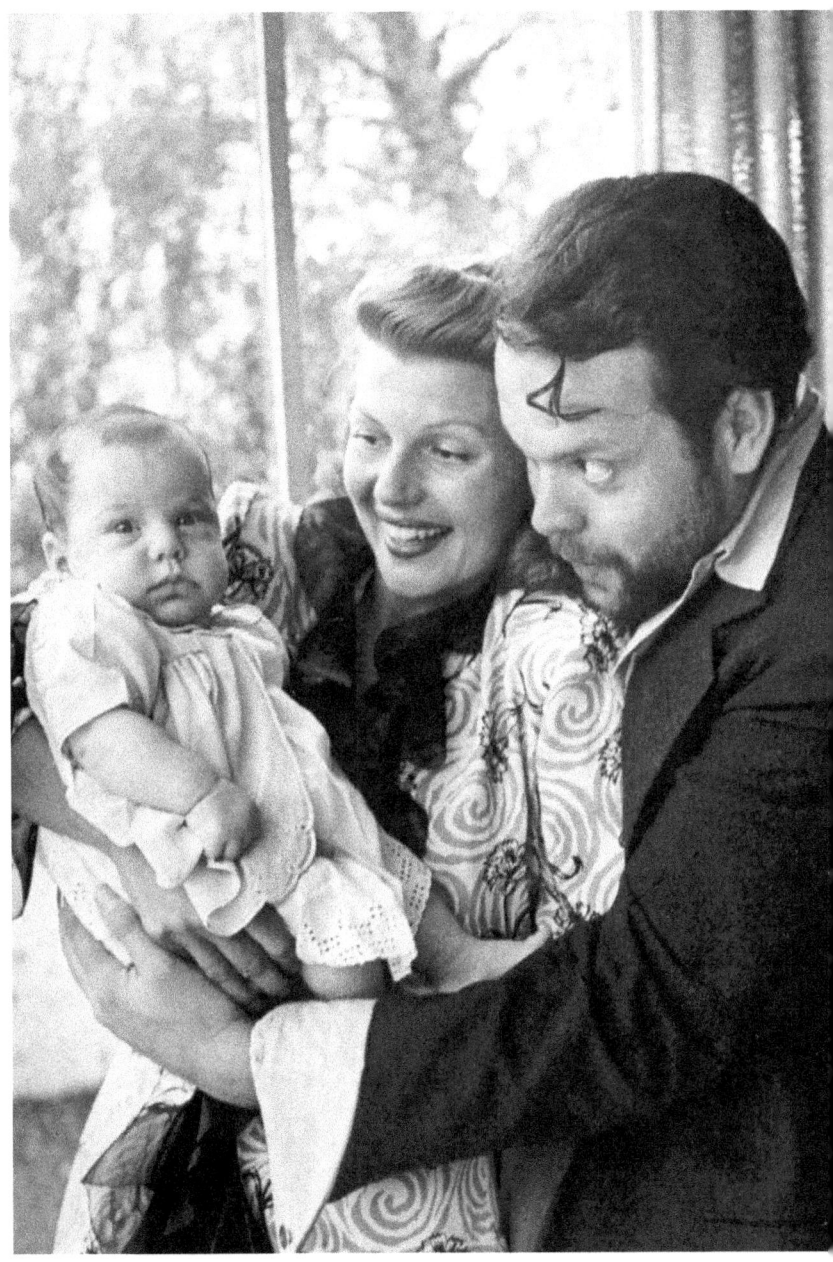

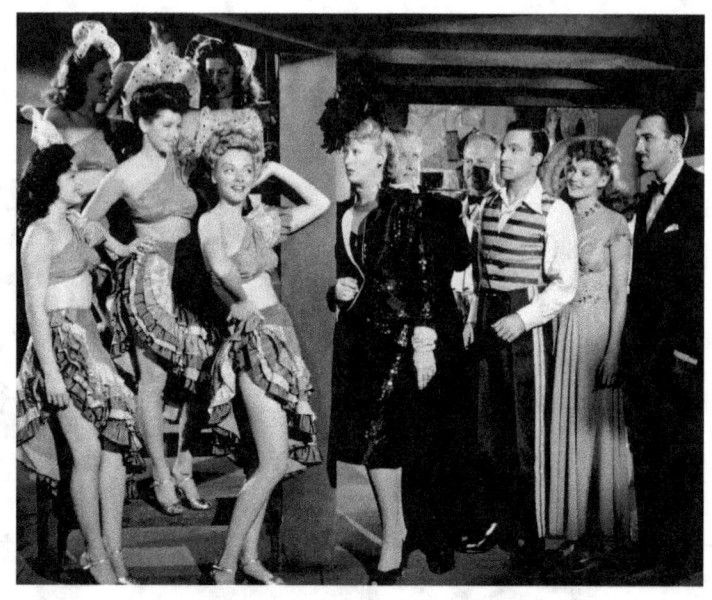

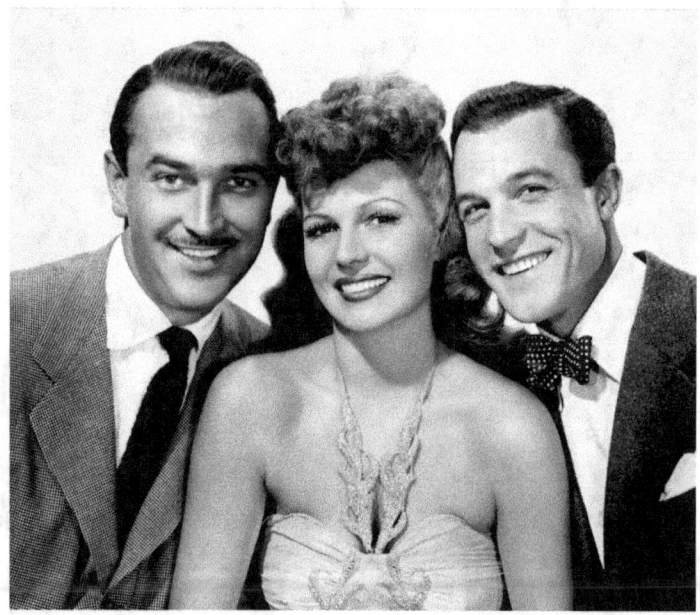

"propriedade" particular dele: «É minha *star*. E não a deixo atuar em espetáculos de graça no meio do Cahuenga Boulevard». Cohn é muito preocupado com a ideia de que Welles possa, de alguma maneira, se ocupar dos filmes da sua querida/odiada estrela.

Rita, entretanto, começa as tomadas no *set* de *Modelos*, mas a cada noite não falta ao show de "Orsie". O filme a consagra mais uma vez como "deusa". Dirigido por Charles Vidor, interpretado por Eve Arden, Otto Kruger, Lee Bowman e Jinx Falkenburg, na época a *top model* mais conhecida, com músicas de Ira Gershwin e Jerome Kern, é um sucesso. E um sucesso é também o protagonista masculino, Gene Kelly, inicialmente muito contestado por Cohn e apoiado pelo produtor Arthur Schwartz. As coisas se acalmam, também porque Kelly reforça seu papel com ótimas invenções nas coreografias. Rita interpreta Rusty Parker, uma bailarina de *night club* que se transforma em uma grande estrela, entre várias vicissitudes sentimentais. Uma trama banal, mas em produtos desse gênero são sempre outras coisas que interessam ao público, em primeiro lugar os balés. Em *Modelos* há muitos notáveis, do duo Hayworth-Kelly em *Long Ago and Far Away* ao trio Rita-Gene e Phil Silvers em *Make Way for Tomorrow*. A cor é espetacular, a realização corre bem.

O caso com Welles a envolve muito. Lembra Phil Silvers, já parceiro dela em *My Gal Sal* e que reencontra em *Modelos*: «Foi então que Rita começou a viver. [...] Nela havia um fogo subterrâneo que ninguém ainda tinha descoberto». No início, quando estão profundamente apaixonados, tudo vai bem, entre viagens rápidas ao México, intensas e caras. Ele é até muito protetor com sua mulher: «Sabia muito bem que ela não tinha nenhuma preparação para a vida que ele levava. Ele procurava protegê-la de qualquer dificuldade. Nos primeiros tempos de seu casamento, foi muito atencioso e cuidadoso. Procurou uma colocação na comunidade de Hollywood. Ele sabia que Rita não pertencia ao mundo dos intelectuais, mas jamais tentou plasmá-la ou transformá-la, contrariamente a quanto se falou muitas vezes», escrevem Morella e Epstein. Na vida particular, Welles é uma pessoa difícil. E parece ter tempo só para seus projetos.

claudio m. valentinetti

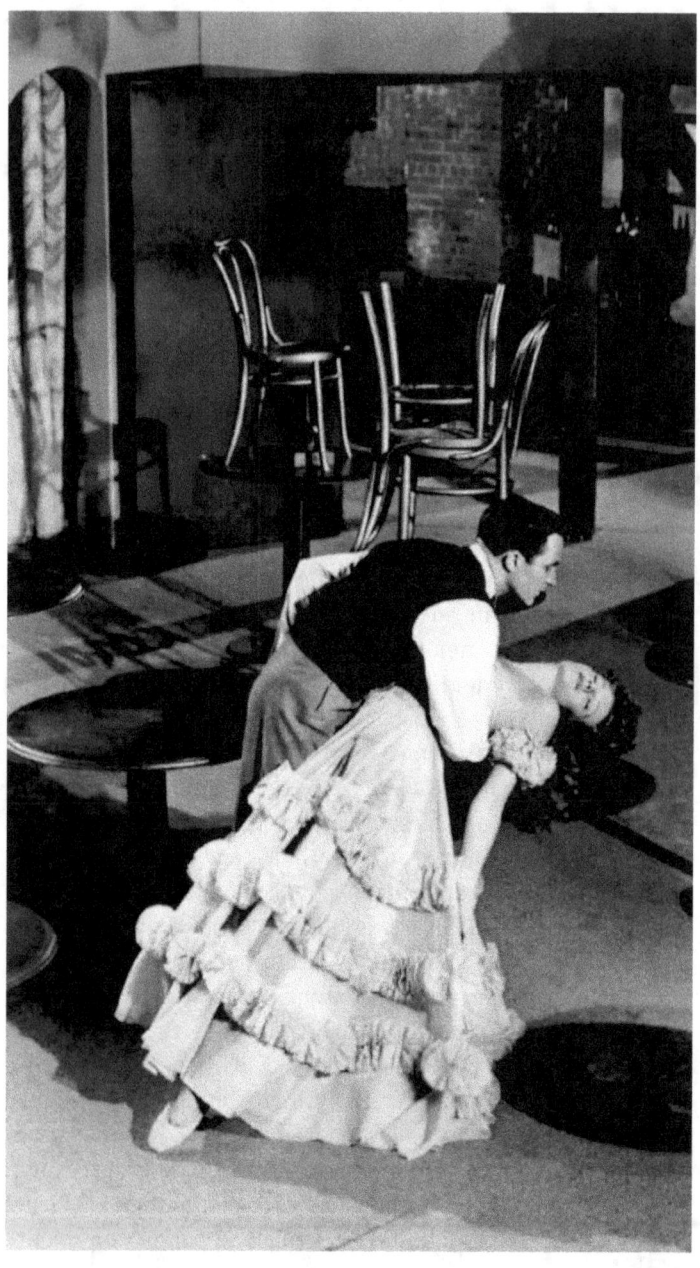

Antecedentes preocupantes não faltavam. Com dezenove anos, Welles tinha casado com Virginia Nicholson, uma moça da alta burguesia de Chicago amante do teatro, e com ela tinha tido uma filha, Christopher, antes de encerrar tudo com um divórcio, em fevereiro de 40. Virginia nunca teve tonalidades hostis, ao contrário (mas a motivação do divórcio era: crueldade mental): «Orson não é nada mau, simplesmente não tem tempo para o casamento. Trabalha vinte horas por dia. Todos esperam que ele ponha fogo no mundo cada vez que faz algo, e isso já lhe entrou no sangue». Welles mergulha na política e apóia Roosevelt, que chegou à sua quarta candidatura presidencial, na campanha "Hollywood para Roosevelt".

Após o grande sucesso de *Modelos*, o casal sai de viagem («a lua de mel que nunca fizemos», define ele, sério e brincalhão ao mesmo tempo), mas a situação é difícil, porque Rita é objeto de veneração. Impossível dar uma simples volta em qualquer cidade. Em Nova Iorque, os dois quase nem conseguem sair do hotel e ir ao teatro.

Rita volta ao trabalho em *O Coração de Uma Cidade* (Tonight and Every Night) de Victor Saville, um musical ambientado em uma Londres reconstruída nos estúdios da Columbia. O câmera é Maté, que ela já reencontrou em *Modelos*; os figurinos são assinados por Jean Louis e as coreografias, por Jack Cole. No set, com ela, Janet Blair e Lee Bowman. *O Coração de Uma Cidade* conta as vicissitudes de uma companhia de music-hall que, em uma noite de bombardeios - eis a guerra voltando mais uma vez - não quer cancelar sua única exibição em cartaz. Rita é Rosalind Bruce, uma dançarina de St. Louis, que ela interpreta de maneira eficaz. Janet Blair é a amiga do peito Judy Kane, que - se Rita imita a si mesma - imita Betty Grable. Judy depois morrerá, deixando Rosalind no mais profundo desespero. Não falta até um caso entre Rosalind e um aviador, Paul Lundy (Bowman). Tudo com balés e canções de todo tipo, com Rita e seu parceiro no palco, Marc Platt, extrapolando (Platt é muito engraçado em uma paródia de Hitler). O filme é um grande sucesso.

Enquanto as tomadas estão acabando, Rita vem com uma notícia sensacional que irrita até o inacreditável Cohn: está grávida.

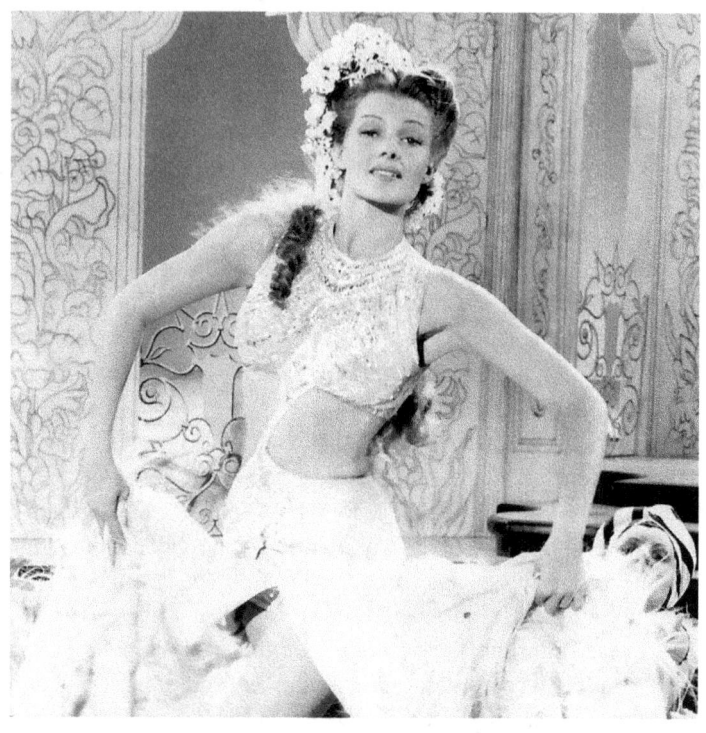

Em 17 de dezembro de 1944, de fato, após cesariana, nasce Rebecca Welles. Roosevelt é eleito pela quarta vez presidente. Orson participa da posse.

Um mês depois do parto, em janeiro de 1945, a mãe de Rita, Volga, morre de apendicite, com somente 45 anos de idade, deixando Rita, que, vale lembrar, tem apenas 26 anos, na mais profunda prostração. Orson está viajando e não consegue (ou não quer) presenciar o enterro da sogra. A partir daquele momento, as relações entre ele e Rita não serão mais as mesmas. A estreia de *O Coração de Uma Cidade*, em março, a deixa indiferente, e ela até pensa em sair das cenas. Welles sucessivamente fará autocrítica e dirá: «Quando voltei, percebi que ela estava se sentindo ferida. Foi, com quase toda certeza, um erro de minha parte. Mas estávamos em tempo de guerra, em todo o mundo havia mulheres que, sozinhas, deviam enfrentar problemas e tragédias. Ademais, eu não poderia devolver a mãe a ela. Ainda agora penso não ter feito nada de tão terrível continuando a fazer aquilo que estava fazendo, porque, além do mais, para mim era muito importante». O problema de fundo parece ser que inevitavelmente Rita se sente esquecida, como aparece em uma declaração de Welles: «Rita é uma mulher maravilhosa, uma esposa adorável e uma mãe perfeita. Quando estamos juntos, estamos muito bem, e ela é feliz. Mas eu tenho múltiplos interesses, e não sei o que fazer. Poderia fazer para ela a promessa de mudar. De chegar em casa à noite a uma determinada hora. Procuraria escrupulosamente manter todas as minhas promessas, e talvez, por alguns meses, até conseguiria. Mas seria como decorar um papel... Afinal, a gente se cansa de atuar. Não dá para mudar. Antes do casamento, eu disse para Rita quais eram as coisas em mim contra as quais ela teria que lutar: ela não pode, de jeito nenhum, ter ficado surpreendida. Mas imagino que, como todas as mulheres, tenha pensado de poder me mudar». E ainda, quase irritado: «A única mulher que me interessa é minha mulher. Se o casamento com Rita se arruinar, posso dizer, sem dúvida, para vocês uma coisa: a minha próxima mulher, se jamais existirá, deverá ter outros interesses, além do amor, que a mantenham ocupada, para ela não ter nem tempo nem vontade de se preocupar comigo». Rebecca, a "Becky" deles, adulta, disse lembrando a sua infância: «Adorava os dois, mas somente com mamãe tinha uma forte intimidade, porque eu vivia com ela, sempre rodando o mundo de um set ao outro. Mamãe, dentro de si, adorava o lar, enquanto papai detestava a simples ideia disso. Ele, além do mais, estava sempre ocupadíssimo com seu trabalho. As únicas vezes que eu o encontrava era quando acontecia de ele viajar em nosso mesmo país».

Em 1945 – enquanto, em abril, morre Franklyn Delano Roosevelt e no mês seguinte os aliados ganham a guerra na Europa e, em setembro, no Oceano Pacífico – a história entre Rita e Welles parece quase encerrada. Mas, para Rita, há uma "bomba" logo ao se dobrar a esquina: a Columbia está preparando *Gilda*.

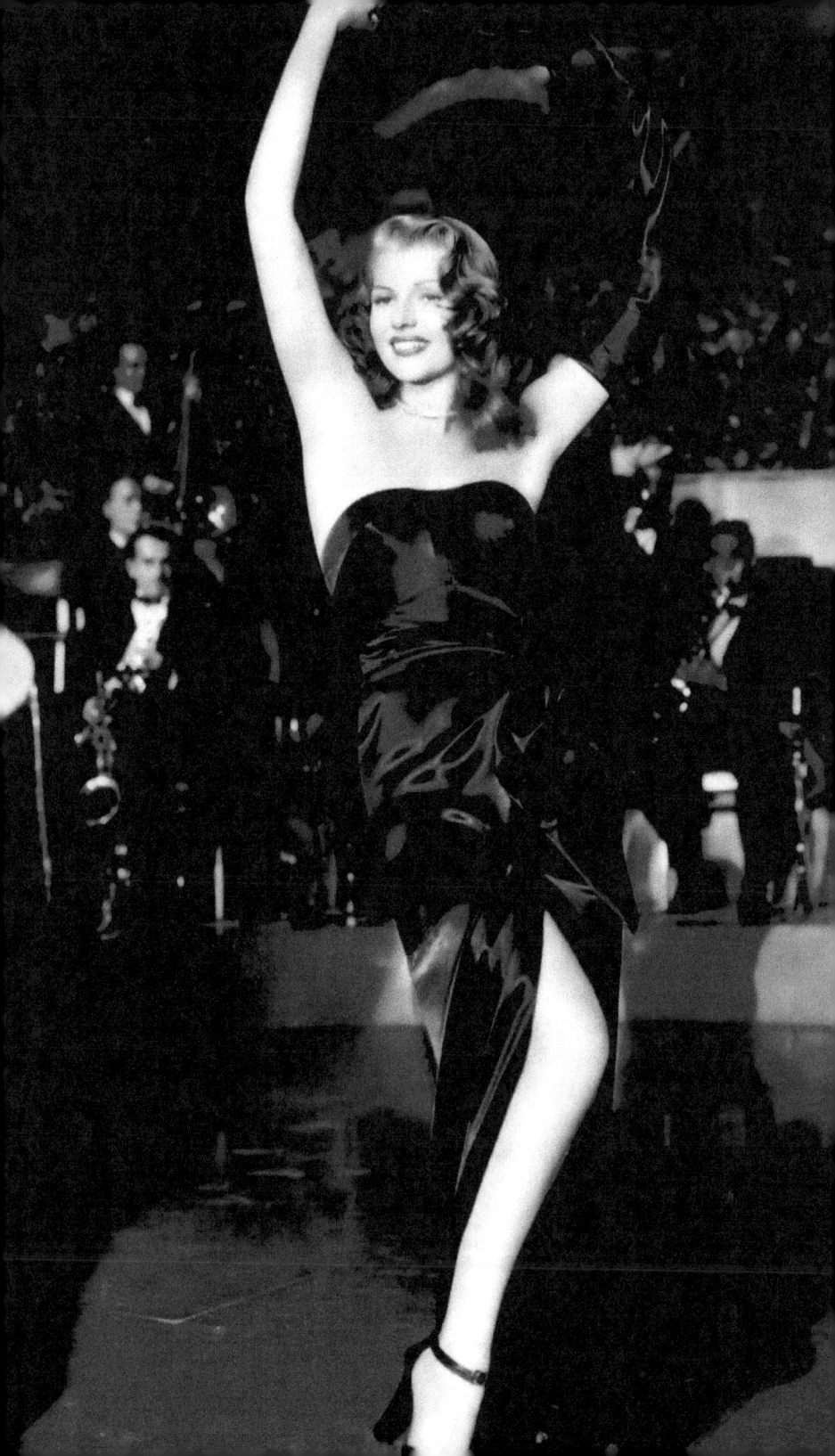

Gilda

Rita fatal, Rita dramática, Rita romântica. Rita cantora. Acontece num filme que, como contam os protagonistas, fundou-se na mais absoluta improvisação. Na Columbia, há a animação e a confusão das ocasiões importantes. Cohn é ditador mais do que nunca e parece que chega a mandar colocar uns microfones nos camarins dos dois protagonistas. Rita decide participar do filme, após seus propósitos de abandonar o mundo do cinema. O cast é de primeira ordem. O diretor é Charles Vidor, um velho conhecido que já a dirigiu em *The Lady in Question* e *Modelos*. O diretor da fotografia é Rudy Maté, que desde sempre tem um olhar particular para ela. Até o protagonista masculino não é um nome novo: Glenn Ford, já parceiro dela em *The Lady in Question*, recém regresso do serviço militar na Marinha. Os figurinos são de Jean Louis: muito importantes, como veremos. Virginia Van Upp cuida da produção e, dia após dia, reescreve o roteiro, originalmente assinado por Jo Eisinger. O filme é rodado em preto e branco, coisa que só pode agradar Rita, intolerante aos fortes refletores necessários pelas tomadas em technicolor. O título é *Gilda*, do nome da protagonista. A história se anuncia como "dramática" e inicialmente não estão previstas performances musicais.

Gilda é, principalmente, uma história de amor e de paixão que se mistura, de maneira bastante confusa, com um episódio de espionagem na América Latina da época da guerra entre aliados e nazistas "infiltrados". Por alguma estranha alquimia, de tudo isso nasce um filme extraordinário. Na trama e na técnica fotográfica, há quem veja referências a dois grandes sucessos: um do passado, *The Devil is a Woman*, de Von Sternberg, com Marlene Dietrich (1935), e um mais novo, *Casablanca*, de

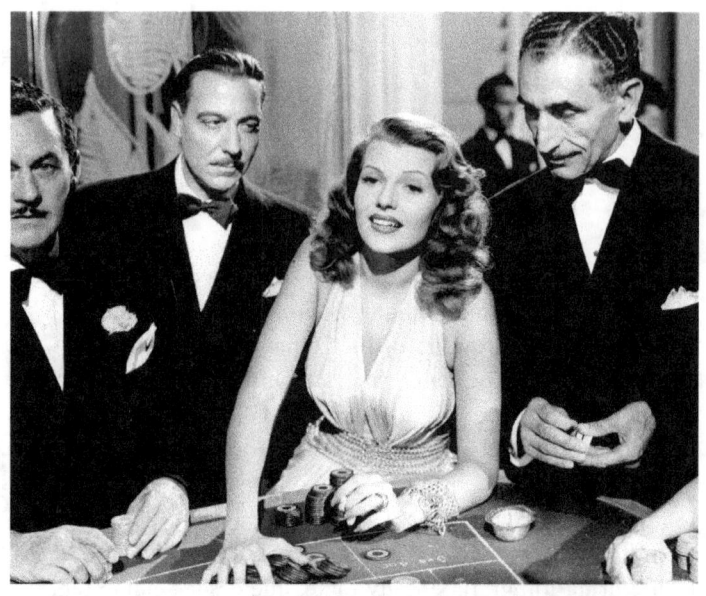

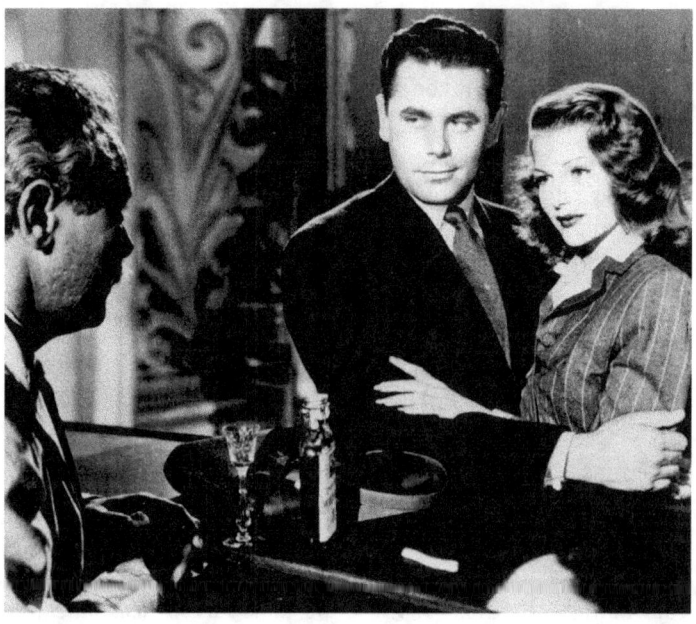

Michael Curtiz, com a formidável dupla Bogart-Bergman (1942). Considerando a relação entre produções hollywoodianas dos anos 30 e 40 e das frequentes imitações, Michael Wood escreve: «A segunda encarnação é mais colorida e rica, parece evocar dentro de nós uma resposta mais imediata; [...] some um pouco de magia e a um determinado coeficiente de elegância e de aura se substitui algo de mais desajeitado». Poderia ser o caso de Marlene-Rita, mas talvez, mais simplesmente, as diferenças sejam ligadas à evolução dos tempos e do gosto.

A trama, enfim: em Buenos Aires, um homem de poucos escrúpulos, Johnny Farrell (Glenn Ford), é salvo de uma situação difícil por um milionário, Ballin Hudson (George Macready), que como melhor amigo tem uma "bengala animada" da qual nunca se separa. Hudson é dono de um *night club*/cassino e oferece trabalho para Farrell; em seguida casa-se, e a mulher, Gilda (Hayworth), já é conhecida por Farrell. Ela também é sem escrúpulos, ou pelo menos assim parece. A isso tudo, como já ressaltamos, se acrescenta uma história de espionagem pelo monopólio mundial do tungstênio. As vicissitudes têm desenvolvimentos imprevisíveis, antes do *happy end.*

Gilda vira um *cult.* Graças a Rita, mas também graças a tudo aquilo que "a equipe" construiu sobre ela e para ela. A partir dos figurinos de Jean Louis, que até faz referência, para o vestido mais importante, aquele preto do *strip-tease*, a um quadro, *Retrato de Madame X* do pintor americano do fim do século XIX John Singer Sargent, conservado hoje no Metropolitan Museum of Art de Nova Iorque; à fiel e inseparável Helen Hunt, que, cada manhã, enfeita seus cabelos para transformá-los nos «mais lindos do mundo». Mas graças principalmente a Jack Cole, o grande coreógrafo que, quando decide "reforçar" o filme com dois números de canto e dança, tem umas intuições que se revelam fundamentais: os trechos inesquecíveis de *Amado mio* e *Put the Blame on Mame.* Além do mais, o esplêndido momento em que Rita canta, uma primeira vez, *Put the Blame on Mame* com o acompanhamento do violão é o único caso em que Hayworth canta com sua voz. Mas até aqui é sempre simples administração, em um sistema perfeito como aquele de Hollywood. O componente a mais é o amor. O amor arrasador e passional que Rita e Ford vivem no set como no roteiro. Ou pelo menos tal é o boato nos ambientes que contam e na imprensa, sempre à espera de escândalos. Ford, muitos anos depois, diria: «No set corria uma espécie de eletricidade, que passou na tela». Os dois atores deviam interpretar um amor sadomasoquista; Gilda diz a Farrell: «Te interessa saber o quanto te odeio, Johnny? Te odeio tanto que decidi destruir a mim mesma para levar-te comigo». Um episódio sobre umas bofetadas passou para a mitologia sobre o filme. «Em uma cena eu devia esbofetear Rita», lembra Ford. O diretor e a própria Rita o exortam: «Faça-o logo e bem». Ela lhe diz: «Me golpeie. Não simule». O resto é conhecido: Rita acaba sendo nocauteada. A versão de Ford: «A tensão entre nós se manteve alta durante todas as tomadas, porque atuávamos nós mesmos e, por tanta intensidade que colocássemos nas cenas de amor, se manifestava apenas um fragmento dos nossos sentimentos. Seja na paixão, seja na violência. Sim, dissimulado entre mim e Rita havia um furor violento. Que somente uma vez escapou do nosso controle: quando eu dei nela aquela bofetada. E de ímpeto, fora do roteiro, Rita me esbofeteou de volta. A cena, afinal, foi cortada». Pouco depois, porém, aconteceu a revanche, como muitos contam: «Um par de semanas depois, foi a vez de Rita esbofetear Ford. Rita o golpeou uma, duas, três, quatro vezes. Rita acabou quebrando-lhe dois dentes». Logo acabadas as tomadas, Rita anuncia publicamente sua separação de Orson Welles. A notícia é sensacional, mesmo que o público, e principalmente a imprensa, nunca tenham gostado do casamento deles.

Rita ainda não está com 28 anos, tem sucesso como nunca teve, mas no nível pessoal só tem fracassos. Seu ar distraído e silencioso aumenta, assim como a vontade de evasão. Passa o fim do ano de 1945 na casa de Sam Spiegel, que dá uma grande festa. Aí ela reencontra Tony Martin, seu parceiro em *Music in my Heart* poucos anos antes, em 40. Entre os dois nasce uma relação que dura poucas semanas. Ele está em crise, sem trabalho e sem dinheiro; ela está no seu máximo esplendor.

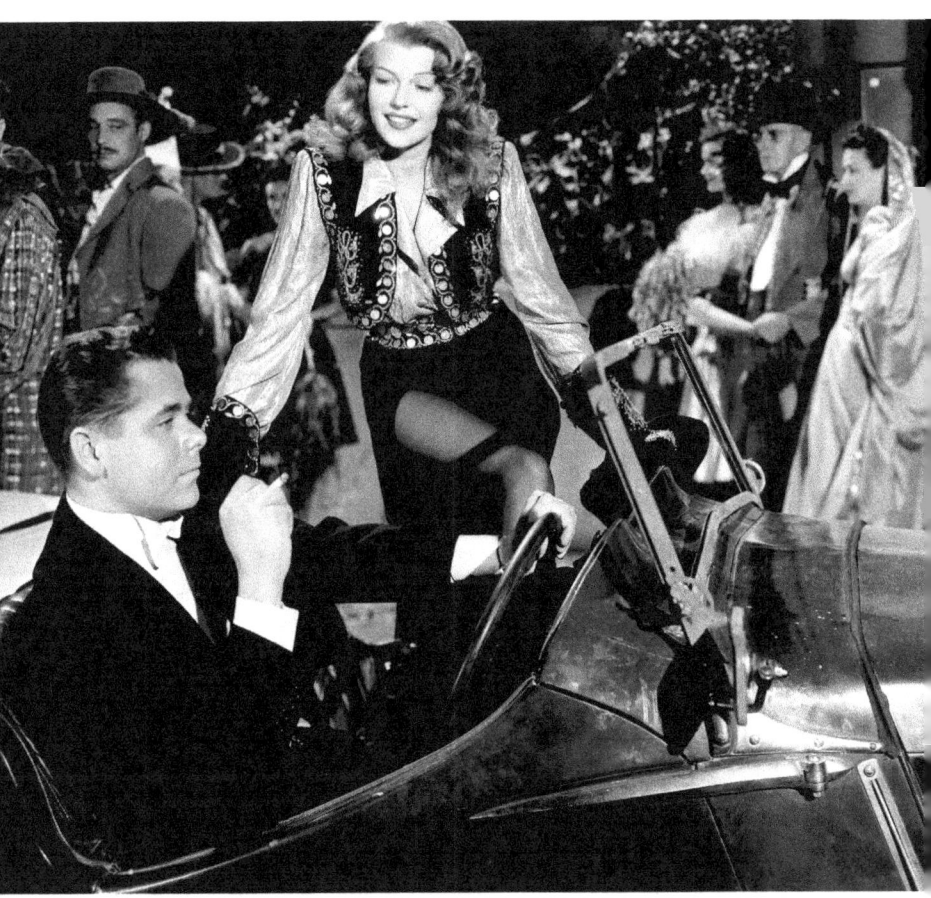

Mas a causa do fracasso quase imediato do seu "caso" está na profunda amargura de Rita, que logo comunica a Martin, por telefone, de ter voltado com Welles, a quem provavelmente continua amando apesar da separação. *Gilda* é apresentada ao público em março de 46, com estreia no Radio City Music Hall - já um hábito. O sucesso e a arrecadação são quase sem precedentes. Todos gostam do filme. Rita, como mulher fatal, é amada também pelo público feminino. Queixam-se somente algumas ligas pela decência, pela família e assim por diante. A maior parte das mulheres quer imitá-la; os homens a desejam e fazem dela o símbolo por excelência de seu imaginário sexual. O sucesso, enfim, é total; a imagem dela acaba dando nome à primeira bomba atômica lançada sobre o atol de Bikini, batizada "Gilda", isto é, Rita a "atômica". Carlo Sartori, em um ensaio sobre as estrelas, a definiu «o símbolo sensual de uma América além de qualquer suspeita, de uma América que por fim sai da frustração e da insatisfação do isolamento para salvar o mundo e a democracia, aquela América que invadirá o mundo com a Coca-Cola, o chiclete e os planos Marshall».

Desde quando o filme saiu até hoje, muitos anos depois, as interpretações, as "descobertas", as chaves de leitura foram infinitas. Serão muitos a perceber, por exemplo, nas relações entre Ford e Macready – no filme Farrell e Mudson – algo de homossexual, reforçado por algumas frases ambíguas, como o brinde "imposto" por Mudson a Farrell. Mais que mostrar um personagem feminino realmente fatal e perverso, o filme alude constantemente ao potencial perturbador da mulher, e à possibilidade de o homem ser impugnado e usado pela mulher, como quando Gilda diz: «Não sou muito boa com o fecho ecler, moços, mas se alguém me ajudar...». A cena mostra explicitamente que seriam muitos a querer ajudá-la a se despir, mas Farrell a leva fora da pista de baile.

Além da promessa inicial entre os dois homens de que nenhuma mulher será presente para atrapalhar, o filme apresenta umas frases misóginas como: «Segundo as estatísticas, não há nada de mais copioso, no mundo, do que as mulheres... além dos insetos», colocadas talvez para agradar ao código Hays.

Interessante é a interpretação de Michael Wood; em seu livro *America in the Movies*, o estudioso americano parte da canção-choque de Rita/Gilda (a identificação jamais a abandonará, como veremos), *Put the Blame on Mame* – Dêem a culpa para Mame... O que de ruim fez Mame, segundo a canção de Doris Fisher e Allan Roberts? De tudo: incendiado Chicago, causado o terremoto de São Francisco e o congelamento de Manhattan. A mulher em si é uma calamidade, como lembra o brinde para

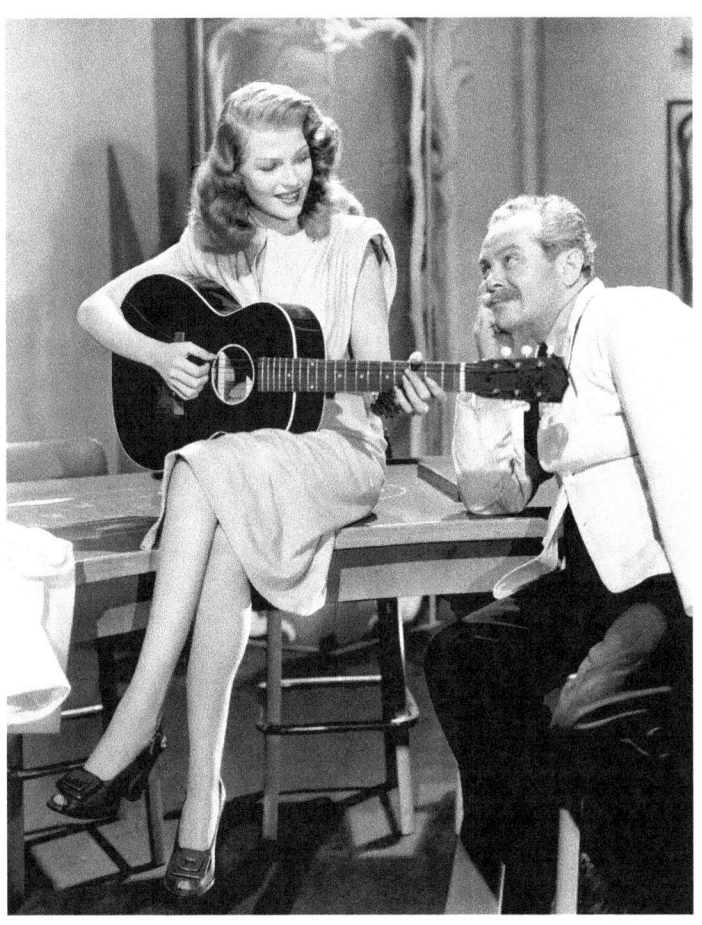

a bengala animada, que, como diz Macready, «é como uma mulher, porque parece uma coisa e depois se transforma em outra sob teus olhos». No filme de Vidor, porém - escreve Wood -, a transformação acontece em sentido contrário, do mal ao bem. A puta se transforma em anjo, mesmo se o anjo - até o fim - continua sendo um pouco puta. A ambiguidade muitas vezes fez a fortuna do cinema. A opinião de Wood sobre o talento de atriz de Hayworth não é positiva: «Deixava fora de seus personagens uma parte importante de si mesma», e aquela sua «inocência era como uma espécie de circunspeção, uma relutância ou uma incapacidade de alcançar emoções pessoais mais intensas». Segundo o crítico, havia sempre algo de lenhoso nas partes mais intensas de suas exibições, e algo de levemente artificial até na sua sexualidade: «Eu podia acreditar que Gilda fosse para a cama com um grande número de homens, mas podia fazê-lo por aborrecimento, malvadeza ou desespero, não por um imperioso desejo sexual». As conclusões: «Havia certa inteligência no rosto de Hayworth, uma vida nos olhos e na boca, negada, porém, ao corpo turbinado, centro presumido de toda a nossa atenção. Todavia, quaisquer que fossem as razões, o resultado era mágico: se exaltava o corpo na pessoa de uma mulher que tinha evidentemente um cérebro; tinha-se na frente um objeto sexual que se dissociava de toda a excitação que causava, [...] quase com humor. [...] Hayworth era ao mesmo tempo demasiado ordinária e demasiado linda. Era demasiado familiar para ser uma diva. Não parecia diferente como Garbo ou Claudette Colbert, espetacular como Jane Russell ou Jayne Mansfield, distinta como Grace Kelly ou esplêndida como Ava Gardner. Parecia uma americana muito chamativa, mesmo que na vida tivesse começado com o semblante de espanhola. Era parecida com mil outras americanas... só que era melhor. E a armadilha estava aí mesmo».

O filme seguinte, paradoxalmente, será com Orson Welles. Welles estava caprichando para adaptar no palco *Around the World*, a volta ao mundo em 80 dias, de Jules Verne. Uma *mise-en-scène* que se anuncia revolucionária como seus clássicos de Shakespeare. Parece de verdade a melhor situação possível: as músicas são assinadas por Cole Porter, a produção é de Mike Todd. Mas, como muitas vezes acontece com Welles, de repente o dinheiro acaba: seus espetáculos custam demais, e na Broadway o limite entre fracasso e triunfo é muito lábil. Todd cai fora. Dorothy Schiff, editora do «Post», é convencida a intervir na produção do espetáculo com 25 mil dólares, que, porém, não resolvem. Welles então liga para Cohn e lhe pede 50 mil dólares.

Cohn concorda, ninguém sabe em troca de quê, as versões são diferentes. Para alguns, Welles oferece como garantia dirigir um filme e escolhe a história que a moça do guarda-roupa do restaurante de onde ele está ligando, está lendo em uma edição de bolso: um policial de Sherwood King, *If I Die before I Wake*. Na opinião de outros, a história é inventada no momento pela férvida imaginação de Welles. Para outros, ainda teria sido Errol Flynn – no iate dele teria sido rodada, depois, parte do filme – que deu ao mestre de *Cidadão Kane* a idéia para esse novo desafio entre ele e o sistema de Hollywood. Dessa confusão nasce, de alguma maneira, *A Dama de Shanghai*, um filme importantíssimo para Rita e para Welles. Um filme enterrado pela crítica da época e depois redescoberto como obra-prima pelo grupo de *enfants gatés* da Nouvelle Vague: André Bazin, Jean-Luc Godard, François Truffaut, Jacques Doniol-Valcroze, Eric Rohmer, Claude Chabrol.

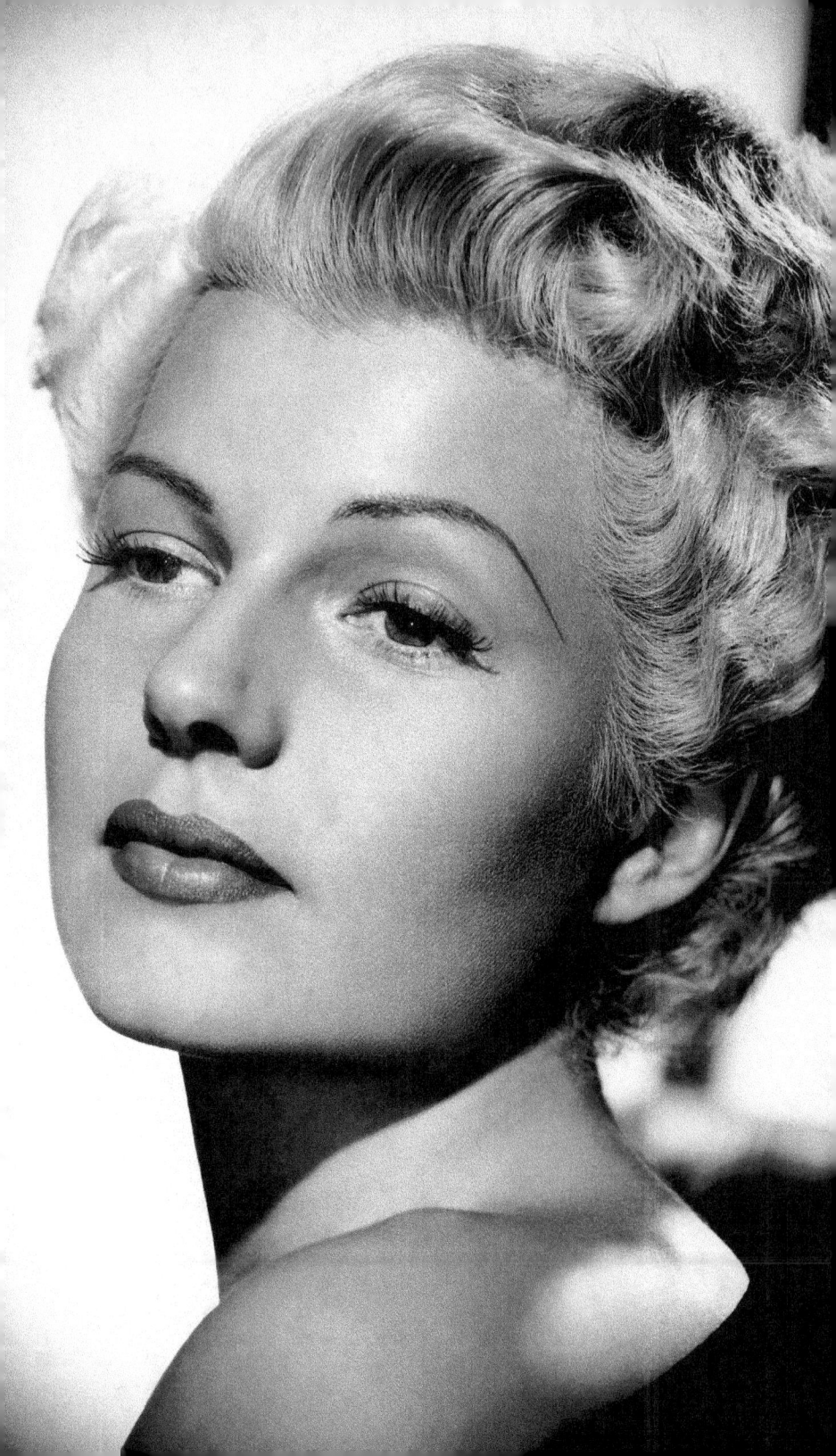

Welles último ato.
A Dama de Shanghai

Após *Gilda*, Rita é atropelada pelo sucesso. As relações com Cohn mudaram, mesmo que Rita continue sendo aquela de antes, sem pretensões e sem posturas de diva. Orson Welles voa a Itália para interpretar Cagliostro no homônimo filme dirigido por Gregory Ratoff (no Brasil "Memórias de um Mágico") - uma entre as suas muitas pontas para consolidar o balanço. O novo filme em programa é *Down to Earth*, uma espécie de reconstrução mitológica, ou paramitológica, em que a "deusa do amor" interpreta de verdade o papel de uma divindade do Olimpo. É um triunfo do *kitsch*, que porém encontra o gôsto da época: colunas gregas de papelão, peplos grifados, Rita/Tersicore deusa da dança e do canto (dublada também dessa vez por Anita Ellis). Rita não gosta do filme e, devido à popularidade obtida com *Gilda*, começa a fazer pedidos a Cohn, mais do que nunca determinado a explorar o sucesso de sua estrela. As tomadas de *Down to Earth* demoram seis meses, e os custos alcançam provisoriamente dois milhões de dólares em 1946, quase um disparate para a época. Rita, geralmente tão pontual e escrupulosa, muitas vezes "não está se sentindo bem", talvez após a maquiagem e muitas horas de penteados complicadíssimos, e volta para casa, em vez de ir para o set. É um braço a torcer. O contrato está vencendo, e ela já representa uma fortuna para a Columbia. Aconselhada por Johnny Hyde, um agente poderoso e esperto, Rita gostaria de ganhar uma boa participação aos ganhos. Nasce então, a Beckworth (do nome da filha e do sobrenome dela), uma sociedade de produção em que a maioria continua com a Columbia, junto com a distribuição do filme, por dois sócios a um, mas onde aquele um é Rita Hayworth. Cohn tenta adoçá-la

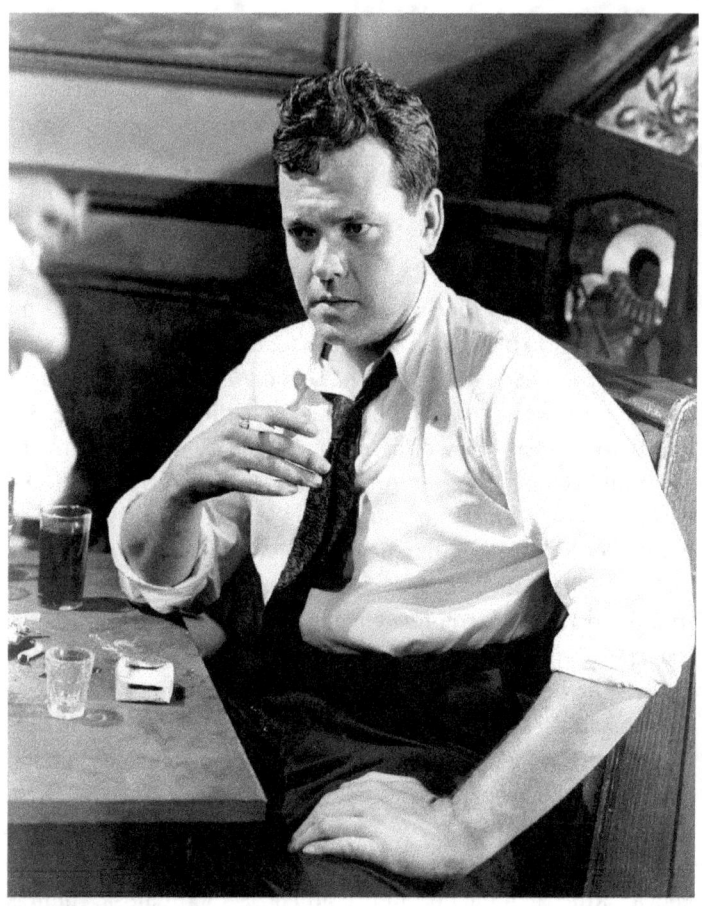

oferecendo-lhe para atuar em *Dead Reckoning*, com um parceiro de exceção como Humphrey Bogart, que pela primeira vez não trabalha pela Warner, mas ela recusa, aduzindo que o roteiro é fraco e precisaria ser totalmente reescrito. São principalmente os dois milhões de dólares de custos de *Down to Earth* (que, com o filme terminado, serão quatro) que fazem capitular Cohn. O acordo é assinado e parece bastante proveitoso: são dois filmes por ano por sete anos, um salário de 250 mil dólares por ano e mais uma porcentagem de 25% sobre a arrecadação. Somente após a assinatura desse acordo, o filme dirigido por Alexander Hall consegue ser acabado.

Down to Earth é aquilo de que já falamos. Para uma informação mais completa, lembramos como retoma um antigo sucesso de alguns anos antes, *Here comes Mr. Jordan*, inspirado em *Heaven Can Wait*, de Harry Segall. Entretanto, em Nova Iorque, estréia o atormentadíssimo *Around the World*: após dez semanas, todo mundo volta para casa, com um prejuizo de 375 mil dólares. Welles agora deve devolver os 50 mil dólares para Cohn, realizando o filme que lhe prometeu. *A Dama de Shanghai* começa a ser realizado quase logo depois; fala-se de uma protagonista "fatal", mas negativa até o fim, longínqua, implacável. Pensa-se em Ida Lupino, mas não dá em nada. Aparece então a esperteza de Cohn: por que não utilizar Rita, mesmo se ela e Welles estão quase se divorciando? E por que não utilizá-la com os antigos preços de antes da Beckworth? Rita aceita. Sobre essa questão, nunca se soube, realmente, nada de concreto, além das costumeiras ilações. Parece que, quando Welles lhe propôs fazer juntos aquele filme, ela não teve a mínima hesitação. Em dezembro, quando estão começando as tomadas, no México e em São Francisco, o clamor é grande. A realização durará até o fim do ano seguinte. Welles faz logo algo de imprevisível. Quer intervir drasticamente na imagem de Rita, cortar-lhe os cabelos e platiná-los. A fiel Helen Hunt é chamada de volta das férias. Muitos, na época, e até depois, interpretam a escolha como uma ardente "humilhação" infligida à mulher mito daqueles días. Mas a mesma Hunt teria contado, um pouco depois, lembrando daquele dia: «Rita estava muito feliz com os projetos de "Orsie", que queriam transformar tão profundamente a imagem dela. Por fim, ela iria ter a oportunidade de ser uma verdadeira atriz». Welles conta a Peter Bogdanovich como Rita devesse «interpretar um personagem muito diferente de todos os anteriores. Não podia se apresentar com a sua consolidada imagem de pin-up; precisava de um semblante totalmente renovado. Por isso fizemos os cabelos dela curtos e pintados louro platina». Com relação às reações de Cohn, existem diversas hipóteses. Helen Hunt

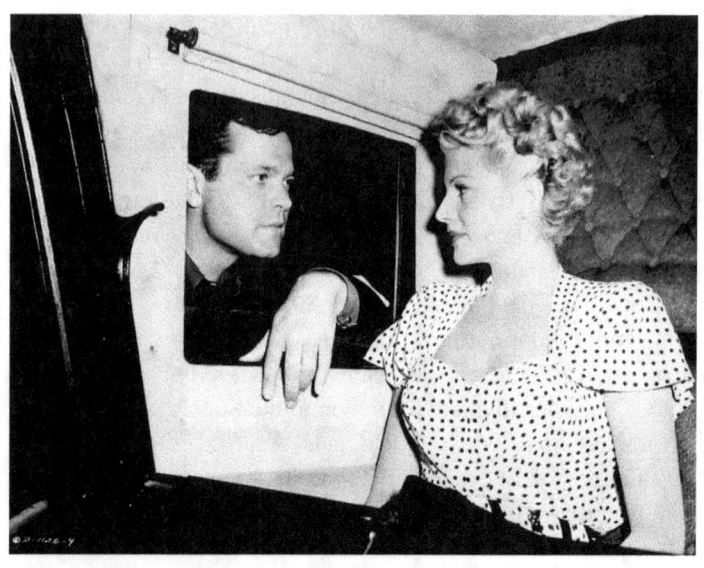

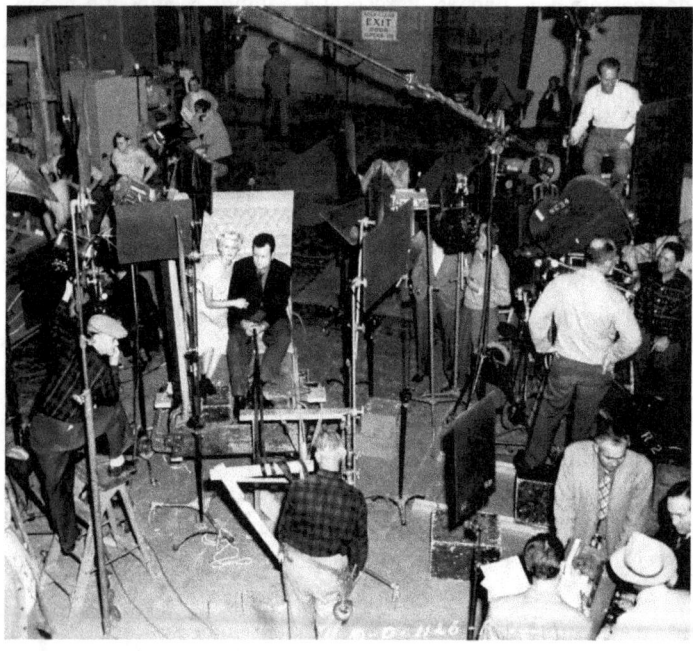

conta que Cohn inicialmente tinha-se oposto, mas que depois Welles conseguira convencê-lo, e assegura que «as histórias que se contam sobre a irritação de Harry Cohn quando viu o corte de cabelo de Rita são falsas». Morella e Epstein afirmam com certeza que «Welles e Hayworth não teriam feito uma escolha tão drástica sem o total consentimento do grande chefe, mesmo que relutante». Joseph McBride, um dos mais creditados biógrafos de Welles, asegura, porém, que a aversão de Cohn pelo corte dos cabelos ruivos de Rita teria sido a causa da distribuição tardia do filme, em 1948, dois anos após as tomadas.

A trupe – é o começo de dezembro de 1946 – muda-se para Acapulco, no "Zaca", o iate de Errol Flynn, onde devem ser rodadas umas cenas, e prossegue para São Francisco, mais exatamente para Chinatown e o porto de Sausalito. A duração das tomadas sobe dos sessenta dias previstos para noventa, enquanto o orçamento cresce de um milhão e duzentos e cinqüenta mil dólares até dois milhões, apesar do filme ser em preto e branco. Welles manda reconstruir no México uma vila inteira. Sobre as despesas e o resultado econômico do filme, ele declara: «A verdade é que custou mais ou menos como qualquer filme com Rita Hayworth daquele tempo, e se não arrecadou como alguns, não prejudicou seriamente nenhum de nós». Dizem até que Welles nem assistia aos "diários", limitando-se a enviar para revelar, na América, aquilo que foi rodado em cada dia. Quando o material chegou à montagem, Cohn recusou as soluções de Welles, que para ele não tinham o menor sentido. Welles acabou aceitando o conselho de Cohn e se consultou com Virginia Van Upp para que, segundo Morella e Epstein, o roteiro «fosse arranjado de uma maneira que os espectadores conseguissem entender aquilo que estava acontecendo». Algumas cenas foram refeitas, e o filme foi montado de novo, com uma duração de 81 minutos.

Neste "noir", que será um dos mais fascinantes do gênero na história do cinema, Rita é Elsa Bannister, «uma fria e cruel destruidora de homens». Em volta dela, um *cast* excepcional, com alguns "velhos" nomes do Mercury Theatre de Welles. O marido de Elsa é um advogado (Everett Sloane) "hábil", literalmente, somente com a cabeça; Michael O'Hara (Welles), um marinheiro irlandês que lutou na guerra da Espanha, é quem salva a linda Elsa de um assalto em um parque e se encontra depois envolvido numa espiral digna do *The Maltese Falcon* ou de *Double Indemnity*; George Grisby (Glenn Anders), o sócio de Bannister, um homem viscoso e dissimulado, que é o elemento que desencadeia tudo: propõe a O'Hara de assinar a confissão de tê-lo assassinado, nas palavras dele para receber um seguro. O'Hara, já apaixonado pela fria e provocante Elsa, assina; pouco depois Grisby é encontrado morto, com o chapéu do marinheiro nas mãos. No processo, O'Hara é defendido "magnanimamente" por Bannister, mas, no momento do veredicto, consegue fugir. Escapa no bairro chinês, em um teatro, onde é alcançado por Elsa, a verdadeira culpada, que ele desmascara antes de desmaiar (para fugir do tribunal, ele engoliu um coquetel de tranquilizantes). Pouco depois, encontrará de novo Elsa e Bannister em um parque de diversões, em uma sala de espelhos deformantes, onde os dois "se dão o troco" e atiram um contra o outro. Bannister morre, e Elsa logo depois, sem a ajuda de O'Hara. O marinheiro ingênuo e apaixonado finalmente entendeu, e se recusa de ajudá-la. Os fãs de Rita assistem, então, impotentes à morte da deusa, literalmente desmembrada, deformada pelos espelhos e quase patética na invocação "Não quero morrer!"... Por acaso, alguém ressalta provocativamente que, dessa vez, Welles escolheu para si o papel de herói positivo, mesmo se um pouco babaca. Além das curiosas hipóteses de revanches pessoais sobre a mulher, não pode ser esquecida a extraordinária ironia de Welles imitando as heroínas do *noir*: primeira de todas a "odiosa" Barbara Stanwyck, e sua capacidade, como sugere James Naremore, de decompor o mito de Rita Hayworth «em uma série de imagens abstratas que simbolizam a vistosa irrealidade das estrelas do cinema». Rita defende – e defenderá sempre – esse filme. Mesmo que, logo no fim das tomadas, na primavera de 1947, peça o divórcio. Em novembro do mesmo ano, com sua habitual postura um pouco entre a resignação e a predestinação, declara aos cronistas: «Não conseguia mais agüentar a genialidade dele 24 horas por dia».

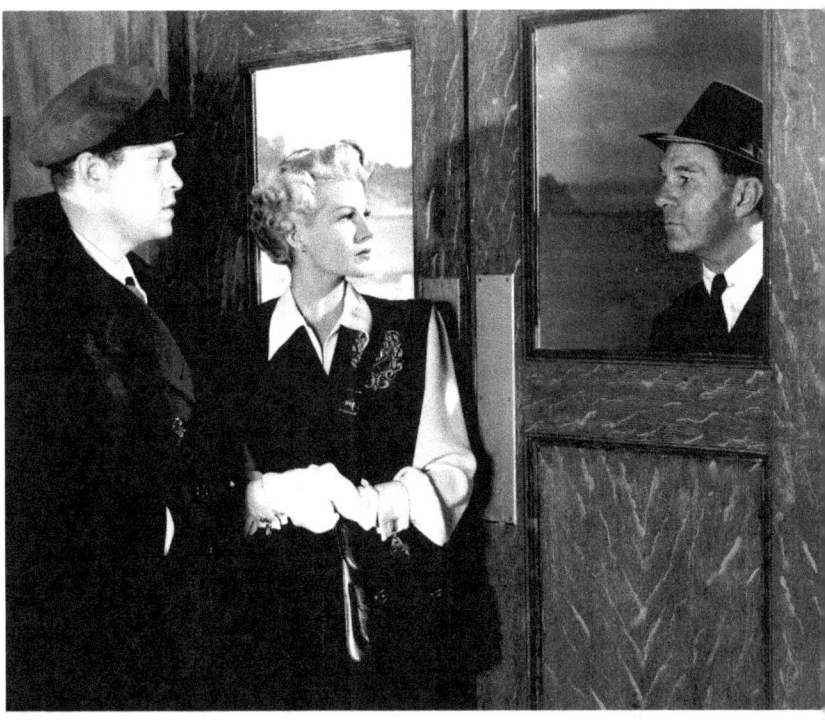

Dentro de si, está magoada: deve registrar mais um fracasso na sua vida particular. A experiência com Welles deixa para ela, além de muita amargura, amigos e personagens que ficarão insubstituíveis: de Shifra Haran, a secretária, a Jackson Leighter, que cuida da Beckworth Corporation, e que, com a mulher Lola, será um dos amigos mais importantes.

Cohn, considerando a acolhida entusiástica recebida por *Gilda* também no velho continente, envía Rita à Europa, mercado superimportante para os produtos hollywoodianos. Umas férias pagas, com a única condição de voltar para os "States" logo depois da estréia em Londres de *Down to Earth*. Sua assistente Evelyn Lane a acompanha, e escolhe um navio pequeno e tranqüilo. Rita está contente e fala até umas coisas espirituosas. Diz, por exemplo, que está fazendo essa viagem para dar o tempo para seus

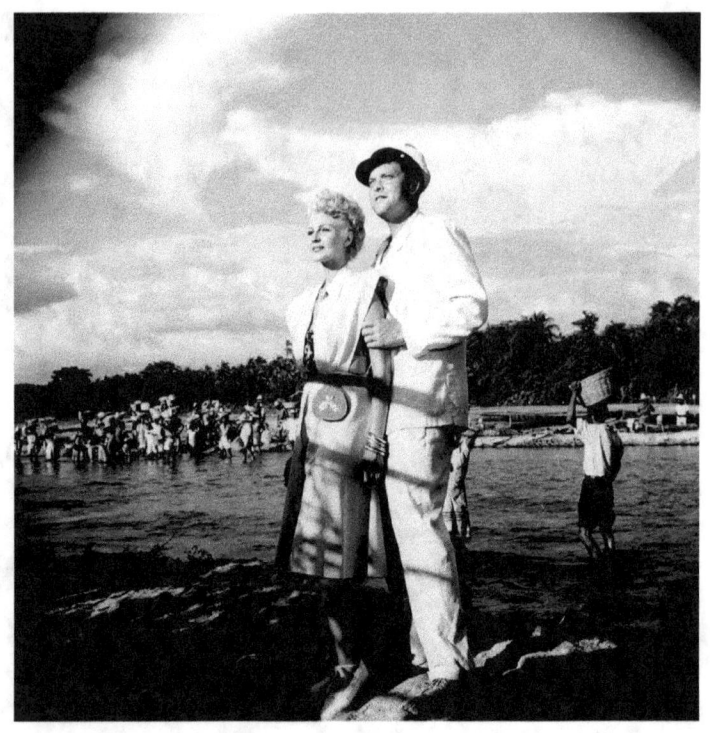

cabelos crescerem de novo. O tour dela passa por França, Bélgica, Holanda, Suíça. Em toda parte é um tripúdio de gentío que a acolhe, a aplaude, a ama. Rita parece cada vez mais animada, e suas vicissitudes pessoais parecem, se não ultrapassadas, acantonadas. Depois, Londres. Onde Rita não consegue o mesmo sucesso, apesar de gostar muito de lá. Isso para justificar, ou explicar, um pouco da animosidade demonstrada pela imprensa local em relação a ela. A estréia de *Down to Earth* é, porém, um sucesso de grandes proporções. Rita volta satisfeita para a América, onde o filme é destruído pela crítica, mas sua beleza não está em discussão, e seu mito continua imutável.

Cohn lhe propõe um western, que ela recusa quase desdenhosamente. Ele fica furioso, mas já não pode demonstrá-lo: Rita é importante demais para a sua "modesta" Columbia. A

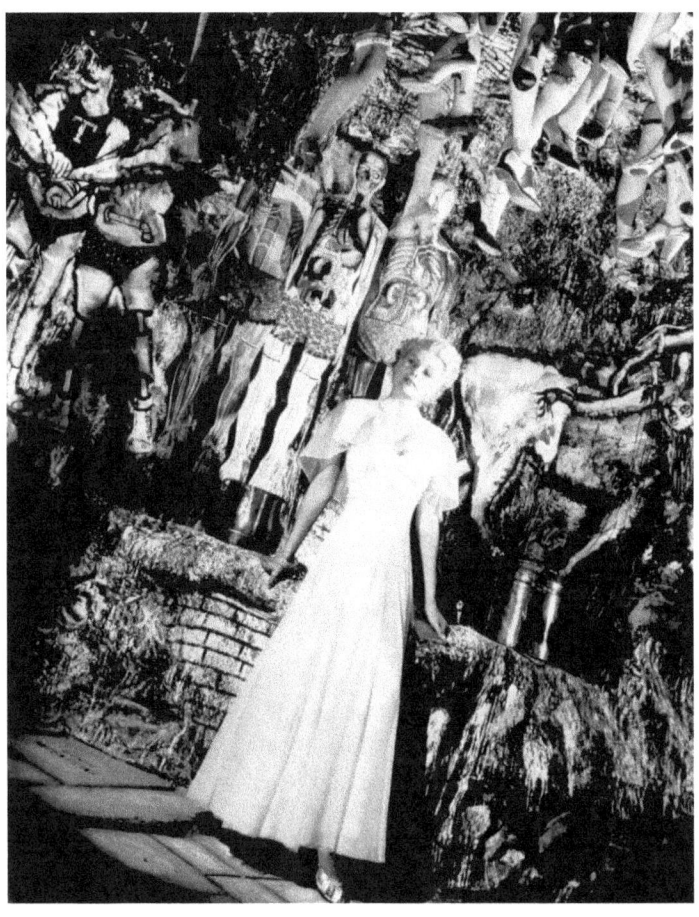

proposta seguinte é *Os Amores de Carmen* (The Loves of Carmen), um filme cuja propaganda insistirá na palavra "amores". Apesar de ser livremente inspirado na obra de Prosper Mérimée/Bizet, não haverá música nenhuma. Cohn pensa que o personagem de Carmen seja perfeito para ela, e já está confiante em renovar os sucessos de *Gilda*. Rita concorda e pede somente que o diretor seja Charles Vidor, o mesmo de *Gilda*, que há pouco tempo entrou na justiça contra Cohn por injúrias (na realidade casou com uma

mulher da família Warner e quer somente trocar de produtora).
A esse ponto, cada pedido de Rita "deve" ser concedido. Ela
vale quase 400 mil dólares por ano. Cohn aceita Vidor, que
tenta transformar a vicissitude notória da cigana Carmen em
uma espécie de *noir* de costume, insistindo em tons muito
dramáticos e no amor desesperado entre Don José e Carmen.
Tudo isso em uma Espanha pobre e incrível como aquela, toda
"made in USA", arrumada nos arredores do Monte Whitney, na
Califórnia. Igualmente incrível, quando não ridículo, é também
Glenn Ford, a quem, após muitas hesitações, cabe o papel de
Don José. Ford, de novo em companhia de Rita, após o triunfo
de *Gilda*, fardado e com os cachos artificiais, é uma escolha
errada. O mesmo Ford considera ainda hoje este filme sua pior
atuação. Dublê de Rita, pelas crônicas, é Grace Godino. Nas
coreografias, todas espanholas ou espanholizadas, está Eduardo
Cansino, pai de Rita, e, em duas pontas, não faltam o tio José e
o irmão Vernon. Atrasos, brigas, reescrituras do roteiro: o filme
demora a decolar. E mais de doze semanas de realização tornam
mais grave a situação. Rita, porém, é esplêndida como nunca. A
sua pergunta, de gosto mais do que duvidoso, no momento do
primeiro encontro com Don José, será histórica: montada em um
muro, com uma roupa que é uma mescla terrível de cores, com
as pernas semiabertas, pisca para o jovem praça dizendo: «Quer
uma mordidinha desta laranja, soldado?». O filme chega ao fim
da realização, mas não repete de jeito nenhum os faustos do
passado. As arrecadações da Columbia falam claro: 2 milhões em
1944 e 1 milhão e novecentos mil em 1945. Em 1946, 3 milhões
e meio de dólares; no ano seguinte, 3 milhões e setecentos mil;
em 1948, a queda com *A Dama de Shanghai*.
Rita, entretanto, não tem vida privada: se em Londres lhe
endossam um caso com David Niven, logo depois, em Hollywood,
enquanto Glenn Ford continua perdendo o sono por ela, é a vez
de Howard Hughes e muitos outros. Na realidade, ela vê poucos
e fiéis amigos, sempre os mesmos: Helen Hunt e os Leighter,
principalmente. A Europa ficou no coração de Rita, que decide
voltar para lá imediatamente, por alguns meses. Cohn não sabe

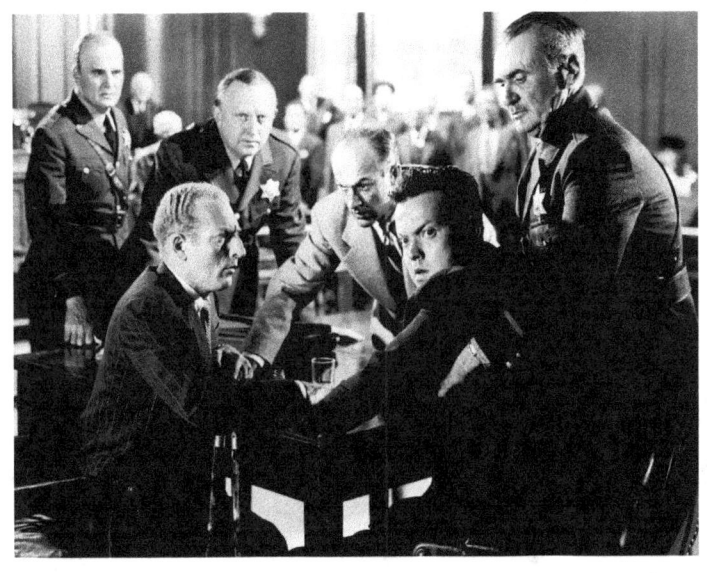

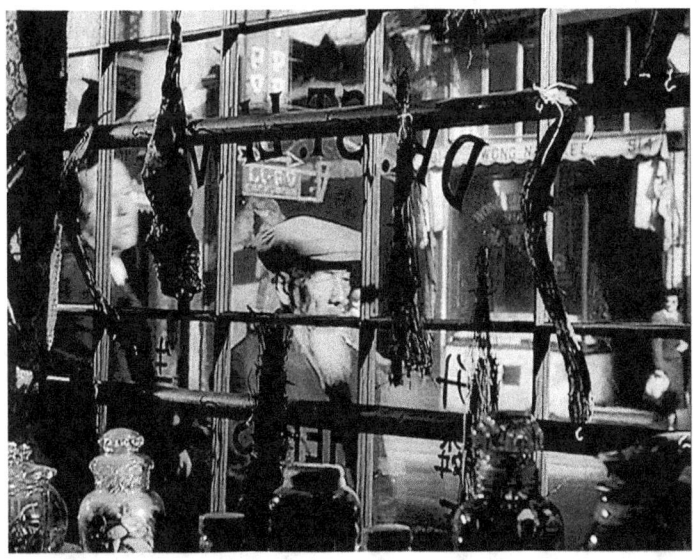

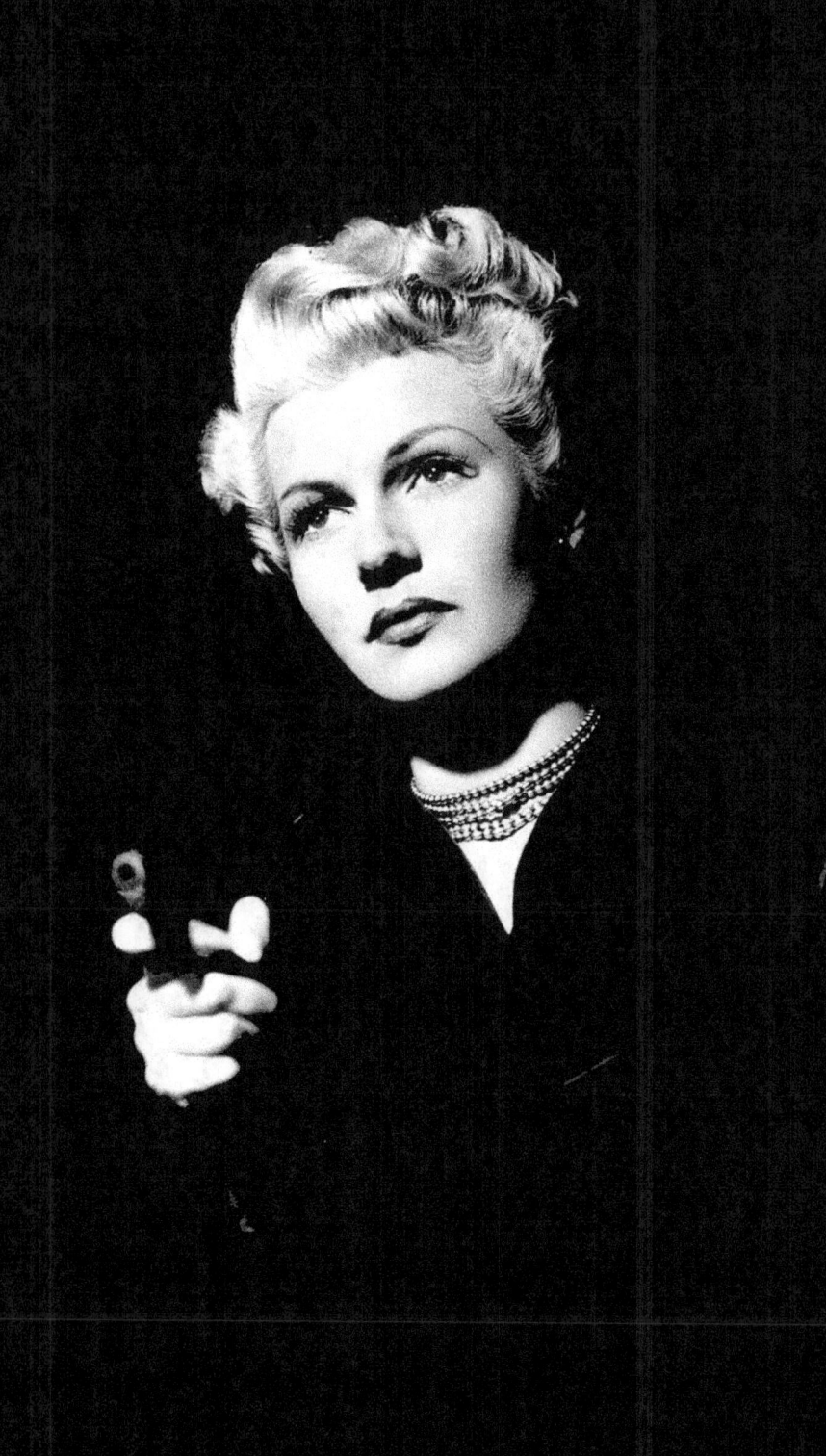

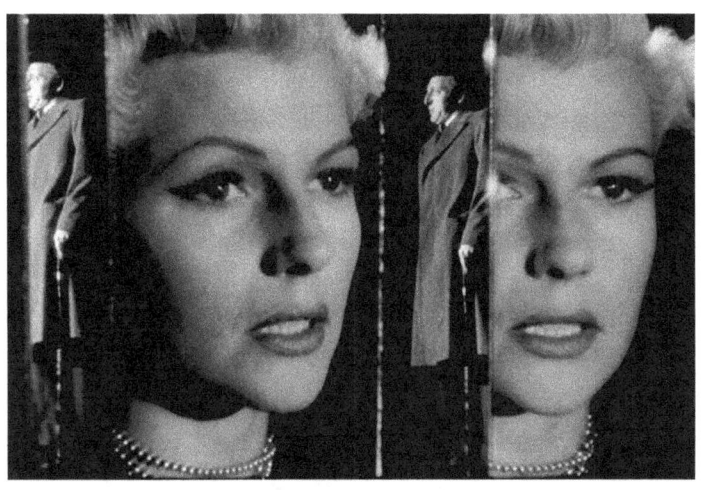

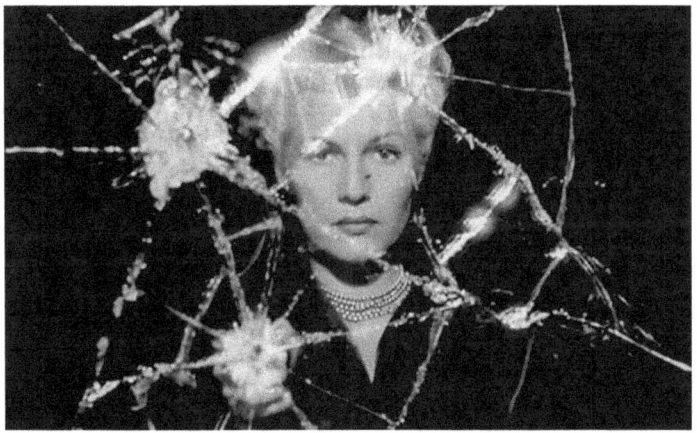

dizer não para ela. Só que, dessa vez, quem a acompanhará não será Evelyn, como pedia Rita, mas Shifra, sua secretária, com Lola, a mulher do seu amigo Leighter. Após uma brevíssima parada em Nova Iorque, a partida é em maio de 1948. Rita está inquieta. O relacionamento com Welles a marcou profundamente. Talvez pense em reconquistá-lo, como os "bem informados" se precipitam sugerir (ele está trabalhando na Europa). Mas talvez queira também encontrar uma tranqüilidade pessoal.

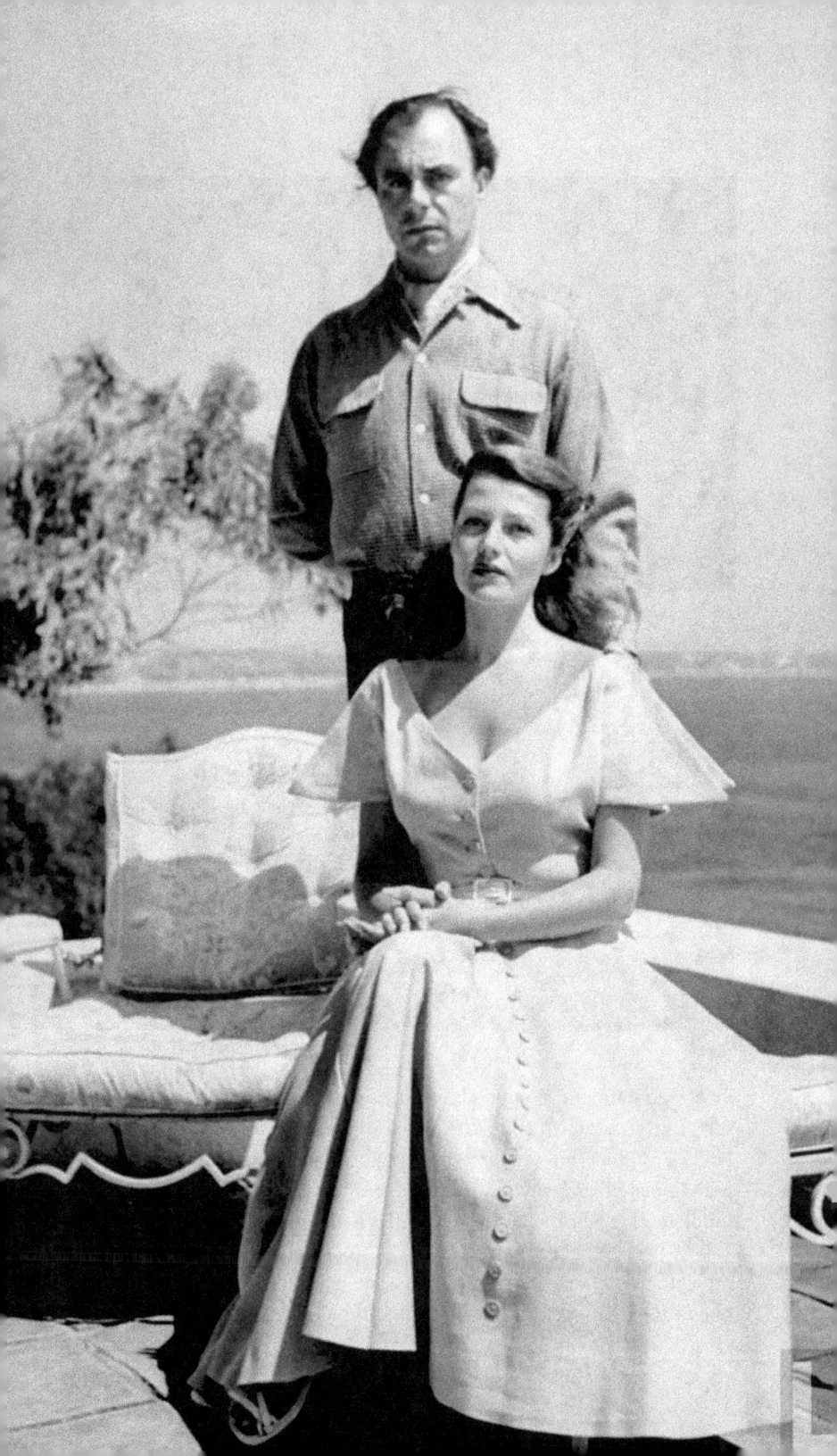

Ali Khan, Imam dos ismailitas

Rita volta para a Europa. Enquanto sua imagem se cristaliza no vestido de cetim preto e no infinito *strip-tease* de *Gilda*, ela procura a simplicidade. Durante a viagem, usa roupas esportivas; calças folgadas, camisas masculinas, meias e sapatos sem salto. Sem um fio de maquiagem.

A primeira parada é em Paris, Hotel Georges V, onde ela se encontra com Welles, com um único tema de conversa: o futuro da filha Rebecca. A estadia europeia prossegue com uma virose que a obriga a vários dias de cama e a uma série de transfusões. A convalescença é em Côte d'Azur, onde se aninha a mais assanhada *café society*, ascendente direto do *jet set*. Elsa Maxwell, a terrível cronista social - mais de sessenta anos e solteirona histórica, uma virgindade demasiado ostentada para o mundo para não parecer pelo menos suspeita, e uma rubrica jornalística lida por todo o mundo -, intenta de toda maneira convencê-la a não se negar. Rita aceita a participar de um *party* do produtor Frédéric Brisson, marido de Rosalind Russell, que em Cap d'Antibes celebra Louella Parsons. Ela não pode de jeito nenhum eximir-se desse acontecimento. A partir desse momento, a convalescença se transforma em um verdadeiro turbilhão. Todo mundo a quer, todo mundo a persegue. Entre os mais assíduos, o xá da Pérsia Reza Pahlavi e Aristóteles Onassis. Maxwell a convence a participar também da festa que vai dar no dia 3 de junho, no Palm Beach Casino (há quem diz, paga por Ali Khan). E a convence a comprar na boutique do hotel um vestido branco que deixará a marca. É aí que Rita "encontra" o príncipe Ali Khan, filho do Aga Khan, chefe absoluto ("*Imam*") dos ismailitas, personagem muito assíduo às crônicas sociais, crápula, *playboy* inveterado. No jantar, Rita acaba perto dele. Ali Khan a segue desde os tempos de *Sangue e Areia*, que ele assiste muitas vezes por dia na esplêndida mansão de Château de l'Horizon, em Cannes. Rita não o conhece; na América sabe-se muito pouco dele, que não pertence ao ambiente cinematográfico. Não é alto, não é imponente, mas seu olhar é intenso, seu jeito de falar envolvente, seu charme não é indiferente. Lembrará depois Rita: «Não sabia o que dizer. Depois me convidou para dançar. E dançamos, dançamos e ainda dançamos. Gosto pensar que não acabava nunca»... O *coup de foudre* é pontual, para os dois. Filho ilegítimo de uma dançarina italiana, Teresa Magliano, Ali Khan é reconhecido oficialmente em 1922, quando o pai, o Aga Khan, casa-se com ela. Ali tem onze anos. Conhece o outro sexo três anos depois: o pai tem a preocupação de que o filho seja demasiado "efeminado". Estuda na Suíça. Durante a guerra, trabalha pelo *Intelligence Service*. Na época, suas conquistas iam de lady Thelma Furness, íntima do príncipe de Galles, a Joan Guinness, herdeira adquirida da famosa cerveja. Com Joan, tinha casado com tanta pressa que o marido dela o citara em tribunal quando ocorreu o adultério. Da união nasceram, oito meses depois, Karim, futuro "pai" da Costa Smeralda, e, nove meses depois, Amyn.

De perseguido pelas mulheres, com Rita Ali Khan vira um perseguidor implacável, assíduo. E a hospeda na própria mansão. Rita vive um novo "caso". Eles se amam, freqüentam restaurantes fora de mão na busca de intimidade. Para evitar a curiosidade da imprensa internacional, que começa a ser pesada, decidem "fugir" para Espanha. Saem no iate de Ali, mas um *foulard* e um par de óculos escuros não são suficientes para Rita Hayworth. Todos a reconhecem. Em Madrid, em Toledo, na corrida, todo mundo a invoca e a aperta em um abraço, à caça de um *souvenir*, seja esse um farrapo de roupa, um cacho de cabelo ou qualquer outra coisa. Em Sevilha, acontece a mesma coisa: é a cidade de origem da família Cansino e, quando ela decide se abandonar à embriaguez de um flamenco, alcança-se o paroxismo. O divórcio de Rita e Welles ainda não estava homologado, nem

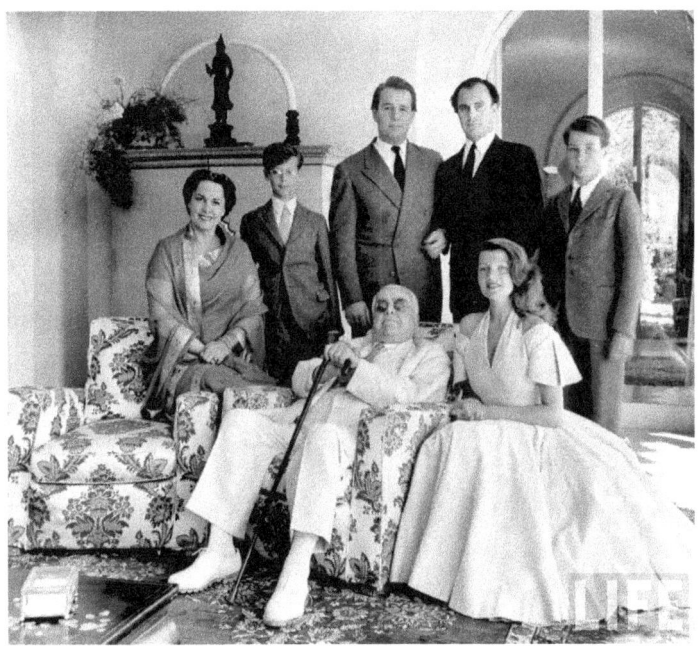

Ali estava separado de Joan Guinness. Na volta do casal para Cannes, o barulho é grande. Intervém também Harry Cohn, que na realidade está contente com toda essa publicidade porque, no setembro seguinte, Rita na América apresentará bem dois filmes: *A Dama de Shanghai* - por fim - e *Os Amores de Carmen*, os dois comercialmente fracos. Entretanto chega a sentença definitiva do divórcio de Welles.

Há vários meses, ela não atua em nenhum filme, e o grande Cecil B. De Mille a quer a qualquer custo para *Samson and Delilah*, onde reencontraria seu antigo amigo Victor Mature. Na Columbia, fala-se muito também de *Lona Hanson*, um *western* em cores com grande orçamento de que seria protagonista William Holden, terceira estrela da casa após ela e Glenn Ford. Ali acompanhou Rita na América, e a imprensa se joga de ponta cabeça em cima da notícia. O príncipe, acostumado com a publicidade, não está nem aí e aluga uma casa na Rockingham Avenue, pouco longe

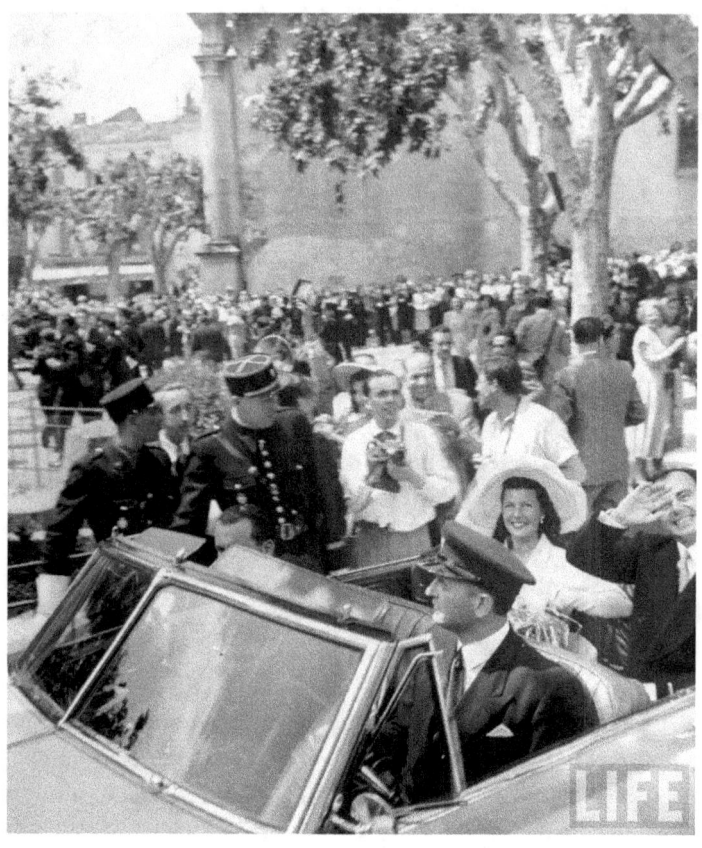

da residência de Rita. Na imprensa, começam a se formar duas facções: uma, chefiada por Louella Parsons, favorável ao casal; a outra, dirigida pela belicosa Hedda Hopper, "contra". Perseguidos por bandos de jornalistas indiscretos, Rita e Ali fogem para o exterior. Antes para a Cidade do México, depois, para Acapulco e, por fim, para Cuba, onde ficam por algum tempo. Mas, na volta a New Orleans, a imprensa os espera. Ademais, Rita decide não participar de *Lona Hanson*: seria um trabalho de meses, e ela não quer de jeito nenhum ficar longe de Ali. Cohn fica furioso e a priva do salário, que na época – como já vimos – era de 250 mil dólares por ano. Mas Rita está se afastando do cinema, por aquele Amor, com "a" maiúsculo, com que sempre sonhou. Alguns dias depois, Rita e Ali viajam para a Europa, via mar. Após uma visita à Irlanda, eles vão para Londres, no Ritz Hotel, depois Paris, e Suíça, no Palace Hotel de Gstaad, onde Rita corre o risco de encontrar Joan, a mulher de Ali, em visita aos filhos Karim e Amyn. Aqui, Rita descobre as virtudes paternas de Ali, e até Rebecca parece muito à vontade na companhia dele, Karim e Amyn. É o sonho de uma família que volta mais uma vez.

Na América, entretanto, muitas associações pela moral iniciam uma virulenta campanha contra o casal, demasiado livre e transgressivo com relação aos cânones da época. Fala-se até de uma gravidez. Abalado por esses boatos, Aga Khan convoca os dois namorados em Cannes, na sua residência, Yakimour. Rita o conquista com sua simplicidade e começa-se a falar em casamento para silenciar qualquer possível voz de contrassenso. O encontro é celebrado com uma foto do grupo: o Aga Khan, a Begum (sua quarta esposa e madrasta de Ali), Rita e Ali. Rita veste um vestido "frouxo", e isso na imprensa internacional multiplica as ilações sobre sua gravidez. Logo depois, em um turbilhão, Epson Downs, um momento célebre e mundano pelas corridas dos cavalos (e se sabe quanto Ali os ama), entre 200 policiais e 10 mil fãs soltos; depois Paris, a Ópera, onde Rita "enfeitiça" todo mundo. Na capital francesa, Rita, aconselhada por Elsa Maxwell, renova seu guarda-roupa no Jacques Fath.

Em volta dela, nem tudo corre de maneira maravilhosa: os amigos europeus de Ali a esnobam. Com toda probabilidade trata-se somente de ciúme, mas Rita na Europa é sozinha. Não conhece ninguém além do seu grande amor. Em abril de 1949, chega o anúncio do casamento: "daqui a um mês". Rita está feliz, mesmo que não tenham faltado discussões e alguns copos a mais dela e, ao mesmo tempo, algum "escorregão" de Ali. A América, entretanto, golpeia fundo. A federação geral dos clubes das mulheres americanas decide o boicote aos filmes de Hayworth, «que deprecia a imagem da mulher americana com seu comportamento escandaloso». Há quem ponha em paralelo as vicissitudes de Rita e Ali com o outro grande "escândalo" do

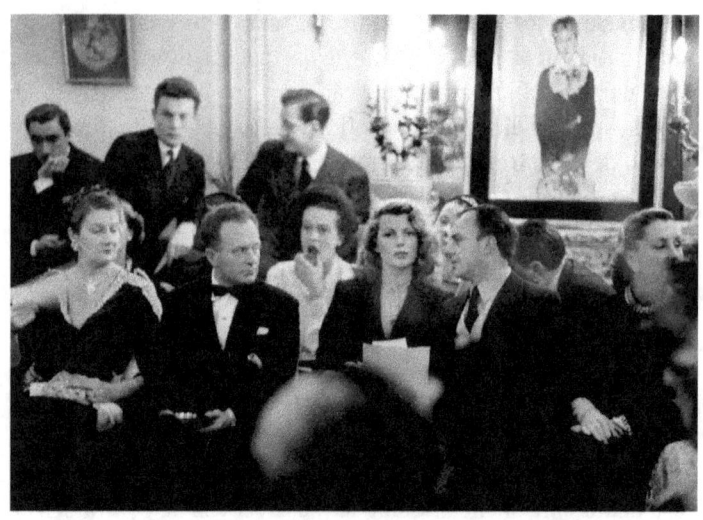

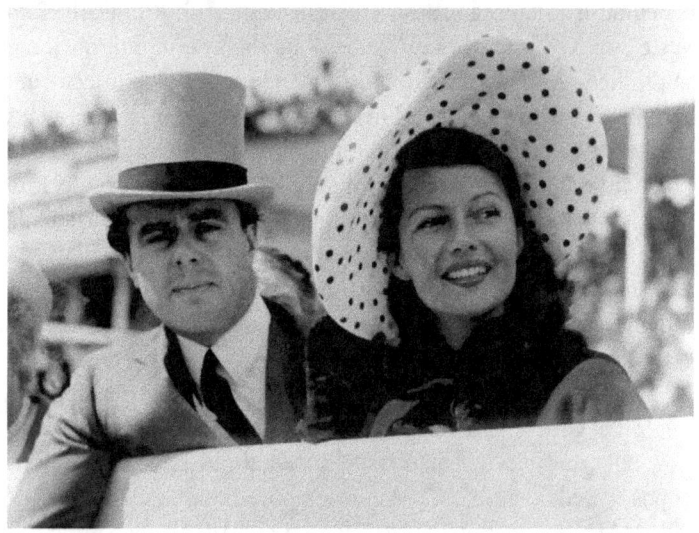

momento: o casamento do duque de Windsor, e sua sucessiva abdicação, com a mais do que murmurada Wally Simpson. Mas no mesmo mês de abril Ali consegue o divórcio de Joan. Rita verdadeiramente quer romper, de uma vez, com Hollywood. O futuro que ela queria é aquele familiar, e nada mais. O enxoval ela o escolhe em Fath, em Paris (e quem o veste, curiosamente, é Bettina, a *top model* do momento, que, depois, substituirá Rita nos afetos do príncipe). O casamento acontecerá no castelo de Vallauris, em maio. A esperança de Rita de que pudesse se tratar de uma cerimônia íntima cai logo. Ela deve aguentar as prostrações dos ismailitas a seus pés, e fica desconcertada. Falta ainda a autorização para celebrar o rito em um lugar particular, mas os preparativos se incumbem... Os inevitáveis "bem informados" falam de pratos dedicados a Rita com os nomes dos filmes dela, de *Modelos* a *Gilda*, a *The Strawberry Blonde*. O *cocktail* se chamará *Ritaly*. Muitos são os convidados de Ali, de Utrillo a Edith Piaf, poucos, ao contrário, aqueles de Rita, entre os quais Harry Cohn. No fim da *soirée*, uma projeção de *Os Amores de Carmen*. Entre as lutas, quase físicas, das "fofoqueiras" por excelência de Hollywood, Louella Parsons e Hedda Hopper, para encontrar uma vaga nessa grande "kermesse", seráfico, o prefeito comunista de Vallauris comunica a Ali Khan que a autorização para as bodas no castelo não chegou. Então, deverão ser celebradas na prefeitura da cidadezinha francesa, onde o casamento acontece em 27 de maio, às onze da manhã, na frente de uma multidão de jornalistas e cronistas. A noiva veste um *tailleur* com as mangas compridas em crepe azul e saia pregueada, com um chapeuzinho definido pelos presentes "à Scarlett O'Hara"; o noivo, paletó preto "*a doppio petto*", calça cinza listrada. A recepção acontece, como previsto, no castelo. Rita recebe como presente do marido um anel com "o maior diamante do mundo"; Aga Khan a presenteia com um par de brincos de diamantes em forma de pérola. Entre os ausentes: a família de Rita, Harry Cohn com sua mulher Joan, Elsa Maxwell, a quem, porém, os noivos, logo após a cerimônia, ligam com solicitude.

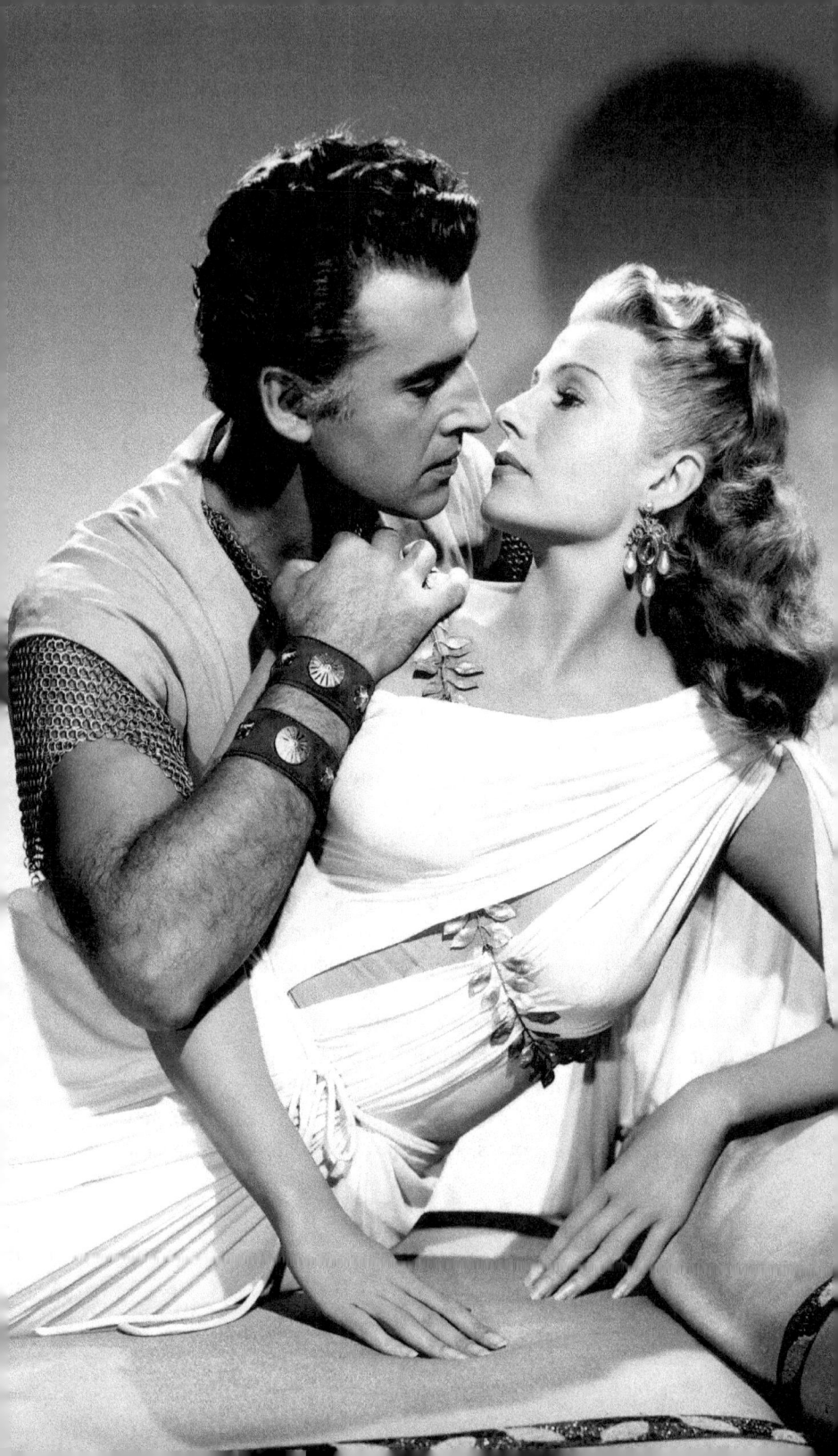

Volta a Hollywood

No dia seguinte, após a cerimônia na prefeitura de Vallauris, é a vez da muçulmana, no castelo. Aos olhos de Deus, de Allah e do mundo, Rita e Ali Khan são marido e mulher. Deveria estar tudo resolvido, mas de Roma chega uma comunicação do Vaticano, que não reconhece como válido o casamento. De Karachi, ao contrário, a confirmação do lado muçulmano chega. Em torno do casal, desencadeia-se mais curiosidade ainda, alimento para fotógrafos e jornalistas. Para Ali e Rita, irem para qualquer lugar é problemático. O boato de que Rita está em "estado interessante" se levanta cada vez mais alto, até com a cumplicidade de algumas coincidências: ela desmaia no *derby* inglês de Epson ou, pouco depois, em Paris, nos jardins das Tuileries, e, de novo, no hipódromo francês de Longchamps. Mas ela nega. Em Deauville, por ocasião de uma festa para o rei Faruk do Egito, Rita exibe um vestido muito elegante, uma criação de Jacques Fath, com uma aparência incontestavelmente pré-mamã. A imprensa faz barulho, e por fim a confirmação chega. Ali declara: «Estamos muito felizes!». Mas o evento feliz não muda os hábitos do príncipe, que retoma sua vida de sempre, convidando amigos e amigas para casa a qualquer hora do dia e da noite. Rita se sente excluída e se isola. Durante uma visita de Harry Cohn, tudo parece regular e ao *big boss* da Columbia o casal parece "apaixonadíssimo", mas com o progresso da gravidez aumentam também os momentos de solidão com Rita constrangida em casa, enquanto Ali se entrega aos prazeres de sempre. A situação parece piorar, enquanto o casal continua se deslocando de um lugar para outro. Quando o parto é iminente, estão na Suíça, no Palace Hotel do Losanne, em busca de tranquilidade, mas o hotel é sitiado pelos cronistas. Na clínica Montchoisi, obviamente a mais exclusiva da cidade, em 28 de dezembro, nasce Yasmin. A menina parece devolver a serenidade ao casal, mas logo o príncipe retoma suas andanças de uma cidade à outra, enquanto Rita fica sozinha com a filha. Quando ele quebra uma perna e é obrigado a ficar em tração no hospital, seu quarto se transforma em uma espécie de *hall*, quando não uma alcova. Em casa, Rita bebe até cair estonteada e dormir. Após um cruzeiro no "Zaca", o iate de Errol Flynn utilizado para *A Dama de Shanghai*, o primeiro aniversário do casamento os encontra na Inglaterra, em Londres. Hollywood, para Rita, está longe, mas ela começa a refletir seriamente sobre a possibilidade de retomar algum trabalho. A família, o amor, os sonhos parecem cada vez mais longínquos. O único grande, verdadeiro interesse e conforto que ela tem são as suas duas filhas.

Quando ela parece quase decidida a voltar para o set, Ali a leva para uma longa viagem à África, onde, futuro Imam, deve visitar as comunidades ismailitas. Na viagem, acompanham-nos Lola e Jackson Leighter, que até os filma. Disso sairá um filme pouco distribuído, *Champagne Safari*, que tem como único mérito mostrar a piora da crise entre os dois, uma crise que aumenta cada dia mais a cada nova etapa do "safári": do Cairo, de onde saem em 20 de dezembro de 1950, a Nairobi, a Telek. Rita não pode fazer nada, nem um banho na piscina, pois seria indecoroso para a mulher do futuro Imam; ele, ao contrário, faz tudo aquilo que lhe dá na telha, a começar por intermináveis partidas de bridge que duram até dois ou três dias seguidos. As brigas e as incompreensões se sucedem. No Cairo, Rita comunica a Ali sua intenção de deixá-lo. Ali não se opõe.

Após uma semana de reflexão em Château de l'Horizon, em Cannes, Rita, com as duas filhas e a *nurse*, acompanhada pelos Leighter enquanto Ali demora na África, parte no navio De Grasse para Nova Iorque. Chega na América em 2 de abril de 1951. É uma mulher desiludida, desalentada. Fica um mês no Plaza, e contrata, por meio de Leighter, um advogado, o famoso Barley Crum.

Apesar das pressões do Aga Khan, que fica ao lado de Rita e duvida muito da maturidade do filho, Ali não se manifesta, se não com uma carta que a deixa furiosa. Nada mais de separação legal, então, mais um divórcio. Rita fica irredutível. Ela afirma publicamente que não há possibilidade nenhuma de reconciliação e que as obrigações sociais do marido e seus múltiplos interesses impossíbilitam o tipo de família que ela deseja e de que suas filhas precisam.

No entanto, muda-se para Nevada, Lake Tahoe, com a intenção de morar aí por algum tempo para conseguir o divórcio em Reno, onde as práticas são muito mais rápidas. Ficará aí dois meses, no limite dos quais ela se verá até com alguma dificuldade econômica. Visto que seu advogado não consegue um acordo com o de Ali Khan, a solução para ela é só uma: recomeçar a trabalhar. Volta para Hollywood, ao Beverly Hills Hotel, e entra em contato com a Columbia: é praticamente uma volta sem condições. E Harry Cohn sabe disso. Rita agora deve "pagar". Além do mais, seu velho amigo e agente, Johnny Hyde desapareceu. O contrato dela é revisto radicalmente. Quem pode afirmar com certeza que o nome de Rita garanta como antes o *sold out* e bilheteria esgotada? Há três anos, ela não atua em filmes. Cohn joga com essa situação. O fato de ela lotar as capas da imprensa social tem pouco a ver com seu real potencial na tela. Os gostos estão mudando, diz ele. Decide jogá-la logo na frente da câmera, ao invés de preparar para ela uma volta calculada e estudada. A proposta é *Affair in Trinidad*, com Glenn Ford, um roteiro tão desarticulado que ela, mesmo em um momento tão delicado, não pode recusá-lo. O diretor do filme é Vincent Sherman, que se transformará em um bom amigo de Rita e que é encarregado de pôr mãos à obra e de inserir algum número de dança. Dito e feito: em dezesseis semanas, Sherman, junto com Jimmy Gunn, prepara uma mistura pouco acreditável, que puxa de muitos outros filmes, primeiro de todos *Gilda*, com o resultado de não ter nenhuma continuidade. Rita treina dança com Valerie Bettis e, em pouco tempo, volta a ser aquela de antes, com seu imutável esplendor e a habitual disciplina. Lembrará Sherman: «Quando dançava, ela era totalmente segura».

Enquanto a máquina publicitária da Columbia começa a se

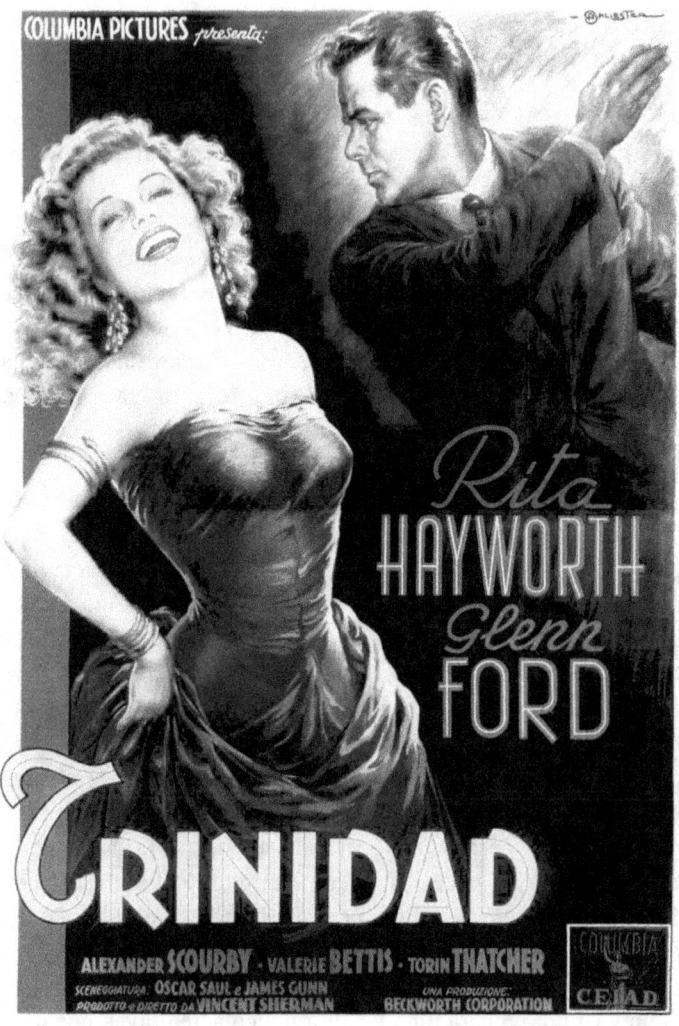

movimentar para *Affair in Trinidad*, as tomadas acabam entre muitas hesitações devidas ao roteiro atormentado e aos muitos atrasos. Quando ela não trabalha, fala muito, nos seus dias solitários, com Louella Parsons. Sabe que todo mundo lê aquilo que ela escreve, e espera, talvez, esclarecer um pouco da sua vida particular. Fala muito de Ali, que, apesar das aparências, com toda certeza ela ainda ama. Da ruptura deles, ela diz: «Pode ter parecido uma reação impulsiva e improvisada, mas, pode acreditar, não foi assim. Há seis meses, havia crescido entre nós uma forte tensão, pelas pequenas e grandes coisas que fazem o nosso jeito de considerar a vida tão diferente. Uma das grandes coisas era que não gostávamos das mesmas pessoas. Cada tanto eu dizia para ele: "Ali, por que você se cerca de tantos parasitas? Não são amigos sinceros. Eles vêm aqui somente para beber e comer, para se aproveitarem de você". Ele ria, e seu comentário era sempre o mesmo: "Não são, afinal, tão mal. São simplesmente desafortunados". Eu não compartilhava de jeito nenhum a sua tolerancia».

Nesse período, as crônicas lhe atribuem novos amores. Fala-se mais uma vez de Victor Mature, mas também de Charles Feldman, que se apaixona por ela de verdade e a presenteia com um Cadillac conversível com as iniciais em ouro no painel, mas é rejeitado. Rita vive pelas filhas, em uma casa em Beverly Hills. Rebecca revela-se precoce e inteligente e toma aulas de dança do avô, e a pequena Yasmin, pela qual pedirá ao marido três milhões de dólares, está crescendo. Ali, no entanto, pula de uma mulher para outra. Agora, é a vez de Joan Fontaine e de muitas outras "*starlettes*" do Festival de Cannes, mesmo que o príncipe deva cuidar também das coisas de família: no início de 1952 Aga Khan infartou.

Voltando para *Affair in Trinidad*, quando Cohn o vê em sessão particular junto com sua mulher, acha horroroso. Mas o poder de Rita ou o poder diabólico da dupla Hayworth/Ford ou, mais, o poder do extraordinário, insistente bordão publicitário (« Voltou! », ao lado de uma bofetada clamorosa), o filme obtém enorme successo. Ao custo de um milhão e duzentos mil dólares (mesmo sendo em preto e branco), o filme arrecada mais de sete milhões: é a grande volta. Rita não foi esquecida pelo seu público, seu *look* flamejante e passional ainda funciona. A Columbia usa a imagem dela para divulgar a si mesma, a sua "estrela" e vários produtos, do sabão às meias, em uma primeira tentativa de *merchandising*. Dizem que até Xavier Cugat teria levado sua mulher, a conturbadora Abbe Lane, para Helen Hunt, com o pedido de fazê-la, o quanto possível, mais parecida com Rita.

Após Rita ter recusado filmes que seriam talvez sob medida para a personagem e a expressividade dela, como *Nascida Ontem* e *A um Passo da Eternidade*, Cohn lhe propõe outro título bíblico: *Salomé*. O filme será em Technicolor. Na direção, um nome seguro, William Dieterle. Rita aceita. *Salomé* é um filme baseado na falsidade mais escancarada, aos limites do grotesco. Nesta incrível versão, Salomé não dançará pela cabeça de Batista, mas para salvá-lo. E, no final, além do mais se converterá. Outros exemplos de "desenvoltura" na realização do filme foram ressaltados por Sergio Bertelli: «Quando na tela se esvaece a escrita "Roma", a visão da cidade é introduzida por uma panorâmica... do Altar da Pátria [inaugurado em 1911 – *N.do A.*]!». Para não falar das cabeleiras vaporosas e dos balés e dos ambientes, mesmo que o filme seja rodado com profissionalismo e com um cast de atores excepcional, de um grande Charles Laughton como Herodes, a Judith Anderson como Herodíades; de Stewart Granger como Cláudio, a Sir Cedric Hardwicke como Tibério, a Basil Sidney como Pôncio Pilatos. O slogan, quando o filme estréia, é estrondoso: «Uma princesa na vida real personifica uma princesa bíblica!». Os figurinos de Rita (ainda de Jean Louis) a valorizam muito, ela está lindíssima, e a maturidade parece não chegar. O número da dança dos sete véus, em que Rita veste, por baixo dos véus, um modelador cor da pele, é muito delicado e difícil. A alquimia de Hollywood funciona mais uma vez: o sucesso é clamoroso. Se Rita não passa à história do cinema de arte, passa sem dúvida nenhuma àquela da bilheteria. Com grande felicidade de Cohn, apavorado, naquele momento, pelas "purgas" que estão acontecendo nas outras *majors*: Mayer, por exemplo, foi despedido.

Após mais um suposto namoro de Rita com o cantor Bob Savage, na realidade o habitual *ballon d'éssai*, um episódio doloroso parece reaproximar Rita e Ali: um jogo infantil, aquele de Yasmin, que, achando na mesinha de cabeceira um vidro

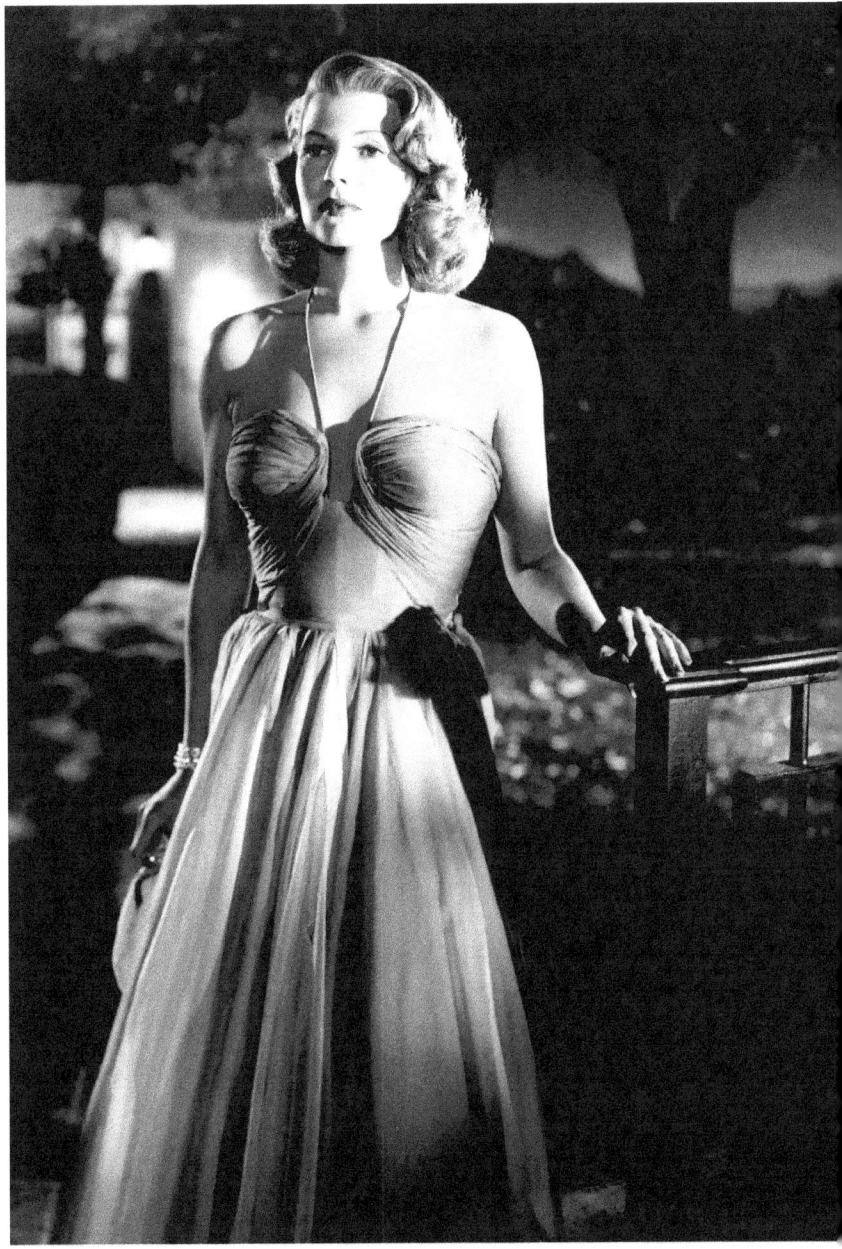

SALOME SALOM

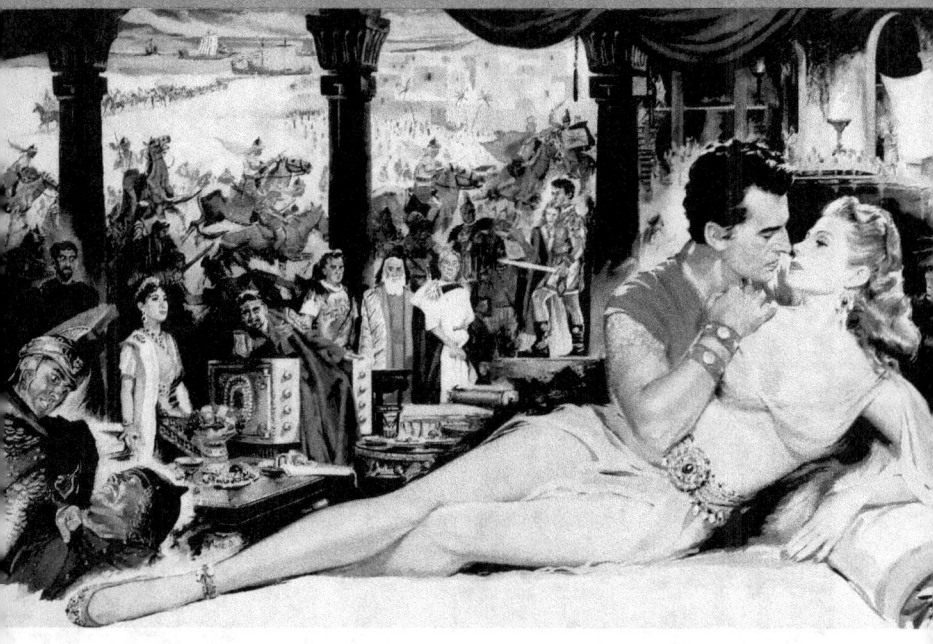

de remédios coloridos, engole uma quantia digna de lavagem gástrica. Nos jornais, é "tentativa de suicídio". De uma criança.
Rita e Ali no hospital ficam perto, e cada um segura a mão do outro. Yasmin se salva, os jornais entoam "peãs" de júbilo. Enquanto para ela se anuncia um novo filme, Rita corre para Europa em uma ulterior, desesperada tentativa de conciliação. No navio "United States", quando aporta na Europa, afirma que a eventual reconciliação é seu assunto particular. Em Le Havre, quando ela desce do navio, Ali, porém, não está. Está somente um carro enviado por ele. Ele não está nem em Paris, mas em Cannes, em Château de l'Horizon. O apartamento parisiense está lotado de gente, como sempre. Ali chega no dia seguinte. No mesmo dia, na frente da imprensa, Rita retira as intenções

de divórcio. Mas logo depois, Rita desmente, de novo e muito rapidamente, tudo quanto acaba de declarar. Declara, zangada e decepcionada: «É um *playboy*, enquanto eu trabalho o ano todo em Hollywood. Ali gasta demais, e eu devo trabalhar por nós dois. Ele não compreende a vida em família. Ele pensa somente no jogo, nas corridas de cavalos, na caça grossa». Rita vai para Espanha, sua terra de origem. Aqui também a imprensa embravece: Luis Miguel Dominguin, um dos toureiros mais famosos do país, lhe dedica um touro. Exatamente como aquele Juan Gallardo (Tyrone Power) que, em *Sangue e Areia*, lhe ofereceu o primeiro grande sucesso. Os boatos de um amor não faltam. Logo depois a ela é atribuído até um caso com o conde José Maria Villapadierna, dito "Pepe". Rita já não acompanha as pseudo-crônicas de sua vida, escritas, interpretadas e vividas por outras pessoas. Leva a vida social só para demonstrar para Ali ter a capacidade de portar-se assim. No divórcio, troca de avogado, substituindo Crum por Suzanne Blum. Depois, volta para Hollywood.

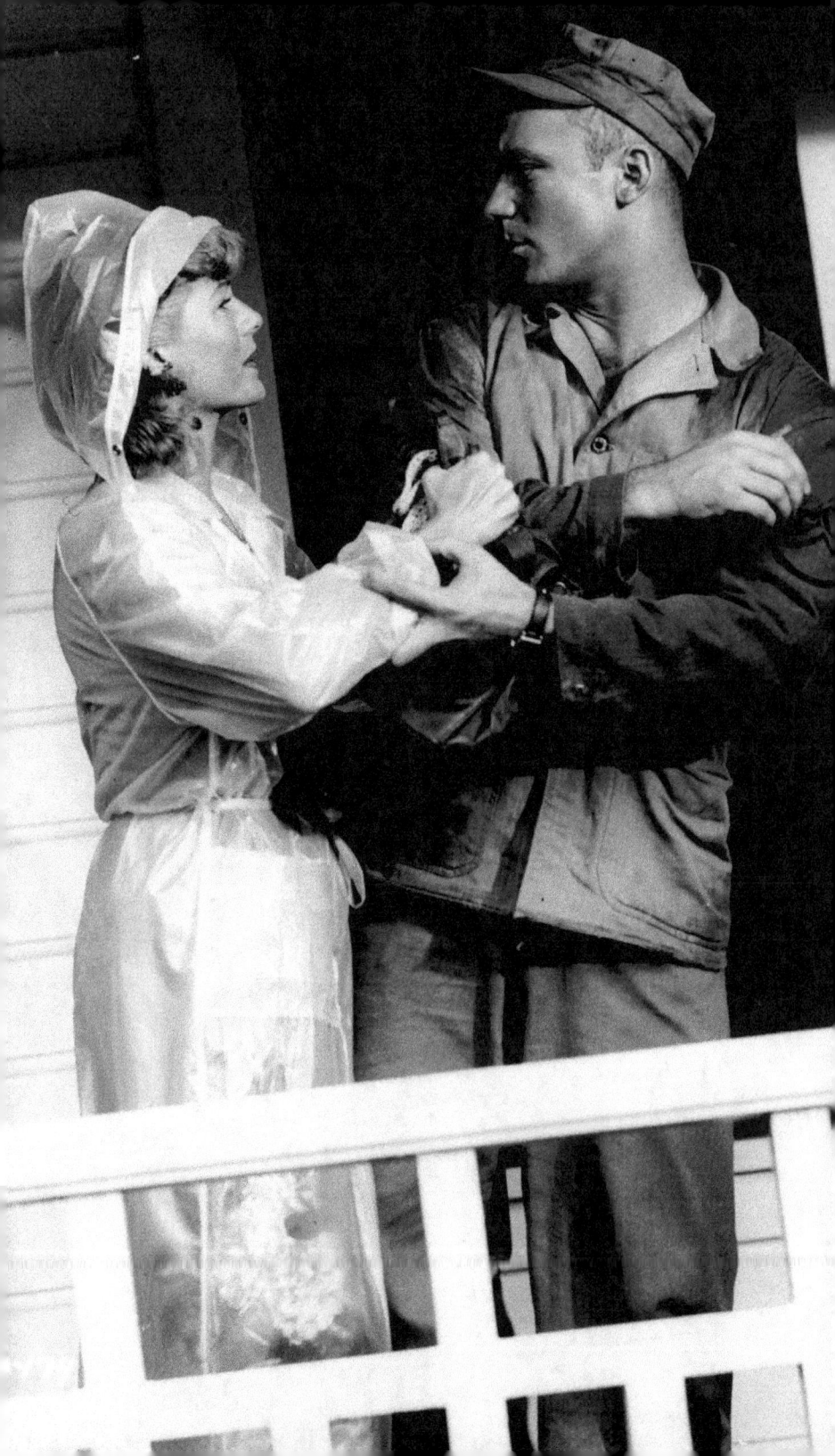

Decepções e catástrofes

Se Ali Khan abre o ano novo com um novo amor, a esplêndida Gene Tierney, que para ir atrás dele se divorcia de Oleg Cassini, Rita está trabalhando no set de *Miss Sadie Thompson*, originado por um clássico da literatura de Somerset Maugham. Na estreia em Nova Iorque de *Salomé*, chega em companhia de um homem discutido e pouco querido em Hollywood: Dick Haymes, um *crooner* argentino que, nos anos 40, teve muita notoriedade. Apresentava-se como *alter ego* de Frank Sinatra, acompanhado pelas orquestras de Harry James, Benny Goodman e Tommy Dorsey. Entre seus maiores *hits*, *Little White Lies* e, principalmente, *You'll Never Know*. Haymes, cuja sorte já declinou, encontra casualmente Rita, e entre eles nasce um relacionamento. Ambos vêm de três casamentos falidos: Haymes foi casado com Edith Harper, Joanne Dru e Nora Eddington Flynn. Alojam-se – em quartos separados – no Plaza, o que não deixa de provocar a ira de Cohn.

Em 27 de janeiro de 1953, conclui-se o divórcio entre Rita e Ali Khan. Ela comenta: «Três vezes errei na procura da felicidade. Três vezes divorciei. Não posso deixar de pensar que pelo menos em algum caso foi culpa minha. De alguma maneira fracassei, não só com relação aos outros, mas com relação a mim mesma. Nesta fase da minha vida, tento planejar o meu futuro com bom senso. Espero conhecer um dia ou outro as alegrias de um verdadeiro casamento feliz. Mas qualquer perspectiva desse tipo é muito longínqua. Devo reencontrar meu equilíbrio e tentar criar uma existência nova para Rita Hayworth... e suas filhas».

Em volta das filhas, não faltam problemas. Rebecca é totalmente esquecida pelo pai, e para Yasmin existe a questão do apanágio a obter por Ali Khan. E, além disso, põem-se umas escolhas sobre a educação que deve receber: o pai a quer muçulmana,

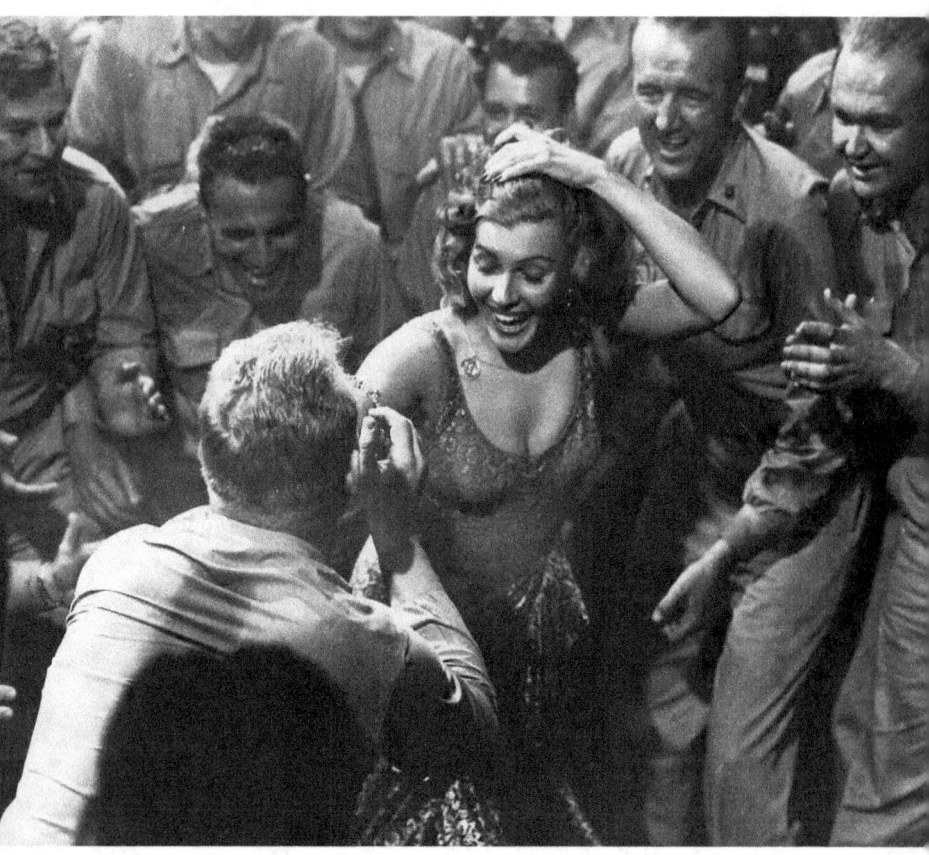

enquanto Rita quer esperar e deixá-la escolher quando adulta. Este problema angustiará Hayworth por muito tempo.

Quando parte para as ilhas do Havaí, onde serão rodadas as externas de *Miss Sadie Thompson*, sua saúde não é das melhores, assim como sua forma física. Pela primeira vez, ela está um pouco mais pesada, mesmo que o *sex appeal* continue magnético. Acontecem também algumas "quedas" na sociedade, onde ela sempre foi discreta e controlada. Sua amiga Helen Hunt sempre declarou: «Rita jamais se embriagou. Os olhos dela eram sempre claros e brilhantes». Mas o carinho pode enganar, e a afirmação de Hunt muitas vezes será contradita.

Dick Haymes alcança Rita no Havaí. Com ela compartilha, toda noite, o bangalô destinado para ela pela produção, indo embora cada manhã, antes da chegada de Helen Hunt. As fofocas dizem que ele está procurando ajuda para voltar à crista da onda ou que espera ser mantido por Rita. Como dizíamos, Haymes é argentino de nascimento e nacionalidade. Apesar de ter trabalhado muito na América, nunca pediu a cidadania. Com esse estratagema, conseguiu pular o serviço militar na época da guerra. Naquele momento, uma nova lei, a "Mc Carran", decretava que o estrangeiro que deixasse o país sem autorização oficial, no momento da volta seria repatriado à sua nação de origem. Esta medida é aplicada a Haymes, na volta do Havaí. Parece até que por "sugestão" de Cohn. O cantor consegue evitar o repatriamento graças a outra avaliação jurídica: no pós-guerra Havaí ficou sob domínio americano, então, a rigor, não teria deixado o país... A imprensa se joga em cima do novo casal, com a finalidade de fazer aumentar os pedidos econômicos de Nora Eddington Flynn, a última mulher de Haymes. A situação, dizem os advogados de Nora, mudou. Haymes terá um relance na carreira e nos ganhos, e se ele e Rita se casarem, será Rita, com base numa lei californiana, que deverá pagar a pensão para a ex-mulher do seu marido.

Rita começa a chegar atrasada ao set. As relações com Cohn voltam de novo a ser muito tensas. Rita não está entusiasmada com o filme. Contenta-se em trabalhar com José Ferrer e com Aldo Ray em um argumento já interpretado no passado por Gloria Swanson e Joan Crawford, em que é uma bailarina com um passado um pouco equivocado disputada entre alguns vigorosos *marines* e um padre mais mórbido que religioso (Ferrer). Rodado em três dimensões, *Miss Sadie Thompson* não é um grande sucesso. E, no público, provoca muitas perplexidades.

Fala-se de novo em casamento, e a notícia provoca sensação, enquanto Haymes é escriturado no Sands Hotel de Las Vegas. Rita recebe várias mensagens anônimas de ameaça "islamista", para ela e para Yasmin; contrata então um guarda armado,

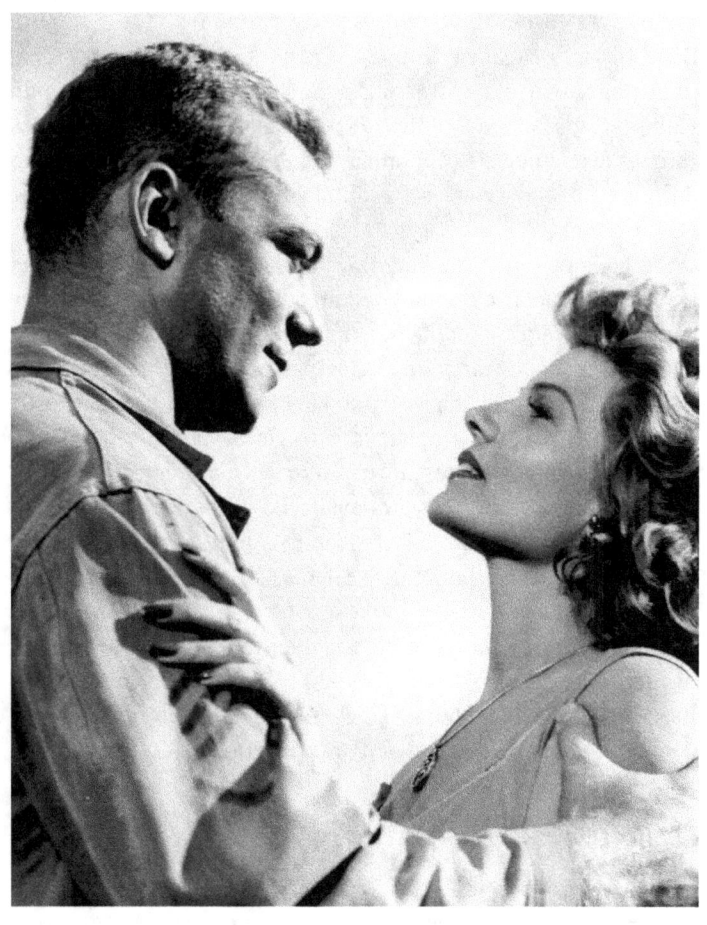

enquanto o FBI abre um inquérito, e os jornais enlouquecem. Seus nervos ficam mais fracos ainda. Haymes declara muitas vezes seu amor: «Amo tanto essa mulher que farei qualquer coisa para protegê-la. Agradeço ao Senhor por tê-la e o amor dela, que me infundem confiança para trabalhar e combater minhas batalhas». Muitos, porém, continuam duvidando. Morella e Epstein escrevem: «Os eventos que tinham acompanhado o casamento de Rita e Ali Khan pareciam um ritual digníssimo e

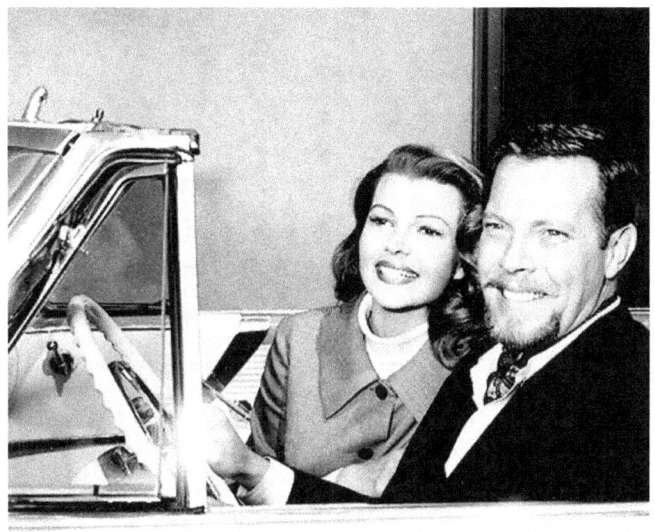

nobre comparado com aquela espécie de circo eqüestre que foi a história com Dick Haymes». O casamento entre Rita e Dick é celebrado: estamos em 24 de setembro de 1953. Damas de honra, transtornadas e incertas, as filhas Rebecca e Yasmin.

1954 é um ano todo a ser esquecido por Rita. De um lado, *Miss Sadie Thompson*, como já vimos, é um insucesso financeiro importante. Do outro, Haymes recebe várias citações por danos e pagamentos não efetuados. Seus lucros são sequestrados pela receita, que tem dele um crédito de 90 mil dólares. Rita e seu patrimônio estão tutelados por uma declaração de separação de bens que Barley Crum fez o cantor assinar antes do casamento. Crum e Haymes, porém, ficam amigos.

Na Columbia, fala-se de *Joseph and his Brethren*, escrito por Clifford Odets. O argumento bíblico funciona mais do que nunca, e Rita, segundo Cohn, seria a intérprete ideal. Haymes e Crum convencem a atriz a vender a Beckworth Corporation. Melhor, a vendê-la na verdade a um preço inferior: de um valor teórico de 3 milhões de dólares àquele real de 750 mil. Nasce a Cristal Bay Production, cujo presidente é Haymes. Ele, no entanto, convence

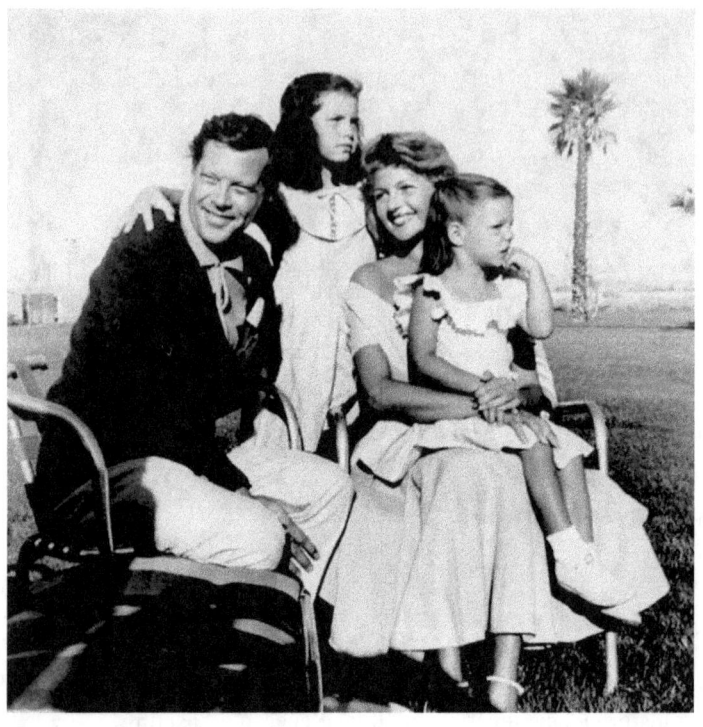

a mulher a mudar de *look*: os cabelos ruivos são encurtados e pintados de um anônimo castanho. Rita se submete de boa vontade à mudança, confiando que tudo isso fará dela cada vez mais uma verdadeira atriz.

Enquanto Rita e Dick estão de férias na Flórida, um novo escândalo perturba a vida deles: as filhas de Rita, confiadas a uma amiga da mãe dela, seriam descuidadas e maltratadas. Alguém – nunca se soube quem – denuncia o assunto à lei, e as meninas acabam sob a tutela da Children's Court de White Plains, Nova Iorque. A imprensa consegue fotografa-las e as imagens documentam uma vida normal para umas meninas normais. Ali Khan, muito irritado, tenta então conseguir a tutela da filha. Crum o chantageia amavelmente, ameaçando revelar fatos e delitos da sua vida particular, e assim tudo acaba em nada. No fim desta briga, Rita e Ali Khan chegam a um acordo relativamente a Yasmin: 8 mil dólares anuais como alimentos, e 100 mil dólares depositados em uma conta especial como garantia da volta para a mãe da menina, quando ela fica com o pai.

Enquanto o caótico projeto de *Joseph and his Brethren* procede, Haymes deixa crescer a barba. Sua ideia é a de interpretar, como protagonista, Joseph. A proposta é imediatamente rejeitada. O relacionamento está em crise. Rita foge, e não se deixa encontrar. Ele comunica-se com ela somente por intermédio da imprensa e continua se declarando perdidamente apaixonado e necessitado da presença dela a seu lado. No Ambassador Hotel de Las Vegas, onde está se apresentando, dedica-lhe a primeira canção, *Come Rain or Come Shine*. Contemporaneamente, a Columbia inicia uma ação judiciária contra Rita, inadimplente. Ela, chocada e deprimida, não se apresenta ao tribunal. Em 1955, abre, mais uma vez em Reno, processo de divórcio.

Esses últimos dois anos, tremendos sob qualquer ponto de vista, acabam marcando-a profundamente. Álcool, sedativos, desespero. Rita está com 37 anos, mas demonstra mais. Está murcha, não cuida do seu aspecto físico. Seus flamejantes cabelos são agora de uma anônima cor mogno. Parte para a Europa com as filhas, que nunca descuidou, nem nos momentos piores de sua sofrida existência. É uma fuga. De repente, porém, deixando as meninas em Cannes, no Château de l'Horizon, volta à América para a definição do embate com a Columbia. No tribunal chora lágrimas quentes que impressionam o juiz e os advogados da parte adversária. Consegue-se um acordo: Rita interpretará dois filmes pela produtora de Harry Cohn, agora doente e enfraquecido, por uma retribuição reduzida. Visto que economicamente as coisas não correm mais muito bem, Rita cita em juízo Welles por uma dívida, que ele contraiu com Rebecca (a quem ele jamais pagou um tostão), de 22 mil dólares.

Na Columbia, entretanto, nasce a estrela de Kim Novak, futura protagonista de *Pal Joey*, um musical que quer repetir os faustos do passado, aqueles de Rita.

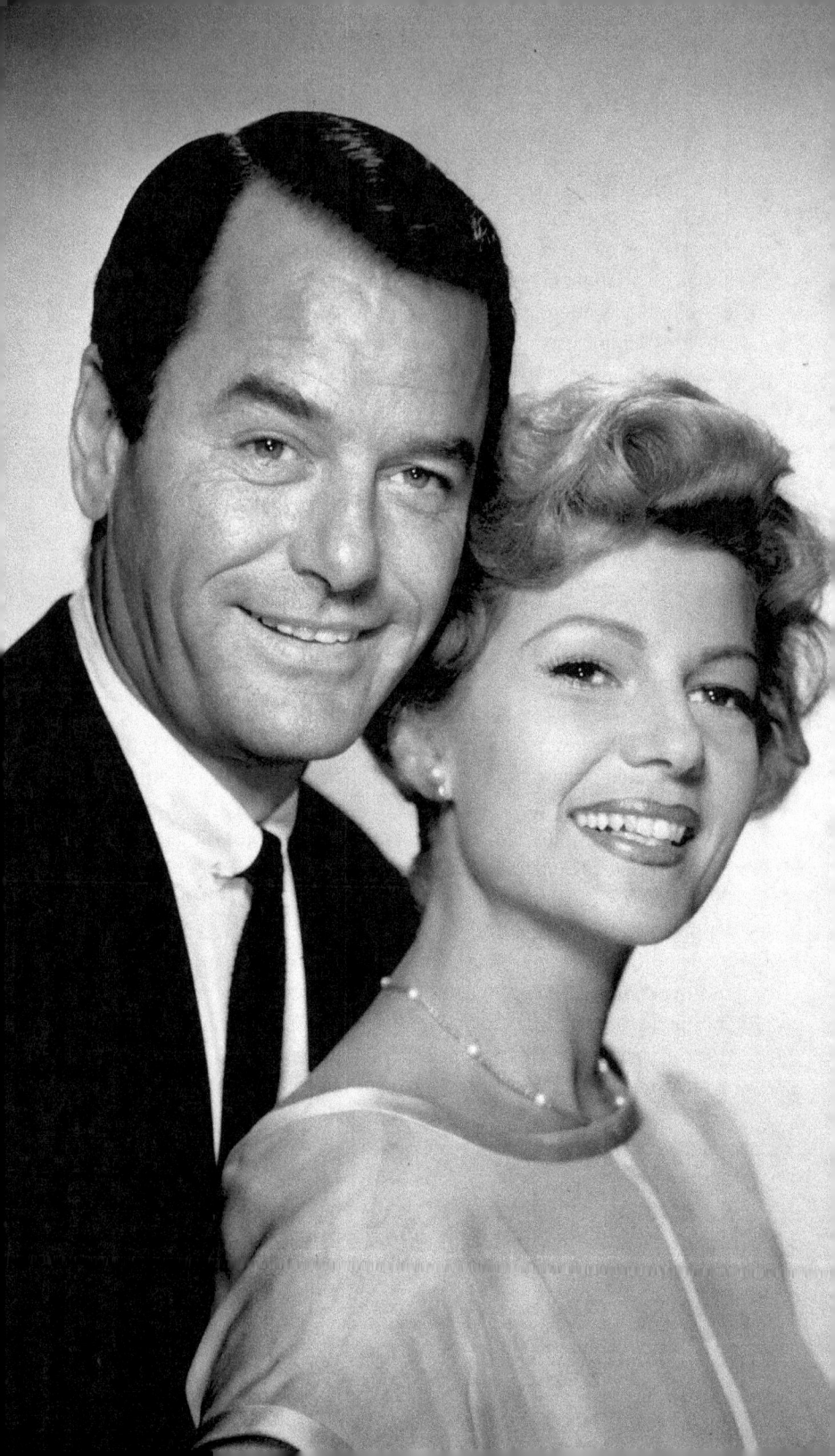

Quinto marido, nova atriz

Na Europa Rita está cada vez mais sozinha. O diretor Robert Parrish a contrata e lhe submete um roteiro escrito por Irwin Shaw: *Fire Down Below*, que inicialmente tinha sido pensado para Ava Gardner. Rita o aceita e, pouco tempo depois, se encontra de novo no set. Internas na Inglaterra, externas no Caribe, Trinidad: um tripúdio de cores em *cinemascope* com um número de dança para ela. Seus parceiros: Robert Mitchum, com quem encontrará – no Caribe – grande afinidade alcoólica, e Jack Lemmon. As externas correm perfeitamente. Na Inglaterra, porém, um dia Rita ouve sussurrar um diretor de produção: «Rápidos! Tanto, por quanto seja possível iluminá-la, não seria jamais possível fazê-la rejuvenescer!». Como nota alguém presente no set, «Rita gelou. A partir daquele momento, ela continuou fazendo seu trabalho, mas como protegida por uma couraça: tinha ficado inalcançável». No filme de Parrish, Rita é Irena, uma cópia de Sadie Thompson: uma mulher com um passado muito vivido, cobiçada entre Felix e seu sócio Tony (Mitchum e Lemmon, respectivamente). Após várias vicissitudes, prevalecerá Felix, com Tony no papel do "compreensivo". Entretanto outra atriz, Grace Kelly, que casa com outro príncipe, Ranieri de Mônaco, a substitui nas "notícias". O filme sucessivo é o último - segundo contrato - pela Columbia, e estreia pouco depois de *Fire Down Below*: é aquele *Pal Joey* idealizado há tempos na produtora, e que junta, com Rita, Frank Sinatra e a emergente Kim Novak. O problema, dessa vez, é quem colocar como primeiro nome nos cartazes. Sinatra chegava do grande sucesso de *A um Passo da Eternidade* e já era uma estrela de primeira grandeza. E Kim Novak, valente e bonita, era a "querida" de Cohn. A questão foi resolvida pelo mesmo Sinatra, que demonstrou um grande equilíbrio: «Quem

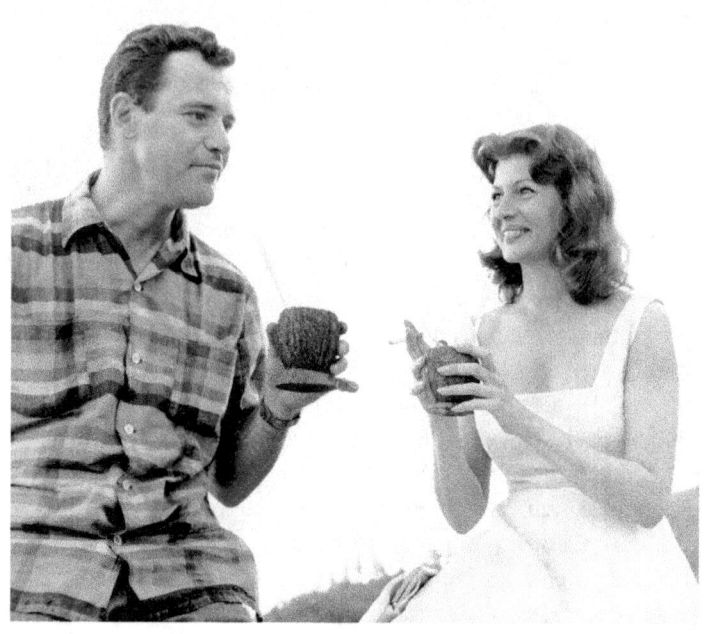

poderia ter o nome grande», dirá ele muitas vezes anos depois, «se não Rita Hayworth, que sempre foi e sempre será a Columbia Pictures? Se os estúdios fizeram dela uma estrela, foi Rita quem deu fama à Columbia».

Os problemas não param aqui. Os direitos de reprodução cinematográfica tinham sido comprados há 17 anos, quando Cohn queria nos papéis principais de Joey, o protagonista masculino, e Linda, "a moça", Gene Kelly e Hayworth, que na época chegavam do sucesso de *Modelos*. A MGM, porém, não tinha autorizado o bailarino a trabalhar mais uma vez com a Columbia, e o projeto tinha sido acantonado. Nos anos 1950, Cohn teria adorado fazer interpretar o papel de Vera, "a menos moça", a Marlene Dietrich, que, do seu lado, propõe Sinatra pelo papel de Joey. Dessa vez é Cohn quem recusa. Intervém Billy Wilder, que pensa em Marlon Brando como Joey e em Mae West como Vera: mas Cohn exige Rita, e de novo o projeto não parte. Afinal a realização do filme começa com Sinatra, Kim Novak como "moça" e Rita, transferida do papel de Linda àquele de Vera, uma ex-dançarina que freqüenta os bairros altos e faz de tudo para conquistar o amor de Joey. Rita está pouco convencida, mas seu desejo de acabar de uma vez com a Columbia é forte. No filme, é uma linda mulher, com os cabelos enfeitados em cachos curtos, mas é difícil reconhecer nela o antigo mito "Rita Hayworth". É outra pessoa, não mais uma "bomba", e ainda não uma coadjuvante: é jovem demais (ela tem dois anos a menos que o "juvenil" protagonista Frank Sinatra) para um papel assim. A realização corre tranquila, contrariamente às expectativas de todo o mundo. Rita está distante e silenciosa, mas oferece sua contribuição honesta e profissional. Até, em algumas sequencias, entre as quais uma espécie de citação do *strip-tease* de *Gilda*, com luva branca e não preta, ela consegue reencontrar toda sua carga sexy. Sinatra fica profundamente tocado. No filme, ele canta para ela alusivamente *The Lady is a Tramp*, que será um dos seus maiores sucessos; ela responde com *Bewitched, Bothered and Bewildered* (dublada, como sempre). A cena é rodada no quarto, quando Vera acorda, um pouco como a antiga célebre capa de «Life». E há mais: uma cena no chuveiro, mais do que audaz para a época, deixa ver por um instante, antes da dissolvência obrigada, um seio comprimido contra o vidro do box.

O filme obtém discreto sucesso, enquanto Rita se aproxima dos 40 anos. Na primavera, em abril de 1957, Ali tinha solicitado uma visita de Yasmin porque o Aga Khan estava em ponto de morte. A pequena tinha chegado em cima da hora para se despedir daquele avô que sempre a amou muito. Sucessivamente, por algum tempo, a menina ficaria na Europa com o pai, que, no entanto, tinha sido substituído no cargo de *Imam* pelo irmão Karim. Antes de deixar a Columbia, Rita vive outro relacionamento com um homem muito murmurado em Hollywood: George Jessel, antes artista e depois poderoso e influente braço direito de Zanuck na Twentieth Century Fox. Um amor, se afinal de amor se trata, que desencadeia uma nova

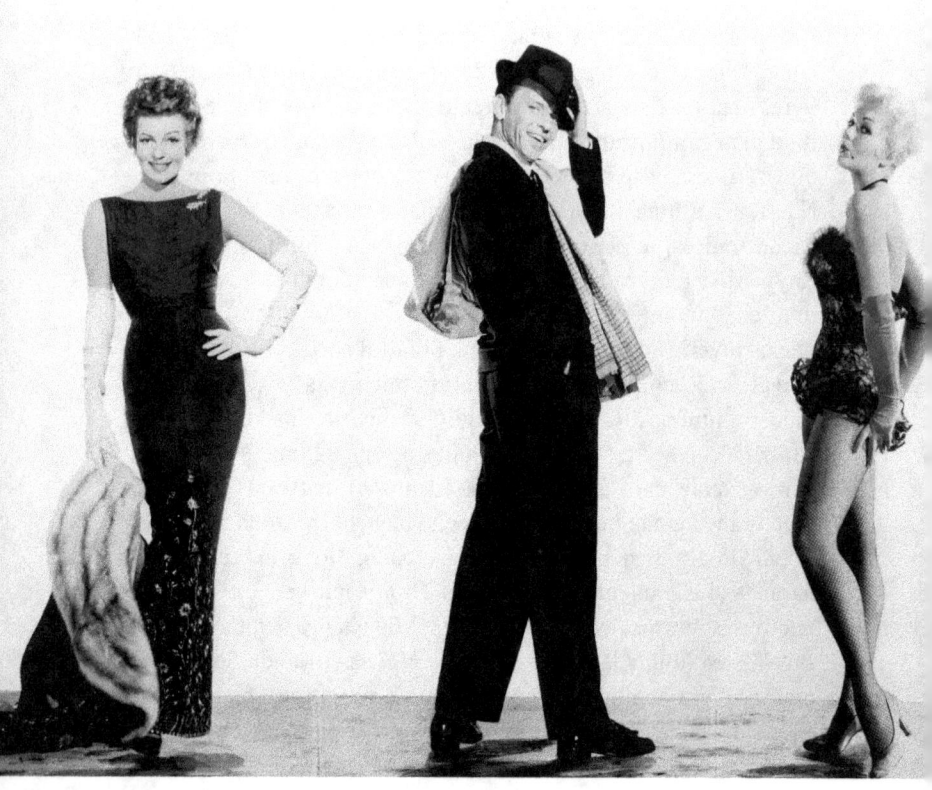

maré de fofocas. Louella Parsons chegou ao ponto de dizer que estavam "noivos". Jessel lembrará depois: «Uma noite, após ter girado por vários *nights* e bebido abundantemente, enquanto dançávamos pedi para Rita casar comigo... Juntos, decidimos que não podíamos permitir que as fofocas de Hollywood fossem mentiras. Visto o entusiasmo dela, pulamos no carro para correr até Las Vegas. Pela bebedeira, dormimos profundamente enquanto meu motorista dirigiu por sete horas seguidas. Quando parou em Baker para abastecer, Rita acordou. Tinha a cabeça abandonada no meu colo. Esticou, olhou para mim e murmurou: "Te amo, Phil!". Logo gritei: "Voltemos imediatamente para Los

Angeles!"». Jessel lembrava que anos depois, junto com Rita, tinha rido muito daquela noite.

Para Rita, a sensação de não ter de depender mais de Harry Cohn é maravilhosa. Tomou a decisão de trabalhar como independente. Entra em contato com a Hecht-Hill-Lancaster, uma das mais apreciadas produtoras independentes. "Hill" é James Hill, um solteiro quarentão, que ela começa a frequentar assiduamente (mas o conhece bem já desde as tomadas de *Pal Joey*). Entre os dois, nasce uma relação que muito pouco tem a ver com aquelas turbulentas do passado: o relacionamento é tranqüilo, pacato, sem os escândalos que tinham pontuado, por exemplo, o tempo de Haymes. Após o sucesso de *Trapézio*, a Hecht-Hill-Lancaster está preparando uma versão cinematográfica de um clássico teatral de Terence Rattigan, *Vidas Separadas*, de que deveriam ser protagonistas Laurence Olivier e Vivien Leigh. Quando o casal de repente desiste, são contratados Deborah Kerr, Wendy Hiller e David Niven (esses últimos dois ganharão até o Oscar pela interpretação), e um papel, aquele de Ann Shankland, é atribuído a Rita. É um papel de atriz e não de *vamp*, e a retribuição é mais do que generosa (300 mil dólares). Para dirigir o filme, é chamado Delbert Mann. Hill e Rita, entretanto, ficam noivos. Ele se convence de dar em breve o "grande passo" ao casamento; ela fica contente porque Hill parece dar-lhe a sensação e a realidade de família a que ela desde sempre aspira. Partilham também o prazer do álcool, que às vezes os leva, como lembrou o mesmo Hill em um livro seu, a ela dedicado, a excessos de qualquer tipo, como, por exemplo, acordar e encontrar todos os vitrais do elegante apartamento de nove quartos, localizado atrás do Beverly Hills Hotel, destruídos a golpes de bolinha e bastão de golfe. Rita nunca lembra nada daquilo que fez na noite anterior, e Hill – ele também "desmemoriado", mas menos que ela – decide filmar essas noites esquisitas.

O casamento é celebrado em Beverly Hills, em 2 de fevereiro de 1958, e tem poucos convidados. Mais uma vez, Rita expõe sua filosofia: «Deixo os títulos de primeira página para Marilyn Monroe e Jayne Mansfield», declara publicamente. «A partir de agora quero que nos jornais se fale somente das minhas atuações profissionais». *Vidas Separadas*, cuja realização correu muito tranquilamente, é um bom sucesso de crítica e de público. Umas semanas após o casamento, morre Harry Cohn, e Rita não vai ao enterro dele. De *Vidas Separadas*, essa linda e atroz peça sobre o isolamento individual, Rita fica satisfeita. Mesmo que não falte quem revirará os juízos da época, como o terrível Peary, que "desmancha" Rita em poucas e impiedosas linhas: «Rita Hayworth tem um semblante terrível», escreve. «Parece que, após *Pal Joey*, tenha acontecido algo com ela. Seus esplêndidos cabelos são áridos, o corpo é como mumificado». Realmente algo não está indo bem.

No verão, Hill e Rita viajam para a Inglaterra no transatlântico "United States", e Rita encontra Welles e Ali Khan. As filhas são sempre a primeira preocupação da sua vida. Voltam para Hollywood para o aniversário dos quarenta anos de Rita, em outubro. Ela parece, por fim, serena e, no seu coração, gostaria de deixar o mundo do cinema. Mas Hill não tem a mesma opinião e a convence a trabalhar em um *western* com Gary Cooper, Tab Hunter e Van Heflin, *They Came to Cordura*, dirigido por Robert Rossen e realizado em Utah. A coisa curiosa desse filme é que é produzido pela Columbia, para a qual ela tinha declarado que não iria nunca mais trabalhar. Mas agora não existe mais Cohn. Ela e Hill, entretanto, têm pouca vida mundana, frequentam amigos "selecionados", como Lancaster, Van Heflin e Hermes Pan, e preferem passar as noites em casa. Rita se descobre pintora e gostaria de convencer o marido a abandonar a atividade de produtor para ser escritor *full time*. O golfe é para eles um dos maiores interesses.

De volta aos Estados Unidos, Rita encontra de novo Ali Khan, nomeado delegado paquistanês nas Nações Unidas. Entre os dois, o esclarecimento sobre aquilo que ficou em aberto relativamente a Yasmin é total. Assim como, pouco depois, Rita retira qualquer reivindicação contra Welles pela primeira filha, Rebecca. O que demonstra que, para ela, a coisa mais importante é ter alcançado a tranquilidade. *They Came to Cordura* é um meio fracasso:

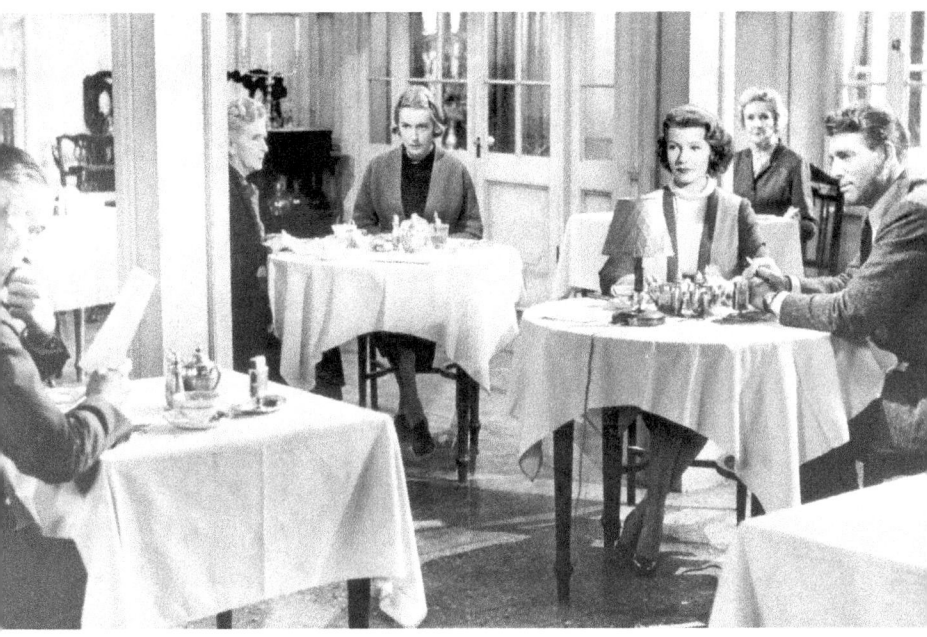

demasiado banal a figura de Cooper, um ex-velhaco que volta a
ser corajoso; mas Rita se defende, a cavalo e na cena. *They Came
to Cordura* será para ela a última atuação bastante importante.
O precário equilíbrio dela será destruído, uns meses depois,
pela notícia da morte repentina, em um acidente de carro, de
Ali Khan, em companhia da manequim Bettina, que se salva.
Quando Ali morre – em 12 de maio de 1960 –, havia duas ou
três semanas, ele tinha reencontrado, em Nova Iorque, Yasmin e
lhe prometera passar com ela as sucessivas férias de verão, em
Cannes. A notícia joga Rita e Yasmin na mais profunda aflição.
Hill se mostra senhoril e humano.
Rita retoma seu trabalho. Quem a quer, a qualquer custo, é Clifford
Odets, autor prodígio do Group Theatre na época de Roosevelt, mas
já "voltado à ordem" após um ambíguo testemunho na frente da
Comissão pelas Atividades Anti-americanas. O ex-prodígio põe em
obra, como diretor e roteirista, *The Story on Page One*, uma história
tipo Perry Mason com o defeito de durar mais de duas horas, além

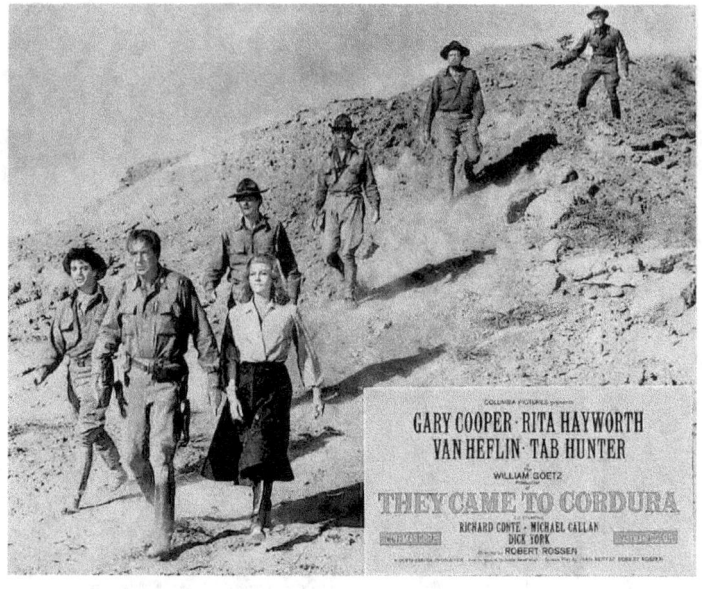

de ressaltar como fracasso financeiro superior até a *They Came to Cordura*. O *cast* é de bom nível: ao lado de Rita – que, pela primeira vez, interpreta o papel de uma mulher de baixas condições econômicas e provável assassina –, há Anthony Franciosa e Gig Young, peixes fora d'água segundo a crítica pela fraca direção de Odets. Na fotografia, um mestre como James Wong Howe. O implacável Peary, sobre a atuação de Rita, fala de um entusiasmo «que voa da simples passividade ao coma profundo».

Começa a circular o boato de que o casamento entre Rita e Hill afinal não vai tão bem. A fofoca parece silenciada quando, pelo filme seguinte de Rita, o casal viaja para Madrid, onde serão realizadas as externas. *The Happy Thieves*, uma comédia brilhante centrada nas alegres vicissitudes de alguns ladrões de obras de arte, será dirigido por George Marshall, com um roteiro escrito por John Gay e com um cast excepcional que junta Rex Harrison e Rita como protagonistas, mas também Alida Valli, uma jovem sueca que se chama Brita Ekman (no futuro próximo Britt Eklund) e, em uma ponta, até a pequena Yasmin. *The Happy Thieves*

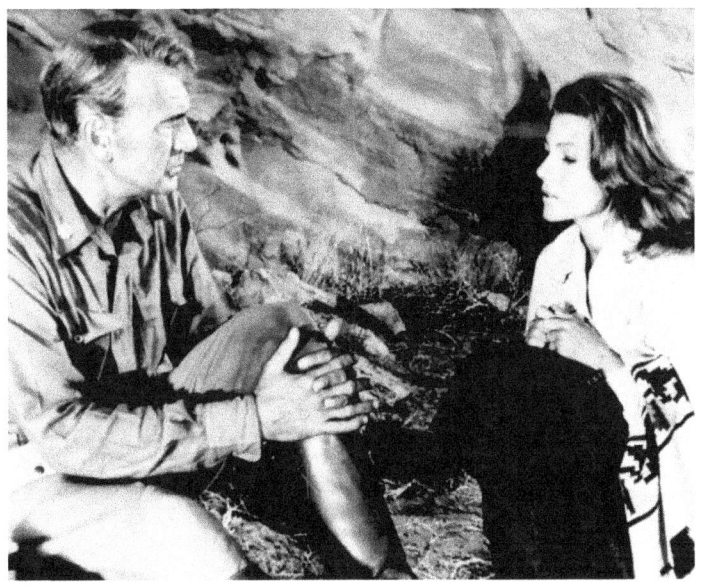

será horroroso, além de qualquer imaginação. Rex Harrison o selará implacavelmente, mesmo tendo ficado impressionado por Rita: «Estava desesperadamente tímida e insegura, apesar de trabalhar há muitos anos», é a opinião sintética dele. «Rita estava esplêndida, o filme, ao contrário, era uma porcaria. Aceitei fazê-lo somente por incauto juízo profissional». Acrescentamos que o filme é realizado em preto e branco, num momento em que qualquer subproduto está bem à condição que seja em cores e que os penteados e os figurinos de Rita deixam muito a desejar. Na Espanha, acontecem muitas coisas esquisitas entre Rita e Hill. Bebem sempre mais. No hotel, podres de bêbados, atiram com um fuzil no quarto, provocando a intervenção da polícia. Resolvido bastante facilmente o "incidente", os dois voltam para Hollywood, onde os espera um novo projeto, *I Want My Mother!*, no qual Rita deveria interpretar a mãe de um psicopata. Mas o fracasso de *The Happy Thieves* faz abortar a idéia deste filme. É bom lembrar que no filme de Marshall estreava a Hillworth, a nova produtora fundada por Rita e o marido.

claudio m. valentinetti

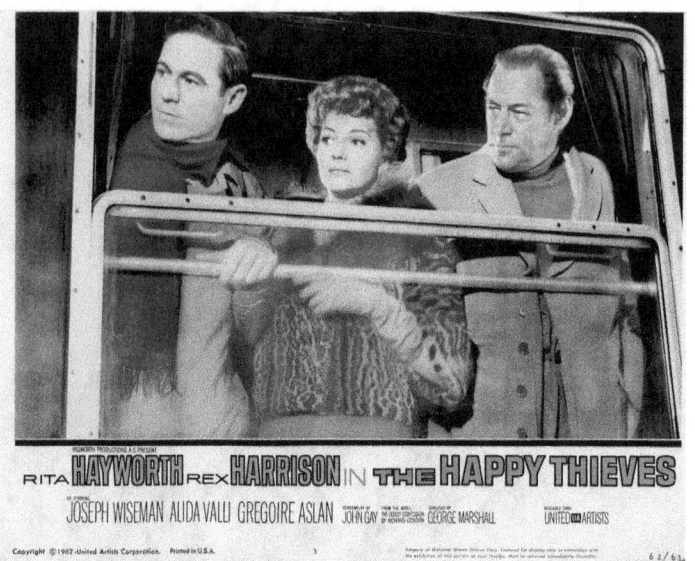

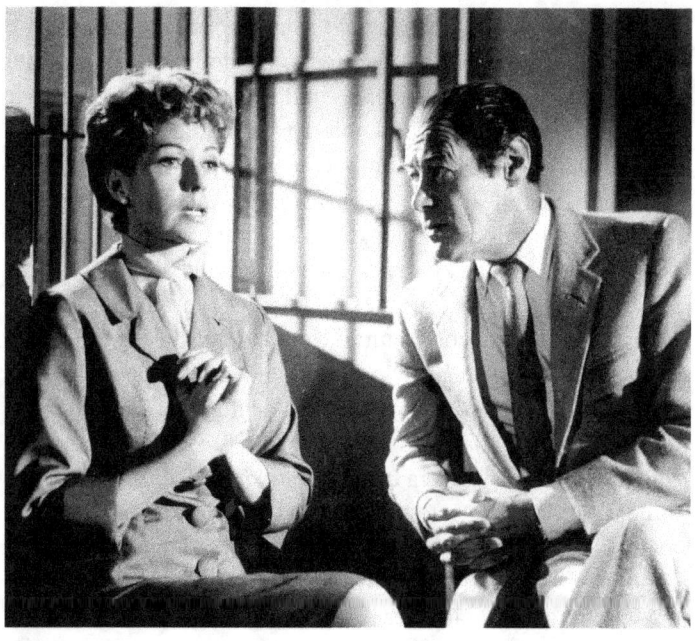

Logo depois, como um relâmpago no céu sereno, o anúncio: Rita e Hill se separam. Ela pede o divórcio. O anúncio oficial é feito por Henry C. Rogers, o amigo que a ajudara no início da carreira. Os jornais de 30 de junho de 1961 escrevem: «Rita Hayworth e seu quinto marido, o produtor James Hill, se separaram, e o divórcio é iminente». A gente já se acostumou. Começa neste momento a queda de Rita em um abismo profundo.

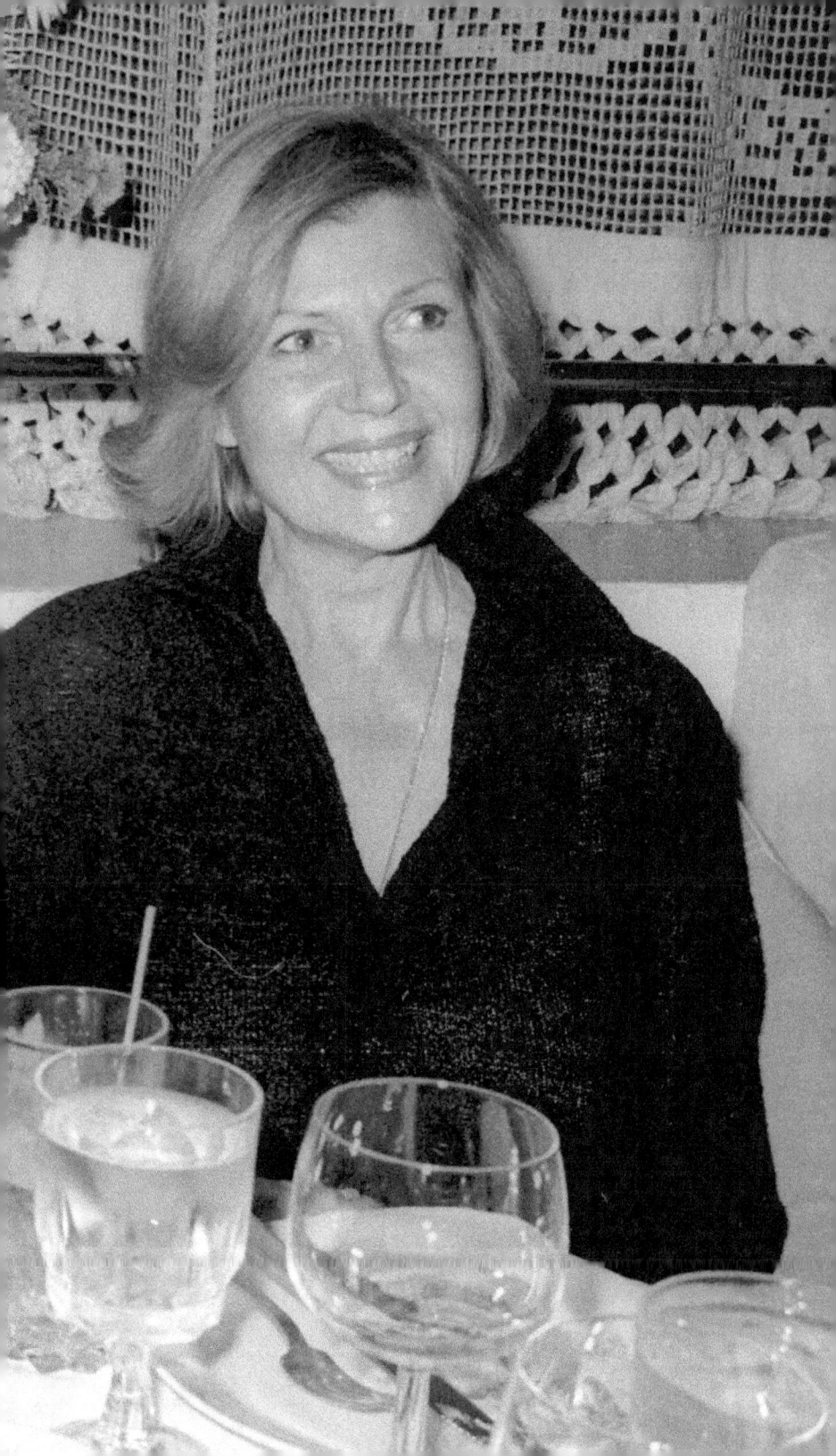

Abismo

Como sempre acontece com ela quando se divorcia, Rita se joga com a força do desespero em uma nova relação, dessa vez com Gary Merrill, ex-marido de Bette Davis, bebum inveterado, mas sem dúvida fascinante. Estamos no final de 1961, e Rita mais uma vez ficará bastante tempo longe do set. Sua primeira decisão, e também este é um caminho já percorrido, é ir para a Europa, até para ver a possibilidade de mudar-se definitivamente, assim como já fez Ava Gardner. Merrill concorda. A viagem deles faz a felicidade dos "*paparazzi*" que os perseguem na Espanha e na Itália, onde, entretanto, os dois vivem uma vida marcada pela maior boemia, entre roupas rasgadas, pés descalços, bebedeiras colossais e brigas mais do que barulhentas. Na imprensa americana, a imagem de Rita aparece como aquela de uma mulher perdida e beberrona crônica. O casal volta à América e não muda o próprio sistema de vida, mesmo na frente de Yasmin.

Rita precisa reanimar-se: nunca atuou em teatro e, quando pede a Merrill para interpretar o papel de sua mulher em uma comédia que o ator está preparando para Broadway (*Step on a Crack*), ele fica agradavelmente surpreso e a apresenta ao produtor, Herbert Bayard Swope Jr. Rita aparenta estar segura de si e muito motivada. E a quem lhe pergunta, com um pouco de receio, como conseguirá se adaptar a uma disciplina rígida e rigorosa como aquela do teatro, onde não é possível refazer as cenas e onde cada repetição é como uma nova estreia, ela responde: «O cinema exige uma disciplina de que poucos se dão conta. Levantar-se às cinco de uma manhã gélida para rodar externas em Utah [é a lembrança de *They Came to Cordura*, evidentemente – N. do A.] não é brincadeira. E eu sempre atuei pensando no personagem em conjunto, e não cena por cena». Até para decorar o texto, diz, não há nenhum problema.

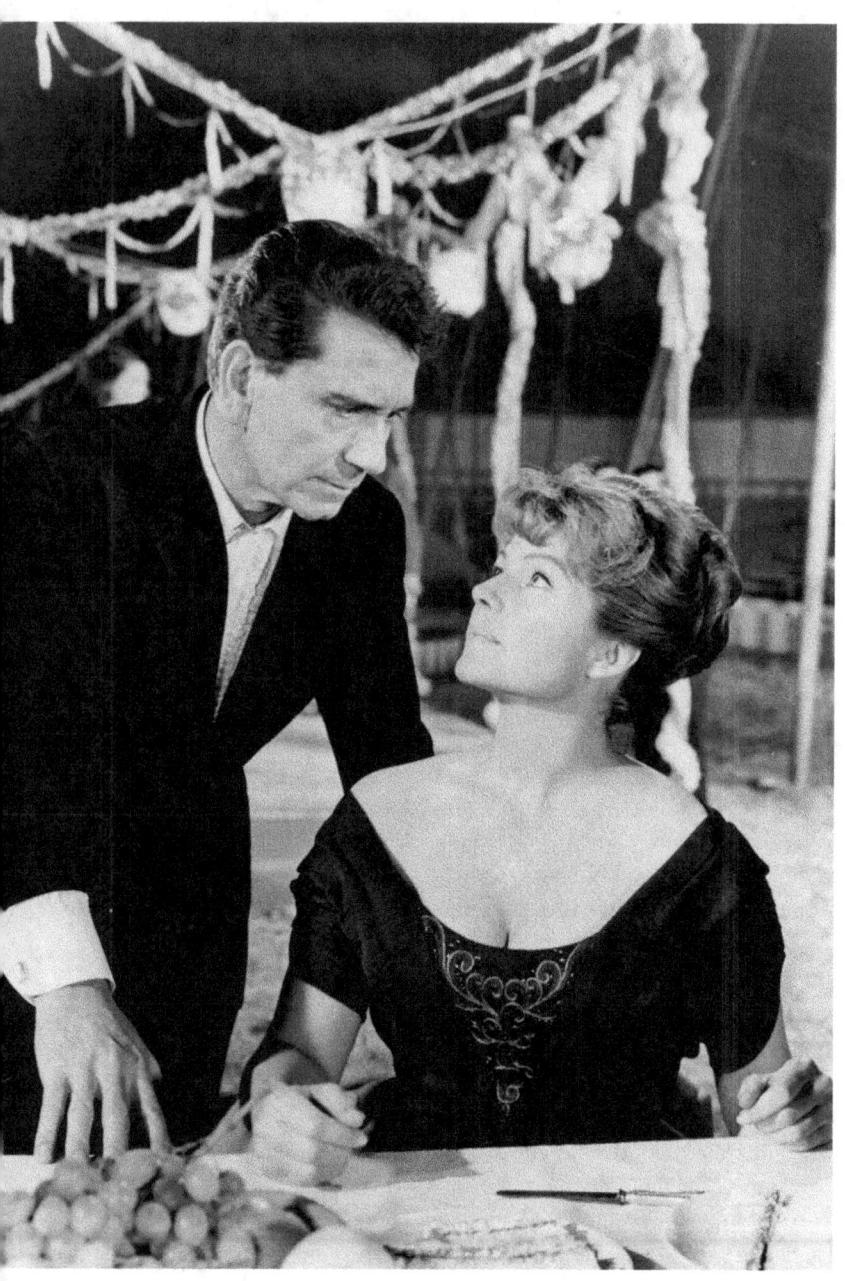

E menos ainda pela sonoridade de sua voz, ela que sempre falou em tom muito baixo. Rita consegue seu contrato em fevereiro, enquanto os ensaios iniciam somente uns meses depois, em agosto, exatamente no dia antes da festa da Assunção. Está radiante: «Não faço isso somente para demonstrar que eu sou capaz de fazê-lo, mas porque estou confiante», declara aos jornalistas. «Penso ter mudado. Sinto-me mais madura...». A "estreia" está prevista para o outono. Rita se prepara diligentemente, mas poucos dias antes dos ensaios é de repente internada em hospital, por esgotamento nervoso. O prognóstico é de três a quatro semanas. É substituída. Sai do hospital em 23 de agosto, e se abriga em Beverly Hills. Em outubro, muito aliviada, se apresenta – entre o público – na estreia da comédia e se diz à procura de um texto. Mas ninguém, naquele momento, o oferece para ela.

Pouco depois, no ambiente, fala-se da sua autocandidatura para um papel em *A Noite do Iguana*, mas o diretor John Huston prefere Ava Gardner. A Paramount a contrata para *The Circus World*, que deveria ser dirigido por Frank Capra, o qual, porém, renuncia por divergências com a produção. O novo diretor é Henry Hathaway; os parceiros de Rita são John Wayne e Claudia Cardinale. Rita, talvez não seja informada disso, substitui Lilli Palmer, que em cima da hora caiu fora. Rodado na Espanha e em outros países europeus, é espetacular e melodramático. As tomadas correm bem. Mesmo que Hathaway, velho leão de Hollywood, se queixe um pouco de Rita, que bebe demais, provocando atrasos. Mais uma tarefa para Rita é a apresentação da cerimônia da entrega dos Oscar de 1964, onde, muito perturbada, acaba se atrapalhando. A televisão lhe dedica um "especial" – *The Odissey of Rita Hayworth* – por ocasião da estreia de *The Circus World*. Sucessivamente, antes aceita e depois cancela o contrato para o seriado televisivo *Rawhide*.

Em 1965 a Columbia distribui nos cinemas um documentário sobre suas estrelas, *The Love Goddesses*, e Rita obviamente não falta. Em seguida, participa de *The Money Trap*, com Glenn Ford, Ricardo Montalban, Elke Sommer, dirigido por Burt Kennedy. É uma história policial-moralista, que repropõe a dupla com Ford

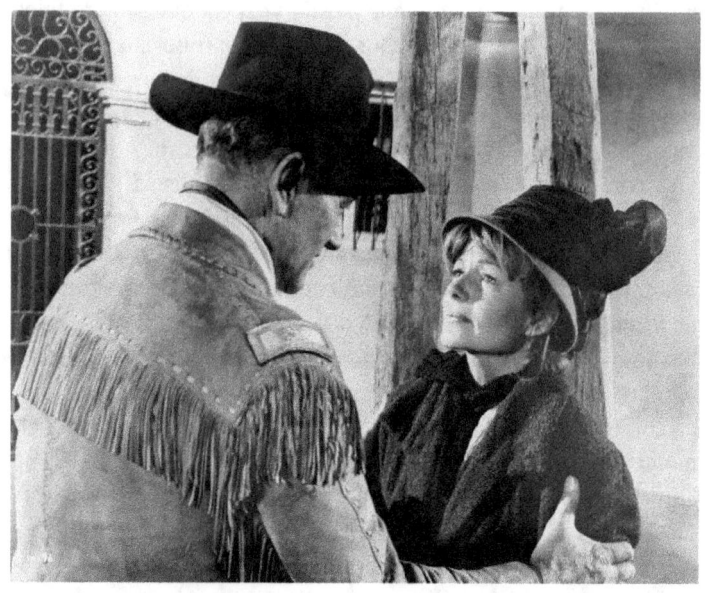

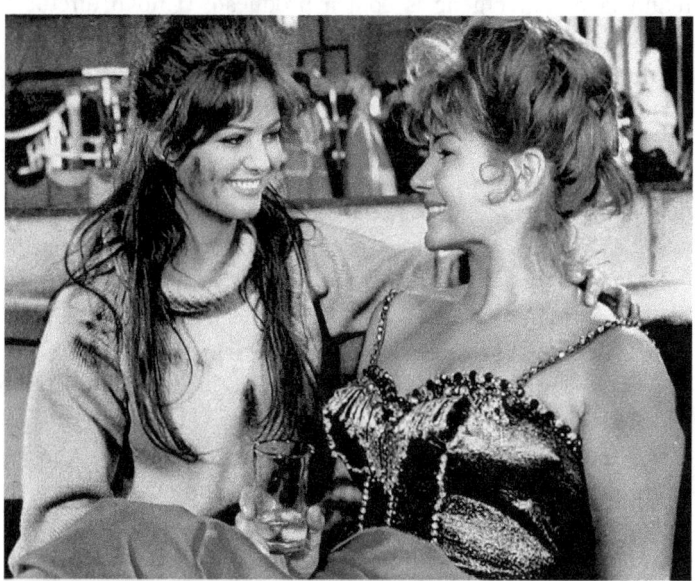

e onde Rita tem um papel secundário. Tem uma nova "amizade" com George Masters, que no set deveria maquiá-la e penteá-la, mas passa horas e horas bebendo com ela.

Quando seu *manager*, Curtis Roberts, lhe propõe um filme financiado por um vendedor de carros, dirigido por um desconhecido e rodado na Flórida, em Fort Lauderdale, ela surpreendentemente aceita. É *The Grove* (distribuído cinco anos depois com o título *The Naked Zoo*), uma história - mais uma - de uma relação entre uma mulher idosa e um homem jovem. O diretor é o tal William Grefe, o filme é um desastre. Uma curiosidade: para o papel masculino é interpelado Dustin Hoffman, naquela época desconhecido, que, porém, recusa por *A Primeira Noite de um Homem*. Quando o filme, cinco anos depois, chega às salas, é um fiasco.

Entretanto estréia *The Money Trap*, não um grande sucesso de público, que, porém, de acordo com a crítica, gosta de Rita. E ela se cria um perfil de coadjuvante. Participa depois a *Poppies are Also Flowers*, um filme contra as drogas produzido em colaboração com a Unesco. Magnífico é o cast: um *"gotha"* cinematográfico de proporções incríveis, pago simbolicamente um dólar por *performance*. Dirige Terence Young. Rita atua, muito bem, no papel de uma toxicômana: envelhecida, transtornada, sua interpretação é muito apreciada. Na breve seqüência que a ela cabe, diz: «Eu também vivo na minha mente». Peary define *Poppies are Also Flowers*, sem mais comentários, «um filme estúpido».

Após *Poppies are Also Flowers*, Rita estréia outro filme de Young, rodado anteriormente na Itália: *The Rover*, uma adaptação bastante desenvolta do homônimo romance de Conrad. Com ela, atuam sua antiga paixão Anthony Quinn e Rosanna Schiaffino, além de Richard Johnson. Peary o arrasa assim: «Em Nova Iorque ficou em cartaz por uma semana, mais ou menos, em 1971, e depois chega». Realmente, as participações de Rita pioram cada vez mais no tempo: talvez mal aconselhada, talvez insegura, a atriz que foi Gilda está descendo um declive muito ruim. Ela gosta da Itália, sempre gostou: na Itália se encontra bem. E então decide ficar, mesmo em prejuízo da sua carreira, já dramaticamente em perigo. Em *I bastardi* – Os Bastardos – de Duccio Tessari, deve substituir Joan Crawford, que recusou o papel. Interpreta uma ex beleza de Ziegfeld, idosa e alcoólatra, em um ambiente de *gângster*. Com ela, trabalham Giuliano Gemma, Klaus Kinski, Claudine Auger e Margaret Lee.

Quando completa 50 anos, Rita é festejada e celebrada, principalmente pela televisão, mas ela não gosta muito de falar de si e lembrar o passado. Seu único verdadeiro interesse continua sendo sempre e somente as filhas. Neste momento, Rebecca está com 24 anos e frequenta a universidade de Puget Sound; Yasmin estuda no Bennington College, em Vermont, e tem o projeto de ser cantora lírica. Em dezembro de 1968, morre seu pai Eduardo e ela cai em uma nova crise, à qual tenta reagir indo para as Canárias atuar em um filme de Georges Lautner, *Road to Salina*. Com ela, trabalham Mimsy Farmer e Robert Walker Jr. O filme, de produção barata, não é nada de especial, mas a atuação dela, no papel de uma mãe cheia de problemas, convence.

De volta a Beverly Hills, inicia a sua autorreclusão: seu estado psicofísico piora. Consegue até brigar com seu mais querido vizinho e amigo, Glenn Ford, e na manhã seguinte não se lembrar de nada.

É procurada também para uma campanha publicitária dos visons Blackglama centrada nas fotografias de algumas divas de hoje

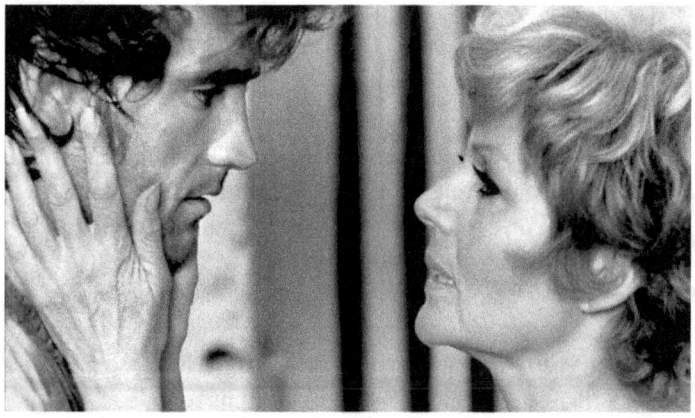

e de ontem que vestem uma pele. Com Rita estão envolvidas Lauren Bacall, Bette Davis, Melina Mercouri, Barbra Streisand, Joan Crawford, Lena Horne, Judy Garland, Marlene Dietrich e Leontyne Price. A única irreconhecível é ela. Faz um pouco de televisão, mas com muito cansaço e insegurança. Tenta de novo o teatro: deveria substituir, durante o período do verão, Bacall em *Applause*, na Broadway. Provavelmente por medo e desconfiança de si mesma, acaba como na época de *Step on a Crack*.

Rita sente escapar-lhe das mãos aquelas pouquíssimas certezas que tinha, e continua bebendo. Participa de um show com Merv Griffin, na televisão, que se chama *An Evening with Rita Hayworth,* mas, antes do final, deve ser tirada da frente das câmeras: mais uma vez, bebeu demais.

Em 1972, seu velho amigo Robert Mitchum a convida para trabalhar, com ele, em um filme de Ralph Nelson, *The Wrath of God*, que é realizado em Durango, no México. É o último filme que ela interpretará, mesmo se Peary fala, somente ele, de um tal de *Circle*, de 1975, de Arthur Allan Seidelman, de que não existem rastros tangíveis. *The Wrath of God* é um western não extraordinário, mas digno. Logo depois, Rita vai à Inglaterra para trabalhar em *Tales That Witness Madness,* mas, após poucas tomadas, é substituída por Kim Novak. Não ia ao set ou, quando ia, chegava com grande atraso, quase não conseguia lembrar aquilo que devia dizer ou fazer.

Em março de 1974, mais duas tragédias se juntam à sua infelicidade: falecem seus dois irmãos, antes Eduardo Junior, com 44 anos, de câncer, e, um mês depois, também Vernon, já gravemente doente. Ela se isola cada dia mais e nas raras aparições em público continua se comportando de maneira esquisita.

Em 19 de janeiro de 1976, vai a Londres para uma entrevista na televisão inglesa. Quando chega ao aeroporto de Heathrow, está perturbada: bebeu durante a viagem toda, não quer descer do avião e, quando o faz, é recebida pelos fotógrafos. As fotos desta mulher precocemente envelhecida, desesperada, despenteada, cambaleante, dão a volta ao mundo. Em outubro, consegue participar do festival de cinema de Buenos Aires. No inverno

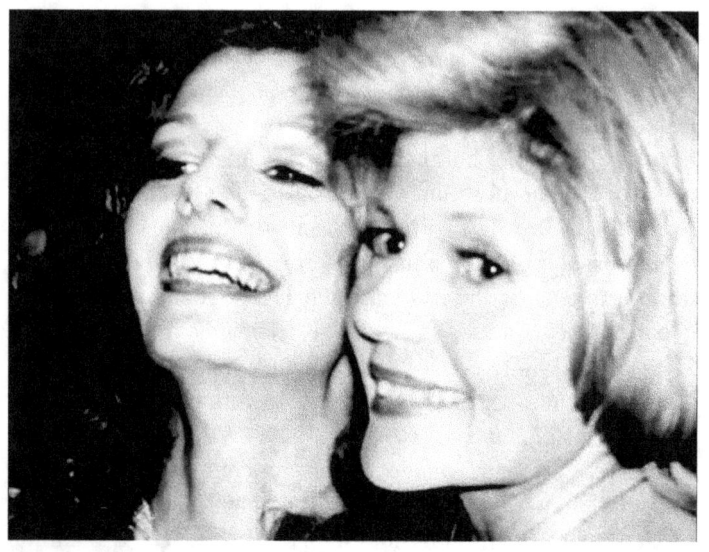

seguinte é internada no Hoag Memorial Hospital de Newport Beach, na Califórnia. O diagnóstico é: gravemente incapaz por alguma desordem mental ou por danos de alcoolismo crônico. Yasmin, mesmo sem ter visto muito a mãe nesses últimos tempos, intervém imediatamente por meio de seu advogado e a faz internar no Silver Hill, em Connecticut, uma das melhores clínicas na desintoxicação do álcool. Parece que, desde então, Rita nunca mais tenha bebido.

Quando sai do Silver Hill, parece ter voltado a ser a de antes: recomeça seu golfe, viaja para a Inglaterra e Itália, para Bari, onde recebe o prêmio intitulado a Rodolfo Valentino. Mas, logo depois, recai. Agora, o abismo dela se chama mal de Alzheimer, a doença que destrói progressivamente as células nervosas cerebrais, levando quem é atingido até uma total demência. Em outubro de 1981, é julgada incapaz de entender e de querer pela Corte Suprema de Los Angeles, e Yasmin torna-se a sua tutora. A filha a leva consigo a Nova Iorque, onde compra para ela um apartamento ao lado do seu, na Madison Avenue, e lhe dá a mais completa e amável assistência. Yasmin renuncia a qualquer projeto, do casamento à carreira de cantora lírica, para ficar perto da mãe. Após uma piora constante e gradual, Rita é internada no Albert Einstein College and Hospital de Nova Iorque, de onde sai somente para morrer, na casa da filha, em 15 de maio de 1987, com menos de 70 anos.

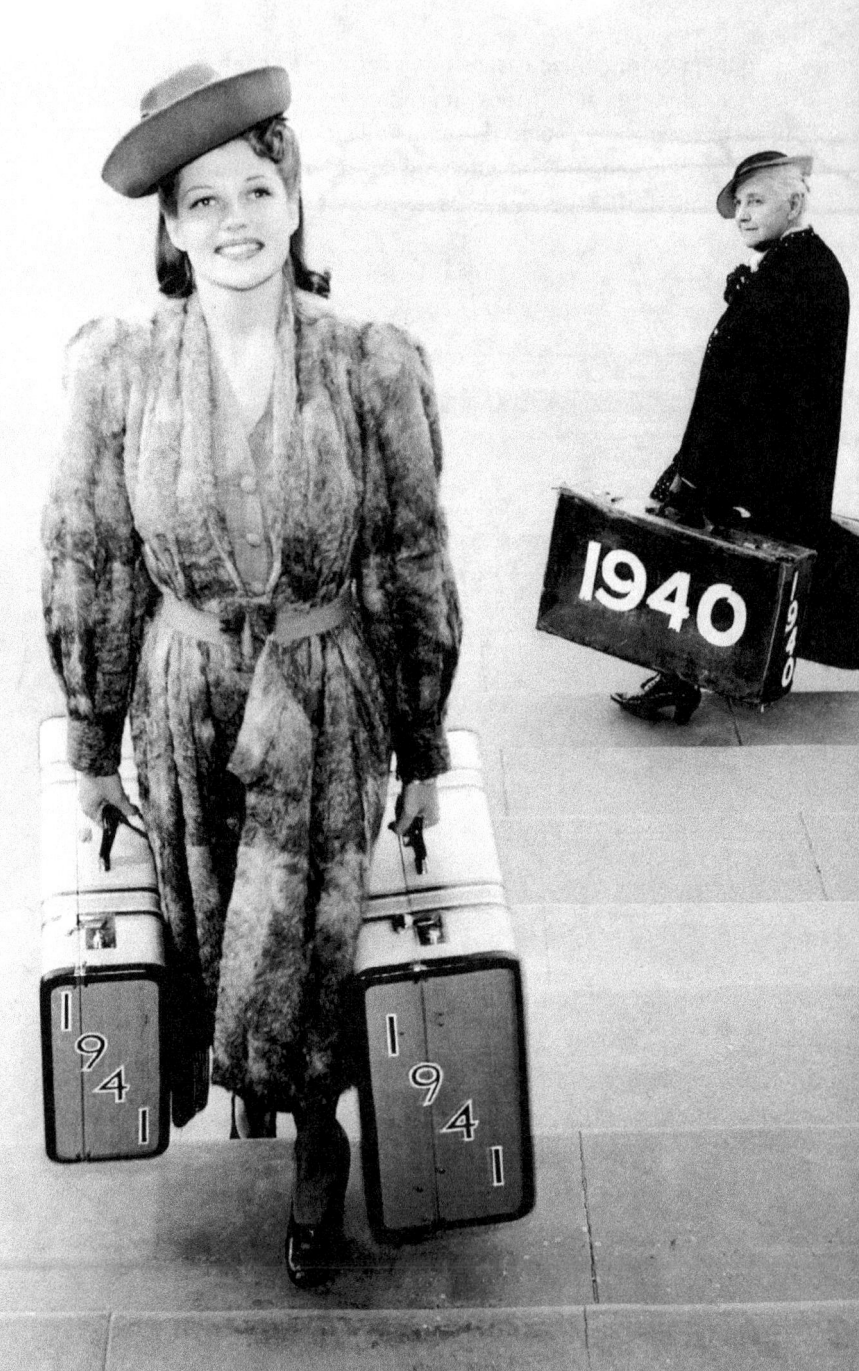

Filmografia

COMO RITA CANSINO

1935

O GAÚCHO NEGRO (*Under the Pampas Moon*)
Direção: James Tinling - *Argumento*: du um conto de Gordon Morris
- *Roteiro*: Ernest Pascal e Bradley King - *Diálogos adjuntos*: Henry
Jackson - *Fot.*: Chester Lyons - *Dir. mus.*: Arthur Lange - *Canções*:
"The Gaucho", de B. G. De Sylva e Walter Samuels, "Querida Mia",
de Paul Francis Webster e Lew Pollack, "Zamba", de Arthur Wynter-
Smith, "Love Song of the Pampas", "Veredita" e "Je t'adore", de Cyril
J. Mockridge e Miguel De Zarraga - *Coreogr.*: Jack Donahue - *Mont.*:
Alfred De Gaetano - *Figurinos*: Ren, Hupert - *Maquiagem*: Ernest
Westmore - *Som*: E. H. Hansen - *Produção*: B. G. De Sylva - *Distrib.*:
Fox - *Origem*: USA - *Duração*: 78'.
Int.: Warner Baxter (*Cesar Campo*), Ketti Gallian (*Yvonne La Marr*), J.
Carroll Naish (*Tito*), John Miljan (*Graham Scott*), Armida (*Rosa*), Ann
Codee (*Madame La Marr*), Jack La Rue (*Bazan*), George Irving (*Don
Bennett*), Rita Cansino (*Carmen*). A participação de Rita se reduz a
poucas frases trocadas com o protagonista masculino Warner Baxter.
Rita dança, também, uma "zamba" em um café de Buenos Aires, onde
se desenvolve a vicissitude.

O SEGREDO DAS PIRÂMIDES (*Charlie Chan in Egypt*)
Dir.: Louis King - *Roteiro*: Robert Ellis e Helen Logan, baseado no
personagem criado por Earl Derr Biggers - *Fot.*: Daniel B. Clark - *Dir.*

mus. e arranjos: Sammy Kaylin – *Mont.*: Alfred De Gaetano – *Supervis. figurinos*: Arthur M. Levy – *Supervis. cenografia*: William Darling – *Supervis. maquiagem*: Ernest Westmore – *Prod.*: Edward T. Lowe – *Distrib.*: Fox – *Orig.*: USA – *Dur.*: 72'. *Int.*: Warner Oland (*Charlie Chan*), Pat Paterson (*Carol Arnold*), Thomas Beck (*Tom Evans*), Rita Cansino (*Nayda*), Frank Conroy (*professor Thurston*), Nigel de Brulier (*Edfu Ahmad*), James Eagle (*Barry Arnold*), Paul Porcasi (*Fouad Soueida*).

O oitavo episódio da sortuda série do investigador chinês se desenvolve no Egito, onde um arqueólogo, o professor Arnold, descobre o sepulcro de Ameti e depois some. Seus dois filhos, Barry e Carol, pouco tempo depois, parecem ser presa de uma folia esquisita. Paralelamente se desenvolve um tráfico sujo internacional de venda dos restos encontrados: da investigação é encargado Charlie Chan, que, antes de tudo, descobre o cadáver do professor dentro da múmia de Ameti. Os filhos de Arnold ficaram intoxicados pelos seus cigarros, manipulados por alguém. Com a ajuda de Tom, o namorado de Carol, Chan descobre uma porta escondida no sepulcro, que leva até o quarto do tesouro... Tom é ferido, e Barry morre envenenado. Chan prepara uma armadilha para o misterioso assassino... *Happy end* final para Tom e Carol. Rita aparece no filme como uma muito improvável criada egípcia, mas ninguém a nota.

DANTE'S INFERNO

Dir.: Harry Lachman – *Arg.*: de um conto de Cyrus Wood – *Adapt. original*: Edmund Goulding – *Roteiro*: Philip Klein e Robert Yost – *Fot.*: Rudolph Maté – *Mús.*: Hugo Friedhofer, Sammy Kaylin, R. H. Bassett e Peter Brunelli – *Dir. mus.*: Sammy Kaylin – *Som*: E. H. Hansen – *Mont.*: Alfred De Gaetano – *Superv. Cenogr.*: William Darling – *Desenhista cenas alegóricas*: Willy Pogany – *Coreogr.*: Eduardo Cansino – *Superv. Maq.*: Ernest Westmore – *Prod.*: Sol M. Wurtzel – *Distrib.*: Fox – *Orig.*: USA – *Dur.*: 88'. *Int.*: Spencer Tracy (*Jim Carter*), Claire Trevor (*Betty McWade*), Henry B. Walthall (*Pop McWade*), Scotty Beckett (*Alexander Carter*), Alan Dinehart (*Jonesy*), Joe Brown (*gerente do luna park*), George Humbert (*Tony*), Robert Gleckler (o *decano*), Maidel Turner (*Madame Zucchini*), Nella Walker (*a senhora Hamilton*), Lita Chevret (*a senhora Martin*), Richard Tucker (o *senhor Hamilton*), Edward Pawley (*Clinton*), Ruthelma Stevens (*a moça na caldeira*), Don Ameche (*o homem na caldeira*), Morgan Wallace (o *capitão Morgan*), Harry Woods (*o segundo oficial Reynolds*), Rita Cansino e Gary Leon (*os dançarinos*

profissionais), Ruth Clifford (*a senhora Gray*), Dorothy Dix (*a bilheteira*).
Jim Carter (Spencer Tracy), ex-foguista de navio, encontra em um luna
park McWade (Harry B. Walthall) e sua sobrinha Betty (Claire Trevor),
que têm um barracão afrescado com cenas do Inferno de Dante, que
eles vivem em sentido "moral". Carter tem sorte e consegue criar uns
pavilhões, um dos quais, porém, desmorona: McWade fica ferido.
Carter é processado, mas se salva *in extremis* graças à testemunha
de Betty, com quem, no entanto, casou e de quem teve um filho. A
mulher, logo depois, o abandona. Carter compra então uma casa de
jogo flutuante, que porém acabará destruída por um incêndio (mas sem
nenhuma vítima). Betty volta com ele, em um final de arrependimento
e esperança. Rita, no filme, tem um papel como dançarina no navio
junto com Gary Leon.

PADDY O'DAY
Dir.: Lewis Seiler – *Arg. e Rot.*: Lou Breslow e Edward Eliscu – *Fot.*:
Arthur Miller – *Dir. e superv.* mus.: Sammy Kaylin – *Canções*: "Keep
a Twinkle in Your Eye" e "I Like a Balalaika", de Sidney Clare, Edward
Eliscu e Harry Akst; "Changing My Ambition", de Pinky Tomlin – *Balés*:
Fanchon – *Mont.*: Alfred De Gaetano – *Superv. maq.*: Ernest Westmore
– *Prod.*: Sol M. Wurtzel –*Distr.*: 20ᵗʰ Century Fox – *Orig.*: USA – *Dur.*:
73'.
Int.: Jane Withers (*Paddy O'Day*), Pinky Tomlin (*Ray Ford*), Rita Cansino
(*Tamara Petrovich*), Jane Darwell (*Dora*), George Givot (*Mischa*), Francis
Ford (*funcionário imigração*), Vera Lewis (*tia Flora*), Louise Carter (*tia
Jane*), Russel Simpson (*Benton*), Michael Visaroff (*Popushka*), Nina
Visaroff (*Momushka*).
Paddy O'Day (Jane Withers), uma moça irlandesa, emigra aos Estados
Unidos para tentar alcançar sua mãe, partida há alguns anos. Em Ellis
Island, onde os emigrados cumprem as formalidades burocráticas,
porém, ela consegue saber que sua mãe morreu: então foge da ilha
e, com a ajuda de alguns amigos que conheceu no navio durante a
viagem (entre eles Tamara Petrovich, uma Rita em versão pouco crível
de dançarina russa, e Ray Ford), começa a trabalhar como bailarina e
cantora. Obtém um sucesso tão grande que as autoridades americanas
são quase "obrigadas" a dar-lhe a permissão de estada. Paddy faz de
"cupido" ao amor entre Tamara e Ray

1936

HUMAN CARGO

Dir.: Allan Dwan – *Arg.*: do romance "I Will Be Faithful", de Kathleen Shepard – *Roteiro*: Jefferson Parker, Doris Malloy – *Fot.*: Daniel B. Clark – *Dir. mus.*: Sammy Kaylin – *Mont.*: Louis Loeffler – *Cenogr.*: Duncan Cramer – *Superv. Figurinos*: Gwen Wakeling – *Superv. Maq.*: Ernest Westmore – *Técnicos Som*: Alfred Bruzlin, Harry Leonard – *Assist. Dir.*: Samuel Schneider – *Prod.*: Sol M. Wurtzel – *Distr.*: 20th Century Fox – *Orig.*: USA – *Dur.*: 66'.

Int.: Claire Trevor (*Bonnie Brewster*), Brian Donlevy (*Packy Campbell*), Alan Dinehart (*Lionel Crocker*), Ralph Morgan (*promotor Cary*), Helen Troy (*Susie*), Rita Cansino (*Carmen Zoro*), Morgan Wallace (*Gilbert Fender*), Herman Bing (*Fritz Schulz*), John McGuire (*Spike Davis*), Ralf Harolde (*Tony Sculla*), Wade Boteler (*Bob McSweeney*).

A imigração clandestina, gerenciada por alguns criminosos, é à base da trama desse filme. Dois jornalistas, Bonnie Brewster (Claire Trevor) e Packy Campbell (Brian Donlevy), que trabalham para jornais concorrentes, encarregados de investigar o tráfico, embarcam em Vancouver em um navio suspeito. Apesar da ajuda de Carmen Zoro (Rita), uma moça que conseguiu entrar ilegalmente no país, eles correm muitos riscos (são descobertos e irão ser mortos), mas afinal conseguem avisar a polícia...

MEET NERO WOLFE

Dir.: Herbert Biberman – *Arg.*: do conto "Fer de Lance", de Rex Stout – *Roteiro*: Howard J. Green, Bruce Manning e Joseph Anthony – *Fot.*: Henry Freulich – *Dir. mus.*: Howard Jackson – *Mont.*: Otto Meyer – *Fig.*: Lon Anthony – *Som*: George Cooper – *Assist. dir.*: George Rhein – *Prod.*: B. P. Schulberg – *Distr.*: Columbia Pictures – *Orig.*: USA – *Dur.*: 73'.

Int.: Edward Arnold (*Nero Wolfe*), Joan Perry (*Ellen Barstow*), Lionel Stander (*Archie Goodwin*), Victor Jory (*Claude Roberts*), Nana Bryant (*Sarah Bastow*), Dennie Moore (*Mazie Gray*), Russell Hardie (*Manuel Kimball*), Walter Kingsford (*E. J. Kimball*), Boyd Irwin Sr. (*professor Barstow*), John Qualen (*Olaf*), Gene Morgan (*O'Grady*), Rita Cansino (*Maria Maringola*), Frank Conroy (*o doutor Bradford*).

O professor Barstow morre imprevistamente na frente de duas testemunhas, os Kimball. Ao mesmo tempo, uma moça, Maria

Maringola (Rita) recorre a Archie Goodwin, assistente de Nero Wolfe, para procurar seu irmão, de repente sumido. Carlo realmente sumiu, após ter folheado um jornal com a notícia do falecimento de Barstow, cuja viúva, entretanto, oferece uma recompensa para quem fornecer notícias sobre a morte dele. Mas Wolfe, sem sair de casa, já está certo que os dois tenham sido mortos. E, naturalmente, tem razão...

REBELLION
Dir.: Lynn Shores – *Arg. e Roteiro*: John T. Neville – *Fot.*: Arthur Martinelli – *Superv. Mus.*: Abe Meyer – *Mont.*: Donald Barratt – *Cenogr.*: Edward C. Jewell – *Superv. fig.*: Lou Brown – *Superv. maq.*: Steve Corso – *Chefe técnico som*: J. S. Westmoreland – *Assist. dir.*: Fred Spencer – *Superv. prod.*: Frank Melford – *Prod. associado*: Bernard Moriarty – *Prod.*: E. B. Derr – *Distr.*: Crescent Pictures – *Orig.*: USA – *Dur.*: 62'.
Int.: Tom Keene (*capitão John Carroll*), Rita Cansino (*Carmencita Castillo*), Duncan Renaldo (*Ricardo Castillo*), William Royle (*Harris*), Gino Corrado (*Pablo*), Roger Gray (*Honeycutt*), Robert McKenzie (*juiz Moore*), Allen Cavan (*o presidente Zachary Taylor*).
1848: a Califórnia é anexada aos Estados Unidos. Mas não tudo corre bem, porque uns meliantes fazem violências e devastações. Matam, até, José Castillo, cujos filhos tentam reagir a essa situação: Ricardo organiza uma resposta armada, Carmencita (Rita) vai para Washington para pedir ajuda ao presidente Taylor, um velho amigo do pai. O capitão Carroll (Tom Keene) é enviado no lugar para restabelecer a calma. E consegue, entre mil vicissitudes: Ricardo morre, Carmencita é raptada, mas Carroll, com a ajuda do pessoal local, derrota os bandidos. É nomeado governador e casa com Carmencita.

1937

TROUBLE IN TEXAS
Dir.: R. N. Bradbury – *Arg.*: Lindsley Parsons – *Rot.*: Robert Emmett – *Fot.*: Gus Peterson – *Superv. Mus.*: Frank Sanucci – *Canções*: "Down On the Colorado", "Song of the Rodeo", "Cowman's Lament", "Headin' for the Rio Grande" e "The Looney Cowboy Band", interpretadas por Tex Ritter – *Mont.*: Fred Bain – *Superv. Cenogr.*: Ralph Burger – *Superv. Fig.*: Maizie Lewis e Lou Brown – *Prod. Ex.*: Edward L. Alperson – *Prod.*: Edward F. Finney – *Distr.*: Grand National Pictures – *Orig.*: USA – *Dur.*: 64'.

Int.: Tex Ritter (*Tex Masters*), Rita Cansino (*Carmen*), Horace Murphy (*Lucky*), Earl Dwire (*Barker*), Yakima Canutt (*Squint*), Charles King (*Pinto*), Dick Palmer (*Duke*), Tom Cooper (*o apresentador*), Fred Parker (*o xerife*).

Acontece uma misteriosa série de mortes, com toda probabilidade ligadas a alguns torneios com prêmios organizados por um grupo de bandidos: só eles devem ganhar os prêmios... Sobre isso investigam Carmen (Rita), que na realidade é uma agente do governo, e Tex Masters (o cantor *country* Tex Ritter), um *cowboy* cujo irmão foi matado pelo mesmo bando. Os dois conseguem derrotar os malfeitores e, por fim, casam.

OLD LOUISIANA

Dir.: Irving V. Willat – *Arg.*: de um conto de John Neville – *Rot.*: Mary Ireland – *Fot.*: Arthur Martinelli – *Dir. mus.*: Abe Meyer – *Mont.*: Donald Barratt – *Cenogr.*: Edward C. Jewell – *Fig.*: Lou Brown – *Superv. Maq.*: Steve Corso – *Ass. Dir.*: Raoul Pagel – *Superv. Prod.*: Frank Melford – *Prod. Assoc.*: Bernard Moriarty – *Prod.*: E. R. Derr – *Distr.*: Crescent Pictures – *Orig.*: USA – *Dur.*: 60'.

Int.: Tom Keene (*John Colfax*), Rita Cansino (*Angela Gonzales*), Robert Fiske (*Gilmore*), Ray Bennett (*Flin*), Allan Cavan (*Thomas Jefferson*), Will Morgan (*Steve*), Budd Buster (*Kentucky*), Carlos Devaldez (o *governador Gonzales*), Wally Albright (*Davey*). John Colfax (Tom Keene), um cidadão americano residente em Louisiana, se põe em contraste com as autoridades espanholas por alguns tributos fluviais. Angela Gonzales (Rita) é a filha do governador espanhol local. Após muitas e confusas peripécias, tudo se resolverá da melhor maneira possível.

HIT THE SADDLE

Dir.: Mack V. Wright – *Arg.*: de um conto de Oliver Drake e Maurice Geraghty tirado de um romance de William Colt MacDonald – *Rot.*: Oliver Drake – *Fot.*: Jack Marta – *Superv. Mus.*: Alberto Colombo – *Canções*: Oliver Drake e Sam H. Stept – *Mont.*: Lester Orleback – *Cenogr.*: John Victor MacKay – *Ass. Dir.*: George Blair – *Prod. Ass.*: Sol C. Siegal – *Prod.*: Nat Levine – *Distr.*: Republic Pictures – *Orig.*: USA – *Dur.*: 61'.

Int.: Robert Livingston (*Stony Brooke*), Ray Corrigan (*Tucson Smith*), Max Terhune (*Lullaby Joslin*), Rita Cansino (*Rita*), Yakima Canutt (*Buck*), J. P. McGowan (*Mac Gowan*), Edward Cassidy (*Miller*), Sammy McKim (*Tim*), Harry Tenbrooke (*Harvey*).

O filme faz parte da série dos "Three Mesquiteers", um produto de sucesso da época, mas de nível muito baixo. Aqui, Rita (Rita) é uma dançarina de fandango bastante desenvolta que se apaixona por um dos três mosqueteiros, Stony Brooke (Robert Livingston). Mas a unidade do trio nem dessa vez correrá perigo...

COMO RITA HAYWORTH

CRIMINALS OF THE AIR

Dir.: Charles C. Coleman – *Arg.*: de um conto de Jack Cooper – *Rot.*: Owen Francis – *Fot.*: George Meehan – *Dir. mus.*: Morris Stoloff – *Mont.*: Dick Fanti – *Superv. Cenogr.*: Stephen Goosson – *Fig.*: Kalloch – *Superv. Maq.*: Johnny Wallace – *Assist. Dir.*: Irving Briskin – *Prod.*: Wallace Mac Donald – *Distr.*: Columbia Pictures – *Orig.*: USA – *Dur.*: 61'.

Int.: Rosalind Keith (*Nancy Rawlings*), Charles Quigley (*Mark Owens*), Rita Hayworth (*Rita*), John Gallaudet (*Ray Patterson*), Marc Lawrence (*Blast Reardon*), Patricie Farr (*Mamie*), John Hamilton (*Capitão Wallace*), Ralph Bird (*Williamson*).

O amor contrastado entre Nancy Rawlings (Rosalind Keith), uma jornalista, e Mark Owens (Charles Quigley), um agente do governo que investiga o contrabando entre México e Estados Unidos. Rita (Rita) é uma dançarina que tenta distrair com suas graças Owens...

GIRLS CAN PLAY

Dir.: Lambert Hillyer – *Arg.*: do conto "Miss Casey at Bat", de Albert De Mond – *Rot.*: Lambert Hillyer – *Fot.*: Lucien Ballard – *Superv. Mus.*: Morris Stoloff – *Mont.*: Byron Robinson – *Superv. Cenogr.*: Stephen Goosson – *Superv. Fig.*: Ray Howell – *Vestidos femininos*: Kalloch – *Prod. Exec.*: Irving Briskin – *Prod.*: Ralph Cohn – *Distr.*: Columbia Pictures – *Orig.*: USA – *Dur.*: 59'.

Int.: Jacqueline Wells [conhecida mais tarde com o nome de Julie Brishop] (*Ann Casey*), Charles Quigley (*Jimmy Jones*), Rita Hayworth (*Sue Collins*), John Gallaudet (*Foy Harris*), George McKay (*Sluggy*), Patricia Faar (*Peanuts*), Guinn "Big Boy" Williams (*o tenente Flannigan*), Joseph Crehan (*Brophy*), John Tyrell (*Danny Maschio*), Richard Terry (*Cisto*).Jimmy (Charles Quigley) é um ex-preso que vende licores ilegalmente. "Propaganda" sua mercadoria através um time feminino de *softball*, principalmente graças à ajuda de Ann (Jacqueline Wells), uma jogadora. Para investigar a atividade de Jimmy, porém, chega Foy Harris (John Gallaudet), um jornalista que desvelará o embrulho e casará com Sue (Rita Hayworth), outra jogadora do time, mas a favor da lei.

THE GAME THAT KILLS

Dir.: D. Ross Lederman – *Arg.*: de um conto de J. Benton Cheney – *Rot.*: Grace Neville e Fred Niblo Jr. – *Fot.*: Benjamin Kline – *Superv. e Dir. mus.*: Morris Stoloff – *Mont.*: James Sweeney – *Cenogr.*: Stephen Goosson – *Superv. Fig.*: Ray Howell – *Ass.Dir.*: Sam Nelson – *Prod. Exec.*: Irving Briskin – *Prod.*: Harry L. Decker – *Distr.*: Columbia Pictures – *Orig.*: USA – *Dur.*: 55'.

Int.: Charles Quigley (*Alec Ferguson*), Rita Hayworth (*Betty Holland*), John Gallaudet (*Sam Erskine*), J. Farrell MacDonald (*Joe Holland*), Arthur Loft (*Rudy Maxwell*), John Tyrell (*Eddie*), Paul Fix (*Dick Adams*), Max Hoffman Jr. (*Bill Drake*).

Em um time de hóquei, alguns jogadores "não colaboram" e os resultados são decepcionantes. A filha do *manager* do time, Betty Holland (Rita Hayworth), convence seu vizinho, Alec Ferguson (Charles Quigley), a infiltrar-se no time como jogador – e obtém muito sucesso – para tentar esclarecer o mistério. E consegue.

PAID TO DANCE

Dir.: Charles Coleman Jr. – *Arg.*: de um conto de Leslie T. White –*Rot.*: Robert E. Kent –*Fot.*: George Meehan – *Dir. mus.*: Morris Stoloff – *Mont.*: Byron Robinson – *Superv. Cenogr.*: Stephen Goosson – *Fig.*: Kalloch – *Ass. Dir.*: Cliff Broughton – *Prod. Exec.*: Irving Briskin – *Prod.*: Ralph Cohn – *Distr.*: Columbia Pictures – *Orig.*: USA – *Dur.*: 56'.

Int.: Don Terry (*William Dennis*), Jacqueline Wells (*Joan Bradley*), Rita Hayworth (*Betty Morgan*), Arthur Loft (*Jack Miranda*), Paul Stanton (*Charles Kennedy*), Paul Fix (*Nifty*), Louise Stanley (*Phyllis Parker*), Ralph Byrd (*Nickels Brown*).

Racket e contrabando nos *night*: umas dançarinas que suspeitam algo ou são demasiado curiosas somem... No local de Jack Miranda (Arthur Loft) é infiltrado um policial com uma falsa dançarina. Os dois conseguirão resolver a situação somente com a ajuda de Betty Morgan (Rita Hayworth), uma moça honesta e boa.

THE SHADOW

Dir.: Charles C. Coleman – *Arg.*: de um conto original de Milton Raison – *Rot.*: Arthur T. Horman – *Fot.*: Lucien Ballard – *Dir. Mus.*: Morris Stoloff – *Mont.*: Byron Robinson – *Superv. Fig.*: Ray Howell – *Fig. femininos*: Kalloch – *Cenogr.*: Stephen Goosson – *Ass. Dir.*: Bob Farfan – *Prod. Exec.*: Irving Briskin – *Prod. Ass.*: Wallace MacDonald – *Prod. e Distr.*: Columbia Pictures – *Orig.*: USA – *Dur.*: 59'.

Int.: Rita Hayworth (*Mary Gillespie*), Charles Quigley (*Jim Quinn*), Marc Lawrence (*Kid Crow*), Arthur Loft (*o xerife Jackson*), Dick Curtis (*Carlos*), Vernon Dent (*Charles Schultz*), Marjorie Main (*Hannah Gillespie*), Donald Kirke (*Peter Martinet*), Dwight Frye (*Vindecco*).

Em um circo de propriedade de Mary Gillespie (Rita Hayworth), age um misterioso assassino que atinge suas vítimas com flechas envenenadas atiradas com una zarabatana. É contratado, então, como domador, Jim Quinn (Charles Quigley), que na realidade é um jornalista encarregado de esclarecer a inquietante vicissitude. E...

1938

WHO KILLED GAIL PRESTON?

Dir.: Leon Barsha – *Arg.*: do conto "Murder in Swingtime" de Henry Taylor – *Rot.*: Henry Taylor e Robert E. Kent – *Fot.*: Henry Freulich – *Dir. mus.*: Morris Stoloff – *Canções*: "The Greatest Attraction in the World" e "Twelve O'Clock and All's Not Well", de Milton Drake e Ben Oakland – *Mont.*: Byron Robinson – *Superv. Cenogr.*: Stephen Goosson – *Fig.*: Kalloch – *Prod. Exec.*: Irving Briskin – *Prod.*: Ralph Cohn – *Distr.*: Columbia Pictures – *Orig.*: USA – *Dur.*: 61'.

Int.: Don Terry (*Inspetor Kellogg*), Rita Hayworth (*Gail Preston*), Robert Paige (*Swing Traynor*), Wyn Cahoon (*Ann Bishop*), Gene Morgan (*Cliff Connolly*), Marc Lawrence (*Frank Daniels*), Arthur Loft (*Jules Stevens*), John Gallaudet (*Charles Waverly*).

Gail Preston (Rita Hayworth), cantora e bailarina, morre na cena, enquanto apresenta seu "número" em um *night* de Nova Iorque. São muitas as pessoas que queriam a morte dela: do diretor da orquestra ao dono do local, ambos chantageados por Gail, uma mulher fatal e má maquiada de um jeito muito parecido com Hedy Lamarr. O inspetor Kellogg (Don Terry) resolverá, naturalmente, o caso. Hayworth atua por vinte minutos minuti e é dublada nas canções por Gloria Franklin.

JUVENILE COURT
Dir.: D. Ross Lederman – *Arg. e Rot.*: Michael L. Simmons, Robert E. Kent e Henry Taylor – *Fot.*: Benjamin Kline – *Dir. mus.*: Morris Stoloff – *Mont.*: Byron Robinson – *Superv.* Cenogr.: Stephen Goosson – *Ass. Dir.*: Wilbur McGaugh – *Prod. Exec.*: Irving Briskin – *Prod.*: Ralph Cohn – *Distr.*: Columbia Pictures – *Orig.*: USA – *Dur.*: 60'.
Int.: Paul Kelly (*Gary Franklin*), Rita Hayworth (*Marcia Adams*), Frankie Darro (*Stubby*), Hally Chester (*Lefty*), Don Latorre (*Mickey*), David Gorcey (*Pighead*), Dick Selzer (*Ears*), Allan Ramsay (*Davy*), Charles Hart (*Squarehead*), Howard Hickman (*governador Stanley*), Joseph de Stephani (*juiz*), John Tyrell (*Dutch Adams*).
Filme medíocre sobre a delinqüência juvenil: Gary Franklin (Paul Kelly), para tirar os jovens "difíceis" da rua, promove uma liga esportiva da polícia onde eles participam e competem. Ele é, porém, também muito intransigente, quando, principalmente, deve julgar Duth Adams (John Tyrell), acusado de assassinato. Os irmãos do acusado, Stubby (Frankie Darro) e Marcia (Rita Hayworth) não acreditam na acusação...

THERE'S ALWAYS A WOMAN
Dir.: Alexander Hall – *Arg.*: de um conto breve de William Collison – *Rot.*: Gladys Lehman (Joel Sayre, Philipp Rapp e Morrie Ryskind colaboradores não creditados) – *Fot.*: Henry Freulich – *Dir. mus.*: Morris Stoloff – *Mont.*: Viola Lawrence – *Cenogr.*: Stephen Goosson e Lionel Banks – *Fig.*: Kalloch – *Ass. Dir.*: William Mull – *Prod.*: William Perlberg – *Distr.*: Columbia Pictures – *Orig.*: USA – *Dur.*: 81'.
Int.: Joan Blondell (*Sally Reardon*), Melvyn Douglas (*Bill Reardon*), Mary Astor (*Lola Fraser*), Frances Drake (*Anne Calhoun*), Jerome Cowan (*Nick Shane*), Robert Paige (*Jerry Marlowe*), Thurston Hall (*promotor público*), Pierre Watkin (*sr. Ketterling*), Walter Kingsford (*Grigson*), Lester Matthews (*Walter Fraser*), Rita Hayworth (*Mary*).
Entre um jovem investigador da polícia, Bill Reardon (Melvyn Douglas) e sua mulher Sally (Joan Blondell), que queria ter uma agência investigativa privada, há uma concorrência obstinada: ela insiste em querer convencer o marido a deixar a polícia...
Quando um rico financeiro é assassinado e Bill, nas investigações, anda às cegas, é mesmo Sally quem o ajuda a encontrar a "chave" do mistério. Isso apazigua também as relações familiares. O filme se inspira muito explicitamente na série do "O Homem Sombra".
O papel de Rita Hayworth é reduzido, durante a montagem definitiva, a

uma trintena de segundos.

CONVICTED
Dir.: Leon Barsha – *Arg.*: do conto "Face Work" de Cornell Woolrich – *Rot.*: Edgar Edwards – *Fot.*: George Meehan – *Dir. mus.*: Morris Stoloff – *Mont.*: William Austin – *Ass. Dir.*: George Rhein – *Prod.*: Kenneth J. Bishop-Central Film – *Distr.*: Columbia Pictures – *Orig.*: USA – *Dur.*: 58' *Int.*: Charles Quigley (*Burns*), Rita Hayworth (*Jerry Wheeler*), George MacKay (*Kane*), Marc Lawrence (*Milton Militis*), Doreen McGregor (*Mary Allen*), Bill Irving (*Cobble-Puss Coley*), Eddie Laughton (*Berger*), Edgar Edwards (*Chick Wheeler*).
Mais um policial. Chick Wheeler (Edgar Edwards) é acusado do homicídio da sua noiva. A irmã Jerry (Rita Hayworth), porém, não acredita nisso e investiga por sua conta, mas se complicará se metendo no *night club* "King" e nos assuntos do seu lusco proprietário, Milton Militis (Marc Lawrence). Mas a intervenção do detetive Burn (Charles Quigley) põe de volta as coisas em seu lugar, resolve o caso e salva a moça.

1939

THE RENEGADE RANGER
Dir.: David Howard – *Arg.*: de um conto original de Bennett Cohen – *Rot.*: Oliver Drake – *Fot.*: Harry Wild – *Dir. mus.*: Roy Webb – *Mont.*: Frederic Knudtson – *Cenogr.*: Van Nest Polglese e Lucien Croxton – *Ass. Dir.*: Sam Ruman – *Prod.*: Bert Gilroy – *Distr.*: RKO-Radio Picture – *Orig.*: USA – *Dur.*: 60'.
Int.: George O'Brien (*capitão Jack Steele*), Rita Hayworth (*Judy Alvarez*), Tim Holt (*Larry*), Ray Withley (*Happy*), Lucio Villegas (*Juan*), William Royle (*Sanderson*), Cecilia Callejo (*Tonia*), Neal Hart (*o xerife Rawlings*).
Um capitão dos Rangers do Texas, Jack Steele (George O'Brien) se infiltra em um bando chefiado por um Robin Hood de saia, Judy Alvarez (Rita Hayworth), suspeita de alguns homicídios. Na realidade os responsáveis são uns politiqueiros locais falhos de qualquer escrúpulo. "*Happy end*" segundo praxe.

THE LONE WOLF SPY HUNT
Dir.: Peter Godfrey – *Arg.*: do conto "The Lone Wolf's Daughter" de Louis Joseph Vance – *Rot.*: Jonathan Latimer – *Fot.*: Allen G. Siegler –

Dir. Mus.: Morris Stoloff - *Mont.*: Otto Meyer - *Cenogr.*: Lionel Banks - *Fig.*: Kalloch - *Ass. Dir.*: Cliff Broughton - *Prod. Ass.*: Joseph Sistrom - *Distr.*: Columbia Pictures - *Orig.*: USA - *Dur.*: 67'.
Int.: Warren William (*Michael Lanyard*), Ida Lupino (*Val*), Rita Hayworth (*Karen*), Virginia Weidler (*Patricia*), Ralph Morgan (*Spiro*), Tom Dugan (*sargento Devan*), Don Beddoe (*inspetor Thomas*), Leonard Carey (*Jameson*), Ben Welden (*Jenks*), Brandon Tynan (*o senador Carson*).
"Lobo solitário", o arrombador fidalgo Michael Lanyard (Warren William), decide mudar de vida. Mas é culpado de um roubo que não perpetrou: se salvará e tirará qualquer dúvida sobre suas responsabilidades somente graças à ajuda de Val (Ida Lupino), que está apaixonada por ele. O verdadeiro culpado é Spiro (Ralph Morgan), com a colaboração involuntária da sua assistente Karen (Rita Hayworth). É o primeiro filme em que Hayworth tem um dublê e figurinos desenhados expressamente para ela.

HOMICIDE BUREAU
Dir.: Charles C. Coleman - *Rot.*: Earle Snell - *Fot.*: Benjamin Kline - *Dir. Mus.*: Morris Stoloff - *Mont.*: James Sweeney - *Superv. Cenogr.*: Stephen Goosson - *Ass. Dir.*: Cliff Broughton - *Prod. Exec.*: Irving Briskin - *Prod.*: Jack Frier - *Distr.*: Columbia Pictures - *Orig.*: USA - *Dur.*: 58'.
Int.: Bruce Cabot (*Jim Logan*), Rita Hayworth (*J. G. Bliss*), Robert Paige (*Thurston*), Marc Lawrence (*Chuck Brown*), Richard Fiske (*Hank*), Moroni Olsen (*capitão Haines*), Norman Willis (*Briggs*), Gene Morgan (*Blake*), Lee Prather (*Jamison*), Eddie Fetherston (*Specks*).
Um gângster é preso pelo homicídio de um homem, executado enquanto esse último estava saindo de uma cabine telefônica. O gângster, porém, tem um álibi a prova de bomba e volta em liberdade (também sob pressões externas, dos jornais e da opinião pública). Jim Logan, (Bruce Cabot), todavia, com a ajuda de J. G. Bliss (Rita Hayworth), uma analista da polícia, consegue derrotar o bando de contrabandistas a que pertence também o gângster.

ONLY ANGELS HAVE WINGS
Dir.: Howard Hawks - *Arg.*: de uma idéia original de Howard Hawks - *Rot.*: Jules Furthman (William Rankin ed Eleanore Griffith colaboradores não creditados) - *Fot.*: Joseph Walker - *Seqüências fotográficas aéreas*: Elmer Dryer - *Mús.*: Dimitri Tiomkin - *Dir. Mus.*: Morris Stoloff -

Músicas originais violão solista: compostas, interpretadas e dirigidas por Manuel Maciste – *Mont.*: Viola Lawrence – *Cenogr.*: Lionel Banks – *Fig.*: Kalloch – *Efeitos especiais*: Roy Davidson e Edward C. Hahn – *Consulência técnica e chefe pilotos stuntmen*: Paul Mantz – *Ass. Dir.*: Arthur Black – *Prod.*: Howard Hawks – *Distr.*: Columbia Pictures – *Orig.*: USA – *Dur.*: 121'.

Int.: Cary Grant (*Geoff Carter*), Jean Arthur (*Bonnie Lee*), Richard Barthelmess (*Bat Mac Pherson*), Rita Hayworth (*Judy Mac Pherson*), Thomas Mitchell (*Kid Dabb*), Allyn Joslyn (*Les Peters*), Sig Ruman (*Dutchy*), Victor Kilian (*Sparks*), John Carroll (*Gent Sheldon*).

«Em Barranca, uma vila da América Latina, chega de avião Bonnie Lee (Jean Arthur). Ali encontra Joe Souther (Noah Berry Jr.) e Les Peters (Allyn Joslyn), pilotos de uma companhia aérea particular dirigida por Geoff Carter (Cary Grant) e seu amigo Dutchy (Sig Ruman). Joe, porém, após ter conseguido um encontro com Bonnie, durante um pouso forçado se arrebenta com o avião e morre. Bonnie se sente um pouco culpada, mas aquilo que a perturba mais é a indiferença aparentada pelos amigos de Joe. Decide ficar mesmo Geoff tratando-a duramente e sem muita simpatia.

No entanto, chegam à base Mac Pherson (Richard Barthelmess) e a sua mulher, Judy (Rita Hayworth), que já foi noiva de Geoff. Mac Pherson antigamente era um bom piloto, mas em um acidente aéreo abandonou, por medo, o outro componente da tripulação, Kid (Thomas Mitchell), agora amigo de Geoff e ele também presente em Barranca. Geoff decide contratá-lo e lhe confia um vôo muito difícil. Também Kid está no mesmo avião, ao lado de Mac Pherson, mas um acidente impede o avião de continuar. Mac Pherson consegue, porém, voltar à base, com Kid mortalmente ferido. Geoff chora pela morte do seu amigo mais querido e Bonnie, que está indo embora de Barranca, hesita e não quer abandoná-lo. Geoff tira do bolso uma moeda e tira a sorte do futuro deles e convence assim a moça a ir embora.

Mas antes de subir no avião, Bonnie se dá conta que a moeda estava trucada e fica em terra ao lado de Geoff» (de Gene Ringgold, *Rita Hayworth*, Gremese, Roma 1982).

SPECIAL INSPECTOR

Dir.: Leon Barsha – *Rot.*: Edgar Edwards – *Fot.*: George Meehan – *Dir. Mus.*: Morris Stoloff – *Mont.*: William Austin – *Cenogr.*: Lionel Banks – *Ass. Dir.*: George Rhein – *Prod.* : Kenneth J. Bishop-Central Film –

Distr.: Columbia Pictures - *Orig.*: USA - *Dur.*: 65'.
Int.: Charles Quigley (*Tom Evans*), Rita Hayworth (*Patricia Lane*), George MacKay (*Silver*), Edgar Edwards (*Bill*), Eddie Laughton (*David Foster*), Bob Rideout (*Dapper*), Grant McDonald (*Skib*), Bill Irving (*Pete*), Virginia Coomb (*Mother Jones*).
Um homem envolvido com o tráfico de peles com o Canadá é morto. Patricia Lane (Rita Hayworth) tenta se infiltrar no bando, mas, para derrotá-lo, precisa da ajuda de Tom Evans (Charles Quigley), um funcionário da alfândega americana: os dois, entre uma peripécia e um imprevisto, se apaixonam...

1940

MUSIC IN MY HEART

Dir.: Joseph Santley - *Arg.* e *Rot.*: James Edward Grant, do seu conto "Passport to Happiness" - *Fot.*: John Stumar - *Direção e arranjos mus.*: Morris Stoloff - *Arranjos vocais*: Charles Henderson - *Canções*: "I've Got Music in My Heart", "Punchinello", "Oh, What a Lovely Dream", "No Other Love", "Hearts in the Sky", "Prelude to Love" e "It's a Blue World", de Chet Forrest e Bob Wright - *Mont.*: Otto Mayer - *Cenogr.*: Lionel Banks - *Fig.*: Kalloch - *Direção Diálogos*: William Castle - *Ass. Dir.*: Gene Anderson - *Prod.* : Irving Star - *Distr.*: Columbia Pictures - *Orig.*: USA - *Dur.*: 70'.
Int.: Tony Martin (*Robert Gregory*), Rita Hayworth (*Patricia O'Malley*), Edith Fellows (*Mary O'Malley*), Alan Mowbray (*Charles Gardner*), Eric Blore (*Griggs*), George Tobias (*Sacha*), Joseph Crehan (*Mark G. Gilman*), André Kostelanetz e sua orquestra.
Robert (Tony Martin), sem cidadania, deve abandonar apressadamente o show com que está estreiando na Broadway: enquanto vai, em um táxi, ao porto para partir para a Europa, se choca com outro táxi, em que viaja uma bela dançarina, Patricia O'Malley (Rita Hayworth). Entre os dois nasce o amor. Final feliz, depois de alternadas vicissitudes.

BLONDIE ON A BUDGET

Dir.: Frank R. Strayer - *Arg.*: de um conto de Charles Molyneaux Brown e dos personagens das histórias em quadrinhos de Chic Young sob os direitos da King Features - *Rot.*: Richard Flournoy - *Fot.*: Henry Freulich - *Dir. Mus.*: Morris Stoloff - *Cenogr.*: Lionel Banks - *Mont.*: Gene Havlik

– *Supervis. Fig.*: Ray Howell - *Prod.*: Robert Sparks - *Distr.*: Columbia Pictures - *Orig.*: USA - *Dur.*: 73'.
Int.: Penny Singleton (*Blondie Blumstead*), Arthur Lake (*Dagwood*), Rita Hayworth (*Joan Forrester*), Larry Simms (*Baby Dumpling*), Danny Mummert (*Alvin Fuddle*), Don Beddoe (*Marvin Williams*), John Qualen (*Fuddle*), Fay Helm (*sua mulher*), Irving Bacon (*carteiro*), Thurston Hall (*Brice*), William Brisbane (*diretor do teatro*).
Um episódio da série "Blondie e Dagwood" (no total são uma trintena), interpretados por Penny Singleton e Arthur Lake. Aqui, chega Joan Forrester (Rita Hayworth), uma velha amiga de Dagwood, e desencadeia o furibundo ciúme de Blondie..

SUSAN AND GOD
Dir.: George Cukor - *Arg.*: da peça de Rachel Crothers, encenada por John Golden - *Rot.*: Anita Loos - *Fot.*: Robert Planck - *Mús.*: Herbert Stothart - *Mont.*: William H. Terhune - *Cenogr.*: Cedric Gibbons - *Mobília*: Edwin B. Willis - *Figurinos*: Adrian - *Pent.*: Sidney Guilaroff, Douglas Shearer - *Ass. Dir.*: Edward Woelher - *Prod.*: Hunt Stromberg - *Distr.*: Metro Goldwyn Mayer Pictures - *Orig.*: USA - *Dur.*: 117'.
Int.: Joan Crawford (*Susan Trexel*), Fredric March (*Barrie Trexel*), Ruth Hussey (*Charlotte Marley*), John Carroll (*Clyde Rochester*), Rita Hayworth (*Leonora Stubbs*), Nigel Bruce (*Hutchins Stubbs*), Bruce Cabot (*Michael O'Hara*), Rita Quigley (*Blossom Trexel*).
Susan Trexel (Joan Crawford), uma dama da alta sociedade, volta de uma viagem à Europa completamente entusiasmada com uma nova religião, que ela quer divulgar (e impôr para todo mundo) a qualquer custo: mas tem pouco sucesso, porque é totalmente desligada da realidade dos outros. Barrie, seu marido (Fredric March), se refugia no álcool, e entre os dois tudo parece desmoronar. Mas o final será de apaziguamento geral. Rita Hayworth atua no pequeno papel de Leonora Stubbs.

THE LADY IN QUESTION
Dir.: Charles Vidor - *Arg.*: do roteiro do filme *Gribouille*, de H. G. Lustig e Marcel Achard, produzido por André Daven pela Tri-National Film (Francia) - *Rot.*: Lewis Meltzer - *Fot.*: Lucien Androit - *Mús.*: Lucien Moraweek – *Dir. Mus.*: Morris Stoloff - *Mont.*: Al Clark - *Cenogr.*: Lionel Banks – *Superv. Figurinos*: Ray Howell - *Figurinos*: Kalloch – *Superv.* Maq.: William Knight - *Ass. Dir.*: Charles C. Coleman Jr. - *Prod.*: B.B.Kahane - *Distr.*: Columbia Pictures - *Orig.*: USA - *Dur.*: 77'.

193

Int.: Brian Aherne (*André Morestan*), Rita Hayworth (*Natalie Rouguin*), Glenn Ford (*Pierre*), Irene Rich (*Michèle Morestan*), George Coulouris (*o defensor*), Lloyd Corrigan (*o promotor público*), Evelyn Keyes (*Françoise Morestan*), Edward Norris (*Robert La Coste*).

Um comerciante, André Morestan (Brian Aherne), juiz popular em um processo, é atingido pelo fascínio da acusada, Natalie Rouguin (Rita Hayworth), e, após a absolvição dela, a contrata em sua loja. Após uma série de vicissitudes, a família corre risco de desmoronar. Mas afinal tudo se resolve, e Natalie casa com Pierre (Glenn Ford), filho de Morestan.

ANGELS OVER BROADWAY

Dir.: Ben Hecht e Lee Garmes - *Arg.* e *Rot.*: Ben Hecht - *Fot.*: Lee Garmes - *Mús.* e *Arranj.*: George Antheil – *Dir. Mus.*: Morris Stoloff - *Mont.*: Gene Havlick - *Cenogr.*: Lionel Banks – *Superv. Figurinos*: Ray Howell - *Figurinos*: Kalloch – *Superv. Maq.*: William Knight - *Ass. Dir.*: Cliff Broughton – *Produt.*: Douglas Fairbanks Jr. - *Prod.*: Ben Hecht - *Distr.*: Columbia Pictures - *Orig.*: USA - *Dur.*: 78'.

Int.: Douglas Fairbanks Jr. (*Bill O'Brien*), Rita Hayworth (*Nina Barone*), Thomas Mitchell (*Gene Gibbons*), John Qualen (*Charles Engle*), George Watts (*Hopper*), Ralph Theodore (*Dutch Enright*), Jack Roper (*Eddie Burns*), Constance Worth (*Sylvia Marbe*), Richard Bond (*acompanhante de Sylvia*), Frank Conlan (*Joe*).

Em um *night* de Nova Iorque, um homem gasta muito dinheiro: é Bill O'Brien (Douglas Fairbanks Jr.), que vai ser denunciado por trapaça: ele decidiu se matar. O aproxima Gene Gibbons (Thomas Mitchell), um escritor ambíguo e com pouco trabalho, que o leva a uma casa de jogo, onde eles se encontram com Nina Barone (Rita Hayworth).

Bill confessa aos dois sua verdadeira situação, e Gene o ajuda a ganhar, trucando o jogo. Bill, após ganhar, cai fora. No dia seguinte (até porque se apaixonou por Nina), decide devolver o dinheiro da trapaça e continuar vivendo.

1941

THE STRAWBERRY BLONDE

Dir.: Raoul Walsh - *Arg.*: da peça *One Sunday Afternoon* de James Hagan - *Rot.*: Julius J. e Philip G. Epstein - *Fot.*: James Wong Howe

- *Mús.*: Heinz Rombeld – *Arranj. e Dir. Mus.*: Leo F. Forbstein – *Orq.*
Canções: Ray Hendorf – *Mont.*: William Holmes – *Cenogr.*: Robert Haas
– *Figurinos*: Orry-Kelly – *Efeitos especiais*: Willard Van Enger – *Superv.*
Maq.: Perc Westmore – *Dir. Diálogos*: Hugh Cummings – *Ass. Dir.*: Russ
Sanders – *Produt. Exec.*: Jack L. Warner – *Produt. Ass.*: William Cagney
– *Prod.*: Hal B. Wallis – *Distr.*: Warner Bros-First National Pictures –
Orig.: USA – *Dur.*: 98'.
Int.: James Cagney (*Biff Grimes*), Olivia De Havilland (*Amy Lind*), Rita
Hayworth (*Virginia Brush*), Alan Hals (*o velho Grimes*), George Tobias
(*Nick Pappalas*), Jack Carson (*Hugo Barnstead*), Una O'Connor (*senhora
Mulcahey*), George Reeves (*Harold*), Lucille Fairbanks (*namorada de
Harold*), Edward McNamara (*o grande Joe*).
Biff (Cagney) e Hugo (Carson) amam, ambos, Virginia Brush (Rita), uma
esplêndida ruiva. Mas Hugo é mais sortudo que o amigo e consegue se
casar com ela. Biff casará, do seu lado, com Amy (Olivia De Havilland),
uma amiga de Virginia, e depois abrirá um consultório de dentista.
Um dia o chamam para uma intervenção urgente: ele descobre que
o cliente é mesmo Hugo e se "vinga" fazendo-o sofrer mais do que
devido. Hugo, entretanto, lhe oferece trabalhar na sua fábrica: quando
aparecerá uma trapaça, será Biff que irá para cadeia e pagará também
por Hugo.
A moral é que é melhor ter uma mulher doce e compreensiva do que um
impiedoso "Morango Louro"...

SANGUE E AREIA (*Blood and Sand*)
Dir.: Rouben Mamoulian – *Arg.*: do romance homônimo de Vicente
Blasco Ibañez – *Rot.*: Jo Swerling – *Fot.* (technicolor): Ernest Palmer e
Ray Rennahan – *Diretor para o technicolor*: Natalie Kalmus – *Diretor
Ass.*: Morgan Padelford – *Cons. Technicolor*: Budd Boetticher – *Mús.*:
Alfred Newman – *Violão solista*: Vicente Gomez – *Mont.*: Robert Bischoff
– *Cenogr.*: Richard Day e Joseph C. Wright – *Mobília*: Thomas Little
– *Figurinos*: Travis Benton – *Jóias*: Flato – *Dublagem Rita Hayworth*:
Graciela Parranga – *Ass. Dir.*: Sidney Bowen – *Produt. Ass.*: Robert T.
Kane – *Prod.*: Darryl F. Zanuck – *Distr.*: 20th Century Fox – *Orig.*: USA
– *Dur.*: 123'.
Int.: Tyrone Power (*Juan Gallardo*), Linda Darnell (*Carmen Espinosa*),
Rita Hayworth (*Doña Sol*), Nazimova (*Señora Angustias*), Anthony
Quinn (*Manolo de Palma*), J. Carrol Naish (*Garabato*), John Carradine
(*Nacional*), Lynn Barri (*Encarnación*), Laird Cregar (*Natalio Curro*),

Vicente Gomez (*violonista*), William Montague (*Antonio*).
Juan Gallardo (Tyrone Power) se casa com Carmen Espinosa (Linda Darnell), quando ainda não é um toureiro famoso. Mas será o melhor de todos. Um dia, na "plaza de toros", é atingido, em público, pela perturbadora beleza de Doña Sol (Rita Hayworth). Fica amante dela, sucumbe até se arruinar. Doña Sol o abandona por Manolo de Palma (Anthony Quinn): Juan luta pela última vez na areia e morre entre os braços da mulher.

AFFECTIONATELY YOURS
Dir.: Lloyd Bacon - *Arg.*: de um conto de Fanya Foss e Aleen Leslie - *Rot.*: Edward Kaufman - *Fot.*: Tony Gaudio - *Mús.*: Heinz Roemheld – *Dir. Mus.*: Leo F. Forbstein – *Arranj. Mus.*: Ray Heindorf - *Mont.*: Owen Marks - *Cenogr.*: Anton Grot - *Figurinos*: Orry-Kelly – *Superv. Maq.*: Perc Westmore - *Ass. Dir.*: Dick Maybery – *Produt. Exec.*: Jack L.Warner – *Produt. Ass.*: Mark Hellinger - *Distr.*: Columbia Pictures - *Orig.*: USA - *Dur.*: 90'.
Int.: Merle Oberon (*Sue Mayberry*), Dennis Morgan (*Richard Mayberry*), Rita Hayworth (*Irene Malcom*), Ralph Bellamy (*Owen Wright*), George Tobias (*Pasha*), James Gleason (*Chester Philips*), Jerome Cowan (*Cullen*), Renie Riano (*senhora Snell*), Frank Wilcox (*Tom*), Grace Stafford (*senhorita Anderson*).
Uma história matrimonial que acaba bem. Richard (Dennis Morgan) é correspondente exterior de um jornal, e passa de um caso a outro, mesmo amando a mulher Sue (Merle Oberon). Quando ela pede o divórcio, ele corta a relação que tinha com Irene Malcom (Rita Hayworth), uma colega, e volta para a América.
Aí, porém, descobre que a mulher ficou "noiva" de Owen (Ralph Bellamy), com quem intende se casar. Richard queria parar de ser correspondente, para salvar seu casamento, mas o diretor do jornal não concorda e finge fazê-lo seqüestrar por um bando de *gângster*. Entre uma surpresa e outra, o final do filme vê o casamento salvo...

YOU'LL NEVER GET RICH
Dir.: Sidney Lanfield - *Arg.* e *Rot.*: Michael Fessier e Ernest Pagano - *Fot.*: Phil Tannura – *Dir.Mus.*: Morris Stoloff - *Canções*: "Since I Kissed My Baby Goodbye", "Dream Dancing", "The Boogie Barcarolle", "The Wedding Cakewalk", "So Near and Yet So Far", "Shooting the Works for Uncle Sam", de Cole Porter - *Gravação Mus.*: P. J. Faulkner

– *Coreogr.*: Robert Alton - *Mont.*: Otto Meyer - *Cenogr.*: Lionel Banks e Rudolph Sternad – *Superv. Figurinos*: Ray Howell - *Figurinos*: Kalloch – *Pent.*: Helen Hunt – *Superv. Maq.*: Clay Campbell - *Ass. Dir.*: Gene Anderson - *Prod.*: Samuel Bischoff - *Distr.*: Columbia Pictures - *Orig.*: USA - *Dur.*: 88'.

Int.: Fred Astaire (*Bob Curtis*), Rita Hayworth (*Sheila Winthrop*), John Hubbard (*Tom Barton*), Robert Benchley (*Martin Courtland*), Osa Massen (*Sonya*), Frieda Inescort (*senhora Cortland*), Guinn "Big Boy" Williams (*Kewpie Blain*), Donald McBride (*sargento major*), Cliff Nazarro (*Swivel Tongue*), Marjorie Gateson (*tia Louise*).

Peripécias de Bob Curtis (Astaire) no exército. Entre um balé e outro, que interrompem sua contínua morada nas pátrias cadeias, ele consegue até resolver a seu favor o galanteio para Sheila (Rita Hayworth), que quebra seu noivado com Tom (John Hubbard): Bob e Sheila se casam no palco, durante o espetáculo.

1942

MY GAL SAL

Dir.: Irving Cummings - *Arg.*: do conto "Meu irmão Paul", de Theodore Dreiser - *Rot.*: Seton I. Miller Weinberger e, não creditada, Helen Richardson - *Fot.* (technicolor): Ernest Palmer – *Dir. technicolor*: Natalie Kalmus – *Ass.*: Henry Jaffa - *Mús.*: Alfred Newman - *Canções*: "Me and My Fella", "One the Gay White Way", "Oh, the Pity of It All", "Here You Are" e "Midnight at the Masquerade", de Leon Robin e Ralph Rainger; "Come Tell Me What's Your Answer (Yes or No)", "I'se Your Honey if You Wants Me, Liza Jane", "The Convict and the Bird", "Mr. Volunteer (You Don't Belong to the Regulars, You're Just a Volunteer)", "My Gal Sal" e "The Banks of the Wabash", de Paul Dresser - *Coreogr.*: Hermes Pan e Val Rasset - *Mont.*: Robert Simpon - *Cenogr.*: Richard Day e Joseph C. Wright - *Mobília*: Thomas Little - *Figurinos*: Gwen Wakeling - *Maquiagem*: Guy Pearce - *Ass. Dir.*: Henry Weinberger – *Produt. Exec.*: Darryl F. Zanuck - *Prod.*: Robert Bassler - *Distr.*: 20th Century Fox - *Orig.*: USA - *Dur.*: 103'.

Int.: Rita Hayworth (*Sally Elliott*), Victor Mature (*Paul Dresser*), John Sutton (*Fred Haviland*), Carole Landis (*Mae Collins*), James Gleason (*Pat Hawley*), Phil Silvers (*Wiley*), Walter Catlett (*coronel Truckee*), Mona Maris (*a condessa Rossini*), Frank Orth (*McGuinness*), Stanley Andrews

claudio m. valentinetti

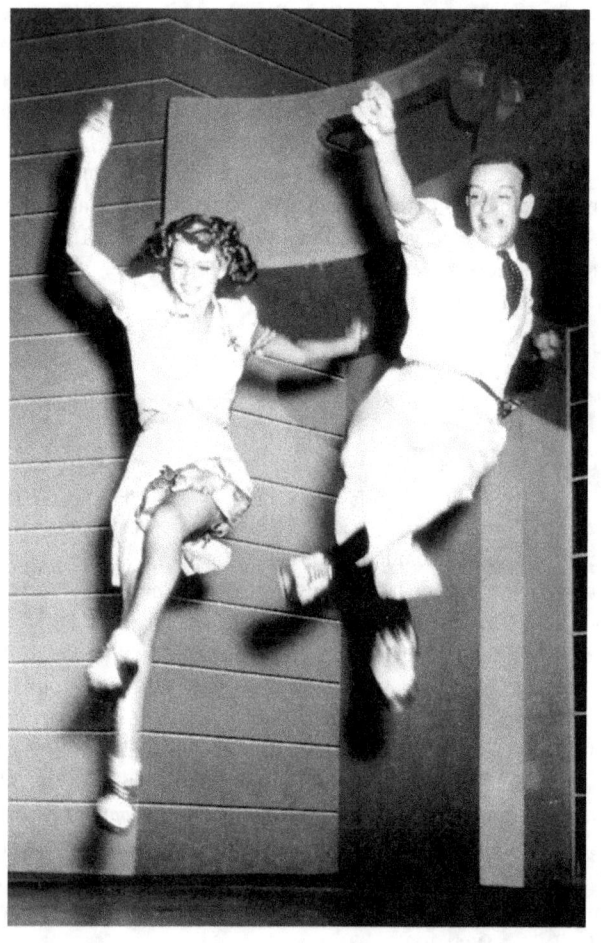

(*Dreiser*), Margaret Moffat (*a mulher dele*), Hermes Pan (*bailarino solista*).
Um jovem músico, Paul Dresser (Victor Mature), foge de casa e vai para Nova Iorque, onde consegue fama como compositor. Sally Elliott (Rita Hayworth) é sua melhor intérprete e, após um tempo, entre os dois nasce o amor. Mas logo Paul a deixa, e a sua sorte acaba declinando vertiginosamente. Um dia, porém, oferecem para Sally cantar uma canção de um autor que não conhece: ela o faz, e obtém enorme successo. No camarim descobrirá que o autor é Paul. *Happy end.*

TALES OF MANHATTAN
Dir.: Julien Duvivier - *Arg. e rot.*: Ben Hecht, Ferenc Molnár (primeiro episódio), Donald Ogden Stewart, Samuel Hoffenstein, Alan Campbell (segundo episódio), Ladislas Fedor, L. Vadnai, L. Gorog (terceiro episódio), Lamar Trotti (quarto episódio), Henry Blankford (quinto episódio) - *Fot.*: Joseph Walker - *Mús.*: Sol Kaplan – *Direção Mus.*: Edward Paul – *Orq.*: Clarence Wheeler, Charles Bradshaw e Hugo Friedhofer – *Arranj. vocais*: Hall Johnson - *Canções*: "Glory Day", de Leo Robin e Ralph Rainger, "Fare Thee Well to El Dorado", "A Journey to Your Lips" e "A Tale of Manhattan", de Paul Francis Webster e Saul Chaplin - *Mont.*: Robert Bischoff – *Cenogr.*: Richard Day e Boris Leven - *Mobília*: Thomas Little - *Figurinos*: Irene Dolly Tree, Bernard Newman, Gwen Wakeling, Oleg Cassini – *Maquiagem*: Guy Pearce - *Manager unidade prod.*: J. H. Nadel - *Ass. Dir.*: Robert Stillman e Charles Hall - *Prod.*: Borris Morros e S. P. Eagle - *Distr.*: 20th Century Fox Pictures - *Orig.*: USA - *Dur.*: 119'.
Int.: *Primeiro episódio*: Charles Boyer (*Paul Orman*), Rita Hayworth (*Ethel Halloway*), Thomas Mitchell (*John Halloway*).
Segundo episódio: Ginger Rogers (*Diane*), Henry Fonda (*George*), Cesar Romero (*Harry Wilson*), Gail Patrick (*Ellen*).
Terceiro episódio: Charles Laughton (*Charles Smith*), Elsa Lanchester (*Elsa Smith*), Victor Francen (Arthuro Bandini), Christian Rub (*Wilson*).
Quarto episódio: Edward G. Robinson (*Browne*), George Sanders (*William*), James Gleason (*Padre Joe*), Harry Davenport (*professor*), James Rennie (*Hank Bronson*).
Quinto episódio: Paul Robeson (*Luke*), Ethel Waters (*Esther*), Eddie "Rochester" Anderson (*Lazarus*), J. Carrol Nash (*Costello*), Clarence Muse (*avó*).
«Um conhecido ator teatral, Paul Orman (Charles Boyer), ama Ethel Halloway (Rita Hayworth). John Halloway (Thomas Mitchell), o marido

da mulher, descobre o relacionamento. Paul, convidado em casa, veste pela primeira vez um novo fraque, mas não o usa muito porque John, em um surto de ciúme, o mata. O fraque passa por vários donos, até quando um diretor de orquestra o compra em um regateiro.

O músico, até aquele momento desconhecido do grande público, tem sua grande ocasião quando é convidado para dirigir uma sinfonia no mais importante teatro da cidade. Durante a exibição, o fraque, que é estreito para ele, se rasga, provocando as gargalhadas do público. Na saída do teatro, o diretor desventurado presenteia o traje a uma velhinha, que o vende para um advogado beberrão já reduzido a pedir esmola, mas que deve ser apresentável para uma festa de velhos amigos da escola.

A roupa acabará nas mãos de um negro que o leva consigo na plantação em que trabalha, onde o utilizará como roupa para o espantalho» (de G. Ringgold, *Rita Hayworth,* cit.).

YOU WERE NEVER LOVELIER

Dir.: William Seiter – *Arg.*: de *The Gay Señorita* di Carlos Olivari e Sixto Pondal Rios - *Rot.*: Michael Fessier, Ernest Pagano e Delmer Daves - *Fot.*: Ted Tetzlaff - *Mús.*: Jerome Kern – *Direzione Mus.*: Leigh Harline – *Ass. Dir. Mus.*: Paul Mertz – *Arranj. Mus.*: Conrad Salinger – *Arranj. Mus.* para "The Shorty George": Lyle Murphy – *Número especial de Xavier Cugat*: "Chiu Chiu", de Nicanor Molinare – *Outras canções*: "Dearly Beloved", "The Shorty George", "I'm Old Fashioned", "Wedding in the Spring", "You Were Never Lovelier" e "On the Beam", de Jerome Kern e Johnny Mercer - *Gravação Mus.*: P. J. Faulkner – *Coreogr.*: Val Rasset – *Mont.*: William Lyon – *Cenogr.*: Lionel Banks e Rudolph Sternad - *Mobília*: Frank Tuttle – *Figurinos*: Irene – *Superv. Figurinos*: Ray Howell - *Ass. Dir.*: Norman Deming - *Prod.*: Louis F. Edelman - *Distr.*: Columbia Pictures - *Orig.*: USA - *Dur.*: 97'.

Int.: Fred Astaire (*Robert Davis*), Rita Hayworth (*Maria Acuña*), Adolphe Menjou (*Eduardo Acuña*), Leslie Brooks (*Cecy Acuña*), Adele Mara (*Lita Acuña*), Isobel Elsom (*Maria Castro*), Gus Shilling (*Fernando*), Xavier Cugat e sua orquestra (ele mesmo).

História do amor "musical" entre Robert Davis (Astaire) e Maria Acuña (Rita Hayworth), filha de um proprietário de teatros e salas de baile na Argentina. Comicidades, lindos balés, boa música (Xavier Cugat). Com Rita dublada, no canto, por Nan Wynn.

1943

SHOW BUSINESS AT WAR
Número 10 dos cinejornais da série "The March of Time" - *Compilação, Mont. e Dir.*: Louis de Rochemont e sua equipe - *Prod.*: os editores de "Time" - *Distr.*: 20th Century Fox - *Orig.*: USA - *Dur.*: 17'.
Int. (aparecem em ordem alfabética e no papel de si mesmos): Eddia "Rochester" Anderson, Louis Armstrong e sua orquestra, Ballet Russe de Montecarlo, Ethel Barrymore, Robert Benchley, Jack Benny, Edgar Bergen, Irving Berlin, Joe E. Brown, James Cagney, Ten. Cel. Emanuel Cohen, Bing Crosby, Michael Curtiz, Linda Darnell, Bette Davis, Olivia De Havilland, Marlene Dietrich, Walt Disney, Irene Dunne, Deanna Durbin, W. C. Fields, Errol Flynn, Com. John Ford, Kay Francis, Clark Gable, John Garfield, Bert Glennon, Rita Hayworth, Alfred Hitchcock, Lou Holtz, Bob Hope, Al Jolson, Brenda Joyce, Kay Kyser e sua *band*, Hedy Lamarr, Dorothy Lamour, Carole Landis, Gertrude Lawrence, Ten. Cel. Anatole Litvak, Mary Livingston, Carole Lombard, Myrna Loy, Alfred Lunt, Fred McMurray, Victor Mature, Mitzi Mayfair, The Mills Brothers, George Murphy, Eugene Ormandy e a orquestra sinfônica da Filadélfia, Lily Pons, Tyrone Power, Ten. Cel. Robert Presnell, The Ritz Brothers, Ginger Rogers, Mickey Rooney, Ann Rutherford, Anne Shirley, Ginny Simms, Frank Sinatra, Ten. Gregg Toland, Lana Turner, Maior Anthony Veiler, Hal B. Wallis, Jack L. Warner, Orson Welles, Don Wilson, Loretta Young, Col. Darryl F. Zanuck.

1944

MODELOS (Cover Girl)
Dir.: Charles Vidor - *Arg.*: de um roteiro original de Erwin Gelsey - *Rot.*: Virginia Van Upp, Marion Parsonnet e Paul Gangelin - *Fot.* (technicolor): Rudolph Maté e Allen M. Davey – *Dir. Technicolor*: Natalie Kalmus – *Dir. Ass.*: Morgan Padelford - *Mús.*: Jerome Kern – *Dir. Mus.*: Morris Stoloff – *Orq.*: Carmen Drago - *Canções*: "Long Ago and Far Away", "Cover Girl", "Sure Thing", "The Show Must Go On", "Who's Complaining?", "Put Me to the Test" e "Make Way for Tomorrow", de Jerome Kern e Ira Gershwin; "Poor John", de Fred Leigh e Henry E. Pether - *Danças coreogr. e dir. por*: Val Rasset e Seymour Felix – *Coreogr. para o número "Cover Girl"*: John Hoffman e Robert Coburn - *Mont.*: Viola Lawrence -

Cenogr. e *Mobília*: Lionel Banks, Cary Odell e Fay Babcock - *Figurinos*: Travis Banton, Gwen Wakeling e Muriel King - *Chapéus femininos*: Kenneth Hopkins - *Ass. Dir.*: Budd (Oscar) Boetticher – *Ass. Prod.*: Norman Deming - *Prod.*: Arthur Schwartz - *Distr.*: Columbia Pictures - *Orig.*: USA - *Dur.*: 107'.
Int.: Rita Hayworth (*Rusty Parker-Maribelle Hicks*), Gene Kelly (*Danny McGuire*), Lee Bowman (*Noel Wheaton*), Phil Silvers (*o gênio*), Jinx Falkenburg (*Jinx*), Leslie Brooks (*Maurine Martin*), Eve Arden (*Cornelia [Stonewall] Jackson*), Otto Kruger (*John Coudair*), Shelley Winters (*uma moça*).
Rusty (Rita Hayworth), uma bailarina, e Danny (Gene Kelly), proprietário de uma pequena boate, se amam. No limiar do casamento, porém, ela decide participar de um concurso de beleza para fotomodelos: ganha e a sua vida se transforma. Vai trabalhar em outra boate, maior, não ama mais Danny e vai casar com o novo proprietário. Mas, em cima da hora...

1945

O CORAÇÃO DE UMA CIDADE (Tonight and Every Night)*Dir.*: Victor Saville - *Arg.*: da peça "Heart of a City" de Lesley Storm, produzida pelo palco por Gilbert Miller - *Rot.*: Lesser Samuels e Abe Finkel - *Fot.* (technicolor): Rudolph Maté – *Consul. Technicolor*: Natalie Kalmus - *Operador*: Fayte M. Brown - *Efeitos especiais*: Lawrence W. Butler - *Mús.*: Jules Styne – *Dir. Mus.*: Morris Stoloff - *Arranj. Orq.*: Marlin Skiles – *Arranj. vocais*: Saul Chaplin - *Canções*: "What Does An English Girl Think of a Yank?", "You Excite Me", "The Boy I Left Behind", "Tonight and Every Night", "Cry and You Cry Alone", "Anywhere", de Jules Styne e Sammy Cahn – *Coreogr.*: Jack Cole e Val Rasset - *Mont.*: Viola Lawrence - *Cenogr.*: Stephen Goosson, Rudolph Sternad, Lionel Banks - *Mobília*: Frank Tuttle - *Figurinos e vestidos*: Jean Louis e Marcel Vertes - *Ass. Dir.*: Rex Baily e Louis Germonprez – *Ass. Prod.*: Norman Deming - *Prod.*: Victor Saville - *Distr.*: Columbia Pictures - *Orig.*: USA - *Dur.*: 92'.
Int.: Rita Hayworth (*Rosalind "Roz" Bruce*), Lee Bowman (*Paul Lundy*), Janet Blair (*Judy Kane*), Marc Platt (*Tommy Lawson*), Leslie Brooks (*Angela*), Florence Bates (*May Tolliver*), Professor Lamberti (*o grande Waldo*), Ernest Cossart (*Sam Royce*), Dusty Anderson (*Toni*), Stephen

Crane (*Leslie Wiggins*), Jim Bannon (*o fotógrafo de "Life"*).
O amor entre Rosalind (Rita Hayworth) e Paul Lundy (Lee Bowman), um oficial inglês filho de um pastor protestante, na Londres da Segunda Guerra Mundial. Rosalind é uma bailarina, que obtém com seu espetáculo – junto com Judy e Angela – muito sucesso, principalmente entre os militares. O futuro sogro não vê favoravelmente a relação do filho, mas quando conhece Rosalind, muda de opinião e dá seu consentimento.

1946

GILDA
Dir.: Charles Vidor - *Arg.*: de um conto de E. A. Ellington adaptado por Jo Eisinger - *Rot.*: Marion Parsonnet - *Fot.*: Rudolph Maté – *Dir. Mus.*: Morris Stoloff – *Arranj. e orq.*: Marlin Skiles - *Canções*: "Put the Blame on Mame" e "Amado mio" de Doris Fisher e Allan Roberts - *Mont.*: Charles Nelson - *Cenogr.*: Stephen Goosson e Van Nest Polglase - *Mobília*: Robert Priestley - *Figurinos*: Jean Louis - *Maquiagem*: Clay Campbell – *Pent.*: Helen Hunt - *Ass. Dir.*: Art Black – *Ass. Prod.*: Norman Deming - *Prod.*: Virginia Van Upp - *Distr.*: Columbia Pictures - *Orig.*: USA - *Dur.*: 110'.
Int.: Rita Hayworth (*Gilda*), Glenn Ford (*Johnny Farrell*), George Macready (*Ballin Mundson*), Joseph Calleia (*Obregon*), Steven Geray (*o tio Pio*), Joseph Sawyer (*Casey*), Gerald Mohr (*capitão Delgado*), Robert Scott (*Gabe Evans*), Ludwig Donath (*o alemão*), Don Douglas (*Thomas Langford*), Lionel Royce (*segundo alemão*), S. Z. Martel (*o homem baixinho*).
Ballin Mundson (Macready), dono de uma boate com jogo, salva – uma noite em Buenos Aires – Johnny Farrell (Ford), assaltado por alguns bandidos e lhe oferece trabalhar para ele. Depois sai em viagem de núpcias: na volta, a surpresa. A mulher de Mundson é Gilda (Rita Hayworth), um antigo e disputado amor de Farrell: os dois, porém, fingem não se conhecer. Confiada aos cuidados de Farrell, Gilda, com sua impressionante sensualidade, continua provocando-o. Mundson, entretanto, enviscado com os nazistas na tentativa de controlar o monopólio do tungstênio, é obrigado a fugir. Seu avião cai no mar: mas é uma simulação. Mundson voltará, quando Farrell e Gilda terão voltado juntos. Porém...

1947

DOWN TO EARTH

Dir.: Alexander Hall - *Arg.*: dos personagens de "Heaven Can Wait", de Harry Segall - *Rot.*: Edward Blum e Don Hartman - *Fot.* (technicolor): Rudolph Maté - *Consul. Technicolor*: Natalie Kalmus - *Ass.*: Francis Cugat - *Mús.*: George Duning e Heinz Roemheld - *Dir. Mus.*: Morris Stoloff - *Arranj. Mus.*: Earl Hagen - *Canções*: "This Can't Be Legal", "Let's Stay Young Forever", "People Have More Fun Than Anyone" e "They Can't Convince Me", de Doris Fisher e Allan Roberts - *Arranj. vocais*: Saul Chaplin - *Gravação Mus.*: P. J. Faulkner - *Coreogr.*: Jack Cole - *Mont.*: Viola Lawrence - *Cenogr.*: Stephen Goosson e Rudolph Sternad - *Mobília*: William Kiernan - *Maquiagem*: Clay Campbell - *Pent.*: Helen Hunt - *Vestidos e Figurinos*: Jean Louis - *Ass. Dir.*: Wilbur McGaugh - *Ass. Produt.*: Norman Deming - *Prod.*: Don Hartman - *Distr.*: Columbia Pictures - *Orig.*: USA - *Dur.*: 101'.

Int.: Rita Hayworth (*Tersicore-Kitty Pendleton*), Larry Parks (*Danny Miller*), Marc Platt (*Eddie Marin*), Roland Culver (*o sr. Jordan*), James Gleason (*Max Corkle*), Edward Everett Horton (*o mensageiro 7013*), Adele Jergens (*Georgia Evans*), George Mcready (*Joe Mannion*), William Frawley (*tenente da polícia*), Jean Donahue (*Betty*), Kathleen O'Malley (*Dolly*), William Haade (*Spike*), James Burke (*Kelly*), Fred Sears (*diretor de orquestra*).

«Tersicore (Rita Hayworth) está na Broadway porque um autor de musical deu seu nome à protagonista de um seu espetáculo um pouco grosseiro. Obtém do senhor Jordan (Roland Culver), que superintende o mundo dos mortos, a autorização para ir à Broadway para fazer justiça por si mesma. Sob o nome de Kitty Pendleton, ela se apresenta a Danny Miller (Larry Parks), o jovem autor do show incriminado, e é logo contratada como bailarina. Sua beleza tem uma benéfica influência sobre Miller, que está disponível a aceitar as sugestões dela. A estréia acaba, porém, em um fiasco, e Kitty queria voltar para o céu, mas quando aprende que Miller será condenado pela vida toda ao insucesso, decide levar no palco a comédia assim como era na versão original. O espetáculo dessa vez obtém enorme sucesso e Danny pede Kitty em casamento. Kitty, que se apaixonou por Danny, concordaria, mas o senhor Jordan aparece para lembrar-lhe que ela pertence a outro mundo. Recuperado o semblante de Tersicore, a jovem mulher volta para o céu onde esperará a chegada do seu amado» (de G. Ringgold, *Rita Hayworth*, cit.).

1948

A DAMA DE SHANGHAI (*The Lady from Shanghai*)
Dir.: Orson Welles - *Arg.*: do conto de Sherwood King "If I Die Before
I Wake" - *Rot.*: Orson Welles - *Fot.*: Charles Lawton Jr. - *Mús.*: Heinz
Roemheld – *Dir. Mus.*: Morris Stoloff - *Canção*: "Please Don't Kiss
Me" de Doris Fisher e Allan Roberts (canção dublada por Anita Ellis)
- *Mont.*: Viola Lawrence - *Cenogr.*: Stephen Goosson e Sturges Crane -
Mobília: Wilbur Menefee e Herman Schoenbrun - *Maquiagem*: Robert
Schiffer e Clay Campbell – *Pent.*: Helen Hunt - *Figurinos*: Jean Louis
- *Ass. Dir.*: Sam Nelson – *Produt. Ass.*: Richard Wilson e William
Castle - *Prod.*: Orson Welles - *Distr.*: Columbia Pictures - *Orig.*: USA -
Dur.: 81'. *Int.*: Rita Hayworth (*Elsa Bannister*), Orson Welles (*Michael
O'Hara*), Everett Sloane (*Arthur Bannister*), Glenn Anders (*George
Grisby*), Ted De Corsia (*Sidney Broome*), Erskine Sanford (*juiz*), Gus
Schilling (*Goldie*), Carl Frank (*promotor público*), Louis Merrill (*Jake*),
Evelyn Ellis (*Bessie*), Harry Shannon (*taxista*), Wong Show Chong (*Li*),
Gerald Pierce (*garçom*), George "Shorty" Charello, Vernon Cansino
(*dois homens*), Grace Lem, Preston Lee (*casal chinês*).
San Francisco: após ter salvado Elsa Bannister (Rita Hayworth) de
uma agressão, o marinheiro Michael O'Hara (Welles) é contratado
pelo marido dela (Everett Sloane) para um cruzado em Cuba, onde os
alcança Grisby (Glenn Anders), sócio de Bannister. Grisby propõe a
O'Hara um projeto lusco para trapacear o seguro: o marinheiro aceita
somente após ter se apaixonado por Elsa, mas as coisas acontecem de
maneira diferente do previsto. O'Hara é preso e culpado pelo homicídio
de Grisby: defendido por Bannister, enquanto espera o veredito,
consegue escapar e descobrir que a verdadeira culpa de toda a cilada é
da linda Elsa. A prestação de contas final entre ela e o marido acontece
em um luna park, na sala dos espelhos deformantes: os dois atiram um
contra outro, reciprocamente. Bannister é o primeiro que morre. Elsa,
agonizante, pede ajuda a O'Hara, que, porém, vai embora...

OS AMORES DE CARMEN (*The Loves of Carmen*)
Dir.: Charles Vidor - *Arg.*: baseado na "Carmen" de Prosper Mérimée -
Rot.: Helen Deutsch - *Fot.* (technicolor): William Snyder – *Op.*: Fayte
Brown – *Consul. Technicolor*: Natalie Kalmus – *Consul. Ass.*: Francis
Cugat - *Mús.*: Mario Castelnuovo-Tedesco - *Dir. Mus.*: Morris Stoloff
- *Canção*: "The Love of a Gipsy", de Morris Stoloff e Fred Karger –

Coreogr.: Robert Sidney e Eduardo Cansino - *Cenogr.*: Stephen Goosson e Cary Odell - *Mobília*: Wilbur Menefee e William Kiernan - *Mestre de armas*: Ralph Faulkner - *Maquiagem*: Clay Campbell – *Pent.*: Helen Hunt - *Figurinos*: Jean Louis – *Superv. Rot.*: F. McDowell - *Ass Cenogr.*: Walter Meins - *Mont.*: Charles Nelson - *Ass. Dir.*: Earl Bellamy – *Prod.*: Charles Vidor-Beckworth Corporation Production - *Distr.*: Columbia Pictures - *Orig.*: USA - *Dur.*: 99'.

Int.: Rita Hayworth (*Carmen*), Glenn Ford (*Don José*), Ron Randell (*Andrés*), Victor Jory (*Garcia*), Luther Adler (*Dancairé*), Arnold Moss (*coronel*), Joseph Buloff (*Remendado*), Margaret Wycherly (*a velha cigana*), Bernard Nedell (*Pablo*), Vernon Cansino e Peter Virgo (*soldados*), Fernando Ramos, Roy Fitzell, Jos. Cansino (*bailarinos de flamenco*). Carmen (Rita Hayworth) trabalha em uma fábrica de charutos de Sevilha para juntar dinheiro para fazer fugir o marido encarcerado. Ela se apaixona por José (Glenn Ford), que, uma noite, é descoberto pelo seu comandante na casa da moça: José, no duelo que segue, o mata. Os dois fogem para as montanhas, onde, pouco depois, são alcançados pelo marido de Carmen. Também dessa vez acaba em um duelo, com José, ganhador, assumindo a chefia do bando. Após um tempo, porém, Carmen se aborrece e se apaixona por um toureiro: alcançada na cidade por José, Carmen morre. Mas também José, morto pelos soldados que querem prendê-lo.

1952

AFFAIR IN TRINIDAD

Dir.: Vincent Sherman - *Arg.*: Virginia Van Upp e Berne Giller - *Rot.*: Oscar Saul e James Gunn - *Fot.*: Joseph Walker - *Mús.*: George Duning – *Dir. Mus.*: Morris Stoloff - *Canções*: "I've Been Kissed Before" e "Trinidad Lady" de Lester Lee e Bob Russell (Rita Hayworth é dublada por Jo Ann Greer) – *Arranj. vocais*: Saul Chaplin – *Coreogr.*: Valerie Bettis - *Mont.*: Viola Lawrence - *Cenogr.*: Walter Holscher - *Mobília*: William Kiernan - *Maquiagem*: Clay Campbell – *Pent.*: Helen Hunt - *Figurinos*: Jean Louis - *Ass. Dir.*: Earl Bellamy – *Produt. Ass.*: Virginia Van Upp (não creditada) – *Consul.técnico pela Beckworth Corporation*: Jackson Leighter - *Prod.*: Vincent Sherman-Beckworth Corporation - *Distr.*: Columbia Pictures - *Orig.*: USA - *Dur.*: 98'.

Int.: Rita Hayworth (*Chris Emery*), Glenn Ford (*Steve Emery*), Alexander

Scourby (*Max Fabian*), Valerie Bettis (*Veronica*), Torin Thatcher (*o inspetor Smythe*), Howard Wendell (*Anderson*), Karel Stepanek (*Walters*), George Voskovec (*o doutor Franz Huebling*), Steven Geray (*Witol*), Walter Kohler (*Peter Bronec*), Juanita Moore (*Dominique*).

Steve Emery (Glenn Ford) alcança o irmão em Trinidad, onde, porém, quando chega, o encontra morto suicida. Mas, após umas investigações, descobre que o irmão foi assassinado e que detrás de tudo há um tráfico de armas. No entanto, Steve se apaixona por Chris (Rita Hayworth), viúva de seu irmão. Após várias peripécias e golpes teatrais, os responsáveis são entragues à justiça e Steve volta para a América com Chris.

CHAMPAGNE SAFARI

Dir.: Jackson Leighter - *Fot.* (Path, Cor): Jackson Leighter - *Compilação e Mont.*: Herbert Bregstein – *Comentário escrito*: Larry Klingman - *Prod.*: Jackson Leighter Associates Production - *Distr.*: Defense Films - *Orig.*: USA - *Dur.*: 60'.

Um documentário sobre a viagem de núpcias de Rita Hayworth com Ali Khan, em 1950-1951, no Egito, Uganda e Tanzânia [na época Tanganika], filmado por Leighter, que, com sua mulher, os acompanhou. O filme circulou muito pouco.

1953

SALOME

Dir.: William Dieterle - *Arg.*: Harry Kleiner e Jesse L. Lasky Jr. - *Rot.*: Harry Kleiner - *Fot.* (technicolor): Charles Lang – *Consul. Technicolor*: Francis Cugat – *Consul. técnico*: Millard Sheets - *Mús.*: George Duning - *Mús. balés*: Daniel Amfitheatrof – *Orq.*: Arthur Morton – *Dir. Mus.*: Morris Stoloff – *Dir. coros*: Robert Wagner – *Coreogr.*: Valerie Bettis - *Mont.*: Viola Lawrence - *Cenogr.*: John Meehan - *Mobília*: William Kiernan - *Figurinos masculinos*: Emile Santiago - *Figurinos*: Jean Louis - *Maquiagem*: Clay Campbell – *Pent.*: Helen Hunt - *Ass. Dir.*: Earl Bellamy - *Prod.*: Buddy Adler-Beckworth Corporation - *Distr.*: Columbia Pictures - *Orig.*: USA - *Dur.*: 105'.

Int.: Rita Hayworth (*Salomé*), Stewart Granger (*Cláudio*), Charles Laughton (*Herodes*), Judith Anderson (*Herodiades*), Sir Cedric Hardwicke (*Tibério César*), Alan Badel (*João Batista*), Basil Sidney (*Pôncio Pilatos*), Maurice Schwartz (*Ezra*), Rex Reason (*Fábio Marcelo*), Arnold Moss (*Micha*), Robert Warwick (*correio*), Carmen D'Antonio (*a escrava de*

Salomé), Michael Granger (*capitão Quintas*), Karl Davis (*chefe dos escravos*), Sujata e Asoka (*as bailarinas orientais*), Mickey Simpson (*capitão guardas Herodes*), Eduardo Cansino (*guardião romano*).
Mais um grande "*colossal*" que repete, de maneira muito edulcorada, o conhecido episódio de Salomé (Rita Hayworth), apaixonada por Cláudio (Stewart Granger), lugar-tenente de Pilato, mas que não consegue salvar a cabeça de João Batista da decapitação, concedida por Herodes (Charles Laughton) a Herodiades, mulher de seu irmão, com quem ele vive.

MISS SADIE THOMPSON
Dir.: Curtis Bernhardt - *Arg.*: do conto "Miss Thompson" de W. Somerset Maugham e da dramatização de John Colton e Clemence Randolph, produzida pelos palcos de Nova Iorque por Sam H. Harris com o título "Rain" - *Rot.*: Harry Kleiner - *Fot.*: Charles Lawton Jr. (technicolor e 3-D) - *Consul. technicolor*: Francis Cugat - *Mús.*: George Duning - *Dir. Mus.*: Morris Stoloff - *Canções*: "The Heat is On", "Hear No Evil, See No Evil" e "Blue Pacific Blues (Sadie Thompson's Song)" de Lester Lee e Ned Washington; "A Marine, A Marine, A Marine" de Lester Lee e Allan Roberts (as canções de Rita Hayworth são dubladas por Jo Ann Greer) - *Coreogr.*: Lee Scott - *Mont.*: Viola Lawrence - *Cenogr.*: Carl Anderson - *Mobília*: Louis Diage - *Figurinos*: Jean Louis - *Maquiagem*: Clay Campbell - *Pent.*: Helen Hunt - *Ass. Prod.*: Lewis J. Rachmill - *Ass. Dir.*: Sam Nelson - *Prod.*: Jerry Wald-Beckworth Corporation - *Distr.*: Columbia Pictures - *Orig.*: USA - *Dur.*: 91'(90' em 3-D).
Int.: Rita Hayworth (*Sadie Thompson*), José Ferrer (*Alfred Davidson*), Aldo Ray (*sargento Phil O'Hara*), Russell Collins (*doutor Robert McPhail*), Diosa Costello (*Ameena Horn*), Harry Bellaver (*Joe Horn*), Wilton Graft (*governador*), Peggy Converse (*Margaret Davidson*), Henry Slate (*Griggs*), Rudy Bond (*Hodges*), Charles Buchinsky [Bronson] (*Edwards*), Frances Morris (*senhora McPhail*), Peter Chong (*Chung*), Eduardo Cansino Jr.
Uma bailarina e cantora de boate, Sadie Thompson (Rita Hayworth), durante uma viagem de navio de Honolulu para a Nova Caledônia, deve parar em uma pequena ilha do Pacífico: aqui ela se apaixona por um sargento da marinha, O'Hara (Aldo Ray), mas é também galanteada por um latifundiário, Davidson (José Ferrer), que não hesita em revelar o passado "borrascoso" da mulher. Davidson acaba se atirando de cima de um penhasco, e o futuro será em Sidney, somente para Sadie e O'Hara.

1957

FIRE DOWN BELOW

Dir.: Robert Parrish - *Arg.*: do romance de Max Catto - *Rot.*: Irwin Shaw - *Fot.* (Cinemascope e Technicolor): Desmond Dickinson - *Fot. segunda unidade*: Cyril Knowles – *Op.*: Ernest Day e Gerald Turpin - *Mús.*: Arthur Benjamin, Kenneth V. Jones e Douglas Gamley - *Mús. balés*: Vivian Comma - *Mús. gaita*: Jack Lemmon – *Dir. Mus.*: Muir Mathieson e a Sinfonica de Londres - *Canção*: "Fire Down Below" de Lester Lee e Ned Washington, interpretada por Jeri Southern – *Arranj. danças*: Ken Jones - *Mont.*: Jack Slade – *Superv. Prod.*: William Kirby – *Ass. Cenogr.*: Syd Cain - *Mobília*: John Box - *Manager unidade*: John Merriman - *Figurinos Rita Hayworth*: Balmain (Parigi) e Bermans (Londra) - *Mont. sonoro*: David Elliott - *Efeitos esp.*: Cliff Richardson – *Coord.*: Angela Martinelli e Kay Rawlings – *Ass. Dir.*: Gus Agosti e Bluey Hill - *Produt. Ass.*: Ronald Kinnoch - *Prod.*: Irving Allen e Albert R.Broccoli - *Distr.*: Warwick Columbia Pictures - *Orig.*: USA - *Dur.*: 110'. *Int.*: Rita Hayworth (*Irena*), Robert Mitchum (*Felix Bowers*), Jack Lemmon (*Tony*), Herbert Lom (*capitão do porto*), Bonar Colleano (*tenente Sellers*), Bernard Lee (*doutor Sam*), Edric Connor (*Jimmy-Jean*), Peter Illing (*capitão do "Ulysses"*), Joan Miller (*senhora Canady*).

História de amores borrascosos (mas com final feliz) armados, correspondidos e não, entre Tony (Jack Lemmon), Felix (Robert Mitchum) e Irena (Rita Hayworth), uma polonesa com um passado vivido. Afinal, após o ciúme doido e os propósitos de vingança de Tony, tudo vai para o seu lugar, e Irena e Felix ficam juntos.

PAL JOEY

Dir.: George Sidney - *Arg.*: do homônimo musical teatral de John O'Hara, produzido por George Abbott - *Rot.*: Dorothy Kingsley - *Fot.* (technicolor): Harold Lipstein - *Consul. cor*: Henri Jaffe - *Superv. e Dir. Mus.*: Morris Stoloff - *Arranj. Mus.*: Nelson Riddle - *Adapt. Mus.*: George Duning e Nelson Riddle - *Orq.*: Arthur Morton - *Canções*: "Bewitched, Bothered and Bewildered", "I Could Write a Book", "Zip", "What is a Man?", "What Do I Care for A Dame?", "That Terrific Rainbow" (trechos de "In Our Little Den of Inquity", "Happy Hunting Horn", "Plant You Now, Dig You Later", "Do It the Hard Way" e "Take Him"), do musical original; "My Funny Valentine", "The Lady is a Tramp", "I Didn't Know What Time It Was" e "There's A Small Hotel", escritas por Richard Rogers e Lorenz Hart – *Arranj. vocais*: Fred Karger (a canções de Rita Hayworth estão dubladas por Jo Ann Greer; as de Kim Novak por Trudi Erwin) – *Coreogr.*: Hermes Pan - *Mont.*: Viola Lawrence - *Cenogr.*: Walter Holscher - *Mobília*: William Kiernan e Louis Diage - *Figurinos*: Jean Louis – *Pent.*: Helen Hunt - *Maquiagem*: Ben Lane - *Ass. Dir.*: Art Black - *Prod.*: Fred Kohlmar para a Essex-George Sidney Productions - *Distr.*: Columbia Pictures - *Orig.*: USA - *Dur.*: 112'. *Int.*: Rita Hayworth (*Vera Simpson*), Frank Sinatra (*Joey Evans*), Kim Novak (*Linda English*), Bobby Sherwood (*Ned Gavin*), Hank Henry (*Mike Miggins*), Barbara Nichols (*Gladys*), Elizabeth Patterson (*senhora Casey*), Barbara Yung, Pat Lynn, Jean Nakaba, Lessie Kynne Wong, Nellie Gee Ching (*bailarinas chinesas*), Jane Chung (*floreira*), Hermes Pan (*coreógrafo*), Michael Ferris (*alfaiate*), Leon Alton (*vendedor de impressos*), Giselle D'Arc (*empregada Vera*), Bobbie Lee, Connie Graham, Bobbie Jean Henson, Edith Powell, Jo Ann Smith, Ilsa Ostroffsky e Rita Barrett (*strip-teasers*).

Amores e negócios de Joey (Sinatra), um cantor sem trabalho mas cheio de projetos. O trabalho, ele o encontra em São Francisco, em um local onde se apaixona de Linda (Kim Novak). O projeto, ele o encontra e o realiza sempre aí, com a ajuda de Vera (Rita Hayworth), uma ex-bailarina que casou com um multimilionário. Entre uma chantagem afetiva e outra, no final, porém, triunfa o amor por Linda...

1958

VIDAS SEPARADAS (*Separate Tables*)
Dir.: Daniel Mann - *Arg.*: da homônima peça de Terence Rattigan - *Rot.*: Terence Rattigan e John Gay - *Fot.*: Charles Lang Jr. - *Mús.*: David Raksin - *Canção*: "Separate Tables" de Harry Warren e Harold Adamson - *Mont.*: Marjorie Fowler e Charles Ennis - *Cenogr.*: Edward Carrera - *Mobília*: Edward G. Boyle - *Figurinos de Rita Hayworth*: Edith Head - *Figurinos*: Mary Grant - *Maquiagem*: Harry Maret e Frank Prehoda – *Pent.*: Joan St. Oegger e Helen Parrish - *Ass. Dir.*: Thomas F. Shaw – *Produt. Exec.*: Gilbert Kurlan – *Produt. Ass.*: Harry Horner - *Prod.*: Harold Hecht, James Hill e Burt Lancaster-Clifton-Joanna Production - *Distr.*: United Artists - *Orig.*: USA - *Dur.*: 98'. *Int.*: Rita Hayworth (*Ann Shankland*), Deborah Kerr (*Sybil Railton-Bell*), David Niven (*major Pollock*), Burt Lancaster (*John Malcom*),

Wendy Hiller (*senhorita Cooper*), Gladys Cooper (*senhora Railton-Bell*), Cathleen Nesbitt (*Lady Matheson*), Felix Aymer (*Fowler*), Rod Taylor (*Charles*), Audrey Dalton (*Jean*), Priscilla Morgan (*Doreen*), May Hallatt (*senhorita Meacham*), Hilda Plowright (*Mabel*).

Histórias de almas difíceis e desesperadas em uma pensão de uma vila turística na Inglaterra. As vicissitudes de cada um são diferentes, mas, de alguma maneira, se entrelaçam entre si. No emblema da tristeza. Entre as quais, aquela de Ann (Rita Hayworth), mulher de John (Burt Lancaster), um escritor que acaba de pedir o divórcio dela, mas que por ela é reconquistado...

1959

THEY CAME TO CORDURA

Dir.: Robert Rossen - *Arg.*: de um conto de Glendon Swarthout - *Rot.*: Ivan Moffat e Robert Rossen - *Fot.* (Cinemascope/Eastmancolor): Burnett Guffey - *Fot. segunda unidade*: Frank G. Carson – *Consul. cor*: Henri Jaffe - *Mús.*: Elie Siegmeister – *Dir. Mus.*: Morris Stoloff – *Orq.*: Arthur Morton - *Canção*: "They Came to Cordura" de James Van Heusen e Sammy Cahn - *Mont.*: William A.Lyons - *Cenogr.*: Cary Odell - *Mobília*: Frank A. Tuttle – *Consul. técnica*: Col. Paul Davidson - *Figurinos masculinos*: Tom Dawson - *Figurinos de Rita Hayworth*: Jean Louis – *Pent.*: Helen Hunt – *Superv. maquiagem*: Clay Campbell – *Dir. segunda unidade*: James Havens – *Ass. Dir.*: Milton Feldman - *Prod.*: William Goetz-Goetz-Baroda Production - *Distr.*: Columbia Pictures - *Orig.*: USA - *Dur.*: 123'.

Int.: Gary Cooper (*major Thomas Thorn*), Rita Hayworth (*Adelaide Geary*), Van Heflin (*sargento John Chawk*), Tab Hunter (*tenente William Fowler*), Richard Conte (*cabo Milo Trubee*), Michael Callan (*soldado Andrew Hetherington*), Dick York (*soldado Renziehausen*), Robert Keith (*coronel Rogers*), James Bannon (*capitão Paltz*), Edward Platt (*coronel De Rose*), Maurice Jara (*federal mexicano*), Sam Buffington e Arthur Hanson (*jornalistas*), Wendell Hoyt (*soldado de cavalaria*), Carlos Romero (*Arreaga*).

México, 1916: alguns soldados de cavalaria americanos lutam contra Pancho Villa. Em uma tarefa muito perigosa, o major Thorn (Gary Cooper) comanda um grupo de homens muito ousados: com eles viaja também Adelaide (Rita Hayworth), uma mulher que ajudou os mexicanos.

Thorn está com medo (no passado se comportou covardemente durante uma ação), mas afinal conseguirá tudo da melhor maneira. E a meta, Cordura, será alcançada.

1960

THE STORY ON PAGE ONE
Dir.: Clifford Odets - *Arg. e Rot.*: Clifford Odets - *Fot.* (Cinemascope): James Wong Howe - *Mús.*: Elmer Bernstein – *Orq.*: Edward B. Powell - *Mont.*: Hugh S.Fowler - *Cenogr.*: Lyle Wheeler e Howard Richmond - *Mobília*: Walter M. Scott e G. W. Bernstein - *Maquiagem*: Ben Nye – *Pent.*: Myrl Stoltz - *Ass. Dir.*: Jack Gertsman - *Prod.*: Jerry Wald-The Company of Artists Inc. - *Distr.*: 20th Century Fox - *Orig.*: USA - *Dur.*: 123'.
Int.: Rita Hayworth (*Jo Morris*), Anthony Franciosa (*Victor Santini*), Gig Young (*Larry Ellis*), Mildred Dunnock (*senhora Ellis*), Hugh Griffith (*juiz Nielson*), Sanford Meisner (*Phil Stanley*), Robert Burton (*Nordau*), Alfred Ryder (*tenente Mike Morris*), Katherine Squire (*senhora Brown*), Raymond Greenleaf (*juiz Carey*).
Um funcionário, Larry (Gig Young), e a sua amante, Jo (Rita Hayworth), são acusados do homicídio do marido dela, um homem sempre bêbado e grosseiro. Um advogado, Vic Santini (Anthony Franciosa), conseguirá, após muitas dificuldades, reestabelecer a verdade.

1962

THE HAPPY THIEVES
Dir.: George Marshall – *Arg.*: do romance "The Oldest Confession" de Richard Condon - *Rot.*: John Gay - *Fot.*: Paul Beeson - *Mús.*: Mario Nascimbene - *Mont.*: Oswald Hafenrichter - *Cenogr.*: Ramiro Gomez - *Figurinos Rita Hayworth*: Pedro Rodriguez (Madrid) e Pierre Balmain (Parigi) - *Prod.*: James Hill e Rita Hayworth-Hilworth Production - *Distr.*: United Artists - *Orig.*: USA - *Dur.*: 88'.
Int.: Rita Hayworth (*Eve Lewis*), Rex Harrison (*Jim Bourne*), Joseph Wiseman (*Jean-Marie Calbert*), Grégoire Aslan (*doutor Muñoz*), Alida Valli (*duquesa Blanca*), Virgilio Teixeira (*Cayetano*), Peter Illing (*Pickett*), Brita Ekman [Britt Eklund] (*senhora Pickett*), Yasmin Khan (*a menina*).

Uma história confusa e centrada em Jim (Rex Harrison), ladrão gentil, homem especializado em quadros de pintores famosos. Jim projeta furtar um Goya do Museu do Prado de Madri. Mas quando tudo parece dar certo, um duplo homicídio complica as coisas: e disso é acusado o mesmo Jim, que, porém, conseguirá obter um desconto de pena fornecendo informações sobre o Goya roubado. Eve (Rita Hayworth), sua cúmplice e mulher, o espera confiante.

1964

CIRCUS WORLD
Dir.: Henry Hathaway - *Arg.*: de um conto original de Philip Jordan e Nicholas Ray - *Rot.*: Ben Hecht, Julian Halevy e James Edward Grant - *Fot.* (Supertechnirama 70 e Technicolor): Jack Hildyard – *Op. segunda unidade*: Claude Renoir - *Mús.*: Dmitri Tiomkin - *Mont.*: Dorothy Spencer - *Efeitos esp.*: Alex Weldon – *Superv. técnica*: Carl Gibson – *Consul. seqüências circo*: Alfredo Marquerie - *Cenogr. e Mobília*: John De Cuir - *Figurinos*: Renie – *Superv. guarda-roupa*: Anna Maria Fea – *Pent.*: Grazia De Rossi – *Prod. Exec. Ass.*: Michael Wasnynicki - *Ass. Dir.*: José Lopez Rodero – *Dir. segunda unidade*: Richard Talmadge - *Ass. Dir. segunda unidade*: Terry Yorke – *Cord. circo*: Frank Capra Jr. - *Prod.*: Samuel Bronston-Midway-Cinerama Production - *Distr.*: Paramount Pictures - *Orig.*: USA - *Dur.*: 138'.
Int.: John Wayne (*Matt Masters*), Claudia Cardinale (*Tony Alfredo*), Rita Hayworth (*Lily Alfredo*), Lloyd Nolan (*Cap. Carson*), Richard Conte (*Aldo Alfredo*), John Smith (*Steve McCabe*), Henri Dantes (*Emile Schumann, domador*), Wanda Rota (*senhora Schumann*), Katharyna (*Giovanna*), Kay Walsh (*Flo Hunt*), Margaret McGrath (*Anna Hunt*), Kathrine Ellison (*Molly Hunt*), Miles Malleson (*Billy Rogers*), Katharine Kath (*Hilda*), Moustache (*barman*), e o pessoal do Franz Althoff Circus.
Matt (John Wayne), empresário de circo, faz uma *tournée* na Europa; mas, na realidade, quer achar Lili (Rita Hayworth) que, após ter-lhe dado uma filha, Tony (Claudia Cardinale), sumiu no nada. Durante a travessia, porém, o navio se revira e quase todos os pertences do seu circo se perdem. Muitos artistas se oferecem para trabalhar por ele, em um novo circo. Em Madri, a surpresa: entre as acrobatas que se oferecem há também Lili, que, todavia, não revela sua identidade à filha. Tony suspeita de algo e fala com o pai, que lhe conta a verdade.

Dos iniciais ressentimentos entre as duas mulheres se passa, afinal, a uma recíproca e serena compreensão.

1966

THE MONEY TRAP
Dir.: Burt Kennedy - *Arg.*: de um conto de Lionel White - *Rot.*: Walter Bernstein - *Fot.* (Panavision): Paul C. Vogel - *Mús.*: Hal Schaefer - *Mont.*: John McSweeney - *Cenogr.*: George W. Davis e Carl Anderson - *Mobília*: Henry Grace e Robert R. Benton - *Ass. Dir.*: Hank Moonjean - *Prod.*: Max E. Youngstein e David Karr - *Distr.*: Metro Goldwyn Mayer - *Orig.*: USA - *Dur.*: 91'.
Int.: Glenn Ford (*Joe Baron*), Elke Sommer (*Lisa Baron*), Rita Hayworth (*Rosalie Kenny*), Joseph Cotten (*dr. Horace Van Tilden*), Ricardo Montalban (*Pete Delanos*), Tom Reese (*Matthews*), James Mitchum (*inspetor Wolski*), Argentina Brunetti (*a tia*), Fred Esler (*senhor Klein*), Eugene Iglesias (*o pai*), Teri Lynn Sandoval (*a filha*).
Um enredo de polícia, dinheiro, caixas-fortes e heroína, com Rita Hayworth em um papel de segundo escalão. O argumento, de fato, é baseado em Joe Baron (Glenn Ford), um funcionário da polícia que tem uma mulher ambiciosa e ávida (Elke Sommer), que o obriga praticamente a assaltar o doutor Van Tilden (Joseph Cotten), com a ajuda de Pete (Ricardo Montalban), um colega dele sem escrúpulos. As coisas não irão bem, e Pete, após muitos sofrimentos, morrerá. Mas os responsáveis, arrependidos, se prontificarão para arreglar as contas com a justiça.

POPPIES ARE ALSO FLOWERS
Dir.: Terence Young - *Arg.*: de uma idéia de Ian Fleming - *Rot.*: Jo Eisinger - *Fot.* (Eastmancolor): Henry Alekan - *Fot. unidade móvel*: Tony Brown - *Mús.*: Georges Auric - *Mont.*: Monique Bonnot, Peter Thornton e Henry Richardson - *Cenogr.*: Maurice Colasson e Tony Roman - *Mobília*: Freda Pearson – *Efeitos esp.*: Paul Pollard - *Dir. unidade móvel*: George Lampin – *Produt. Deleg. Nações Unidas*: Simon Schiffin – *Superv. Prod.*: Michael Delamar - *Manager Prod.*: Dennis Hall, Clo D'Alban e H. Shafti – *Produt. Exec.*: Edgar Rosenberg - *Prod.*: Eva Lloyd-Telsun United Nations Production - *Distr.*: Comet Film em associação com Morin M.Scott - *Orig.*: USA - *Dur.*: 100'.

Int.: Senta Berger (*moça do night club*), Stephen Boyd (*Benson*), Yul Brinner (*coronel Salem*), Bob Cunningham (si *mesmo*), Gilda Dahlberg (si *mesma*), Angie Dickinson (*Linda Benson*), George Geret (*superintendente Roche*), Hugh Griffith (*chefe da tribo*), Jack Hawkins (*general Bohar*), Rita Hayworth (*Monique*), Trevor Howard (*agente Lincoln*), Grace Kelly (si *mesma*), Morteza Kazerouri (si *mesma*), Jocelyn Lane (*fotógrafa*), Trini Lopez (si *mesmo*), Violette Marceau (si *mesma*), E. G. Marshall (*agente Jones*), Marcello Mastroianni (*inspetor Mosca*), Amedeo Nazzari (*Capitão Disonno*), Alì Oveisi (si *mesmo*), Jean Claude Pascal (*chefe da tribo*), Anthony Quayle (*capitão*), Laya Raki (si *mesma*), Luisa Rivelli (si *mesma*), Gilbert Roland (*Marco*), Harold Sakata (*Martin*), Omar Sharif (*doutor Rad*), Silvia Sorrente (si *mesma*), Barry Sullivan (*Chasen*), Nadja Tiller (*doutora Bronowska*), Marilù Tolo (si *mesma*), Howard Vernon (si *mesmo*), Eli Wallach (*Locarno*).
Filme nascido sob os auspícios da UNESCO contra o tráfico de drogas, em que as vicissitudes dos indivíduos se sobrepõem, uma em cima da outra, em uma espécie de discurso "coral" humanitário. Grande *cast*, com cachê simbólico de um dólar para cada um (Rita Hayworth é uma esplêndida e crível toxicômana).

1967

THE ROVER
Dir.: Terence Young - *Arg.*: do romance de Joseph Conrad - *Rot.*: Luciano Vincenzoni e Jo Eisinger - *Fot.* (Eastmancolor): Leonida Barboni - *Op.*: Idelmo Simonelli - *Mús.*: Ennio Morricone - *Dir. Mus.*: Bruno Nicolai - *Mont.*: Peter Thornton - *Cenogr.*: Gianni Polidori - *Figurinos*: Veniero Colasanti e Casa d'Arte "Firenze" di P. Peruzzi – *Pent.*: Rocchetti - *Maquiagem*: Otello Fava - *Cenas acrobáticas*: Franco Fantasia – *Consul. naval*: Marcantonio Bragadin – *Superv. diálogos*: Joan Davis – *Dir. Ass.*: Giancarlo Zagni – *Prod. Exec.*: Selig J. Seligman – *Produt. Ass.*: Mike Stern - *Prod.*: Alfredo Bini-Arco-Selmur Production - *Distr.*: Cinerama Releasing Corporation - *Orig.*: Itália-Inglaterra - *Dur.*: 103'.
Int.: Anthony Quinn (*Peyrol*), Rosanna Schiaffino (*Arlette*), Rita Hayworth (*Caterina*), Richard Johnson (*Real*), Ivo Garrani (*Scevola*), Mino Doro (*Dussard*), Luciano Rossi (*Michel*), Mirko Valentini (*Jacot*), Gianni Di Benedetto (*tenente Bolt*), Anthony Dawson (*capitão Vincent*), Franco Giornelli (*Summons*), Franco Fantasia (*almirante*), Fabrizio

Jovine (*oficial arquivista*), John Lane (*capitão do porto*), Vittorio Venturolli (*oficial francês*), Gustavo Gionni (*o "sanculotto"*), Lucio De Santis (*pescador*), Raffaella Miceli (*Arlette criança*), Paola Borsalino (*a primeira moça*), Rita Klein (*a segunda moça*), Cathy Alexander (*a terceira moça*), Ruggero Salvadori (*o facínora*).

Peyrol, um pirata contrarrevolucionário na época das guerras napoleônicas (Anthony Quinn), durante uma ação consegue salvar Arlette (Rosanna Schiaffino) de uma agressão. Acaba na casa dela, onde a moça vive com a tia Caterina (Rita Hayworth) e com um hóspede francês, Real (Richard Johnson), que é apaixonado por ela. Peyrol fica ciumento e quase briga com ele. Mas quando o francês queria denunciá-lo à polícia, após ter descoberto quem ele é, um incêndio providencial favorece a fuga dele. O fogo, porém, desperta em Arlette lembranças do seu passado... Peyrol volta à pirataria, após ter percebido que entre Arlette e Real o sentimento é muito profundo. Morrerá, e seu funeral será acompanhado pelos dois namorados.

1969

I BASTARDI
Dir.: Duccio Tessari - *Arg.*: Mario Di Nardo - *Rot.*: Mario Di Nardo, Ennio De Concini e Duccio Tessari - *Fot.* (technicolor): Carlo Carlini - *Efeitos óticos*: E. Catalucci - *Mús.*: Carlo Rustichelli - *Dir. Mus.*: Michel Magne - *Mont.*: Mario Morra - *Cenogr.*: Luigi Scaccianoce - *Mobília*: Bruno Cesari - *Figurinos*: Danda Ortona - *Maquiagem*: Nino Jacoponi – *Pent.*: Amalia Paoletti - *Gravação sonora*: Claudio Maielli – *Superv. Prod.*: Danilo Marciani – *Cord. Prod.*: Michele Marsala e Philip Modave – *Ass. Prod.*: Franz Huttl - *Prod.*: Turi Vasile-Ultrafilm-PECF-Rhein Main - *Orig.*: Itália-França-Alemanha - *Dur.*: 102'.
Int.: Rita Hayworth (*Martha*), Giuliano Gemma (*Jason*), Klaus Kinski (*Adam*), Margaret Lee (*Karen*), Serge Marquand (*Jimmy*), Claudine Auger (*Barbara*), Umberto Raho (*o doutor*), Hans Thorner, Karl Cik (*policiais*), Paola Natalie (*bailarina*), Mirella Pompili (*segunda bailarina*), Detlef Uhle (*speaker da televisão*).
Um roubo que acaba mal, em Phoenix, Arizona: a polícia mata todo mundo menos Jason (Giuliano Gemma), que consegue fugir. Mas o dinheiro sumiu, e entre Jason e seu irmão Adam (Klaus Kinski) voam violentas acusações. Entre episódios pouco acreditáveis, o fim do filme

– com mortos e violência de todo tipo – chega pontual. Sem *happy end*. No filme, Rita é Martha, "uma ex-bailarina de Ziegfeld". Alcoólatra.

1971

THE NAKED ZOO

Dir.: William Grefe - *Arg.*: de um conto escrito para o cinema de Ray Preston - *Rot.*: Ray Preston e William Grefe - *Prod.*: Willian Grefe para Film Artists International - *Orig.*: USA - *Dur.*: 78'.
Int.: Rita Hayworth, Fay Spain, Stephen Oliver, Ford Rainey, Fleurette Carter. Rodado dois anos antes em Fort Lauderdale e em outros lugares da Flórida, este é um filme misterioso, distribuído com muito pouco sucesso e com títulos diferentes (como *The Hallucinators*, em 1973), mas sempre com o mesmo resultado negativo. Do livro já citado de Ringgold: «Os perversos pesquisadores de curiosidades que querem ver como envelhecem as deusas do amor talvez tenham algum interesse por este filme com Rita Hayworth, que, envelhecida, inchada, cheia de rugas, está tão incomodada que teria sido gentil não fazê-la atuar. Rita tem o papel de uma mulher rica que fica viúva depois que seu marido, costrangido em uma cadeira de rodas, morre lutando com o "amiguinho" dela (Stephen Oliver), uma espécie de escritor que vive de mulheres e de drogas.
No filme não há nada que não seja um desastre» (declaração da revista "Cue", assinada por Donald J. Mayerson).

ROAD TO SALINA

Dir.: Georges Lautner - *Arg.*: do romance de Maurice Cury - *Rot.*: Georges Lautner, Pascal Jardin e Jack Miller - *Fot.* (Panavision e De Luxe Color): Maurice Fellous - *Mús.* e *canções*: "Clinic", "Bourée", de Bernard Gérard, Cristophe e Ian Anderson - *Mont.*: Michelle David e Elizabeth Guido - *Cenogr.*: Jean D'Eaubonne - *Ass. Dir.*: Claude Vitale e Robin Davis – *Prod.*: Robert Dorffman e Yvon Guezel para Corona Films-Transinter Films-Fono Roma Films - *Apresentação*: Joseph E. Levine - *Orig.*: França-Inglaterra - *Dur.*: 96'.
Int.: Mimsy Farmer (*Billie*), Robert Walker Jr. (*Jonas*), Rita Hayworth (*Mara*), Ed Begley (*Warren*), Bruce Pecheur (*Charlie*), David Sachs (*o xerife*), Sophie Hardy (*Linda*), Marc Porel (*Rocky*), Albane Navizet, Ivano Staccioli (*dois nativos*).

História de loucura comum e de morbidez comum, centrada em Mara (Rita Hayworth), uma mulher que pensa reconhecer em Jonas (Robert Walker) um filho desaparecido faz muitos anos, no seu posto de gasolina no confim entre os Estados Unidos e o México. Jonas "se conforma" com a situação e tem uma relação com a "irmã" Billie (Mimsy Farmer).

A verdade é que Rocky (Marc Porel), o verdadeiro filho de Mara, foi morto por Billie porque queria interromper a relação incestuosa que tinha com ela. Jonas também se acha envolvido nessa espiral e, mesmo querendo ajudar Billie a reencontrar si mesma, acabará matando-a. Para não ser rechaçado por ela.

1972

THE WRATH OF GOD

Dir.: Ralph Nelson - *Arg.*: do homônimo romance de James Graham e de alguns trechos da "Missa Criolla", de Ariel Ramirez - *Rot.*: Ralph Nelson - *Fot.* (Panavision e Metrocolor): Alex Philips Jr. - *Mús.*: Lalo Schifrin - *Mont. Mus.*: William Saracino - *Mont.*: J. Terry Williams e Richard Bracken - *Cenogr.*: John S. Poplin Jr. - *Mobília*: William Kiernan - *Efeitos esp.*: Federico Farfan – *Pent.*: Lynn Del Kail – *Superv. Rot.*: Bob Forrest - *Casting*: Lynn Stalmaster – *Ass. Dir.*: Mario Cisneros e Jerry Ziesmer – *Produt. Ass.*: William S. Gilmore Jr. – *Produt. Exec.*: Peter Katz - *Prod.*: Rainbow Productions Inc.-Cineman Films, Ltd. Production - *Distr.*: Metro Goldwyn Mayer - *Orig.*: USA - *Dur.*: 111'.

Int.: Robert Mitchum (*Oliver Van Horne*), Frank Langella (*Tomas De La Plata*), Rita Hayworth (*senhora De La Plata*), John Colicos (*coronel Dantilla*), Victor Buono (*Jennings*), Ken Hutchinson (*Emmet*), Paula Prichett (*Chela*), Gregory Sierra (*Jurado*), Frank Ramirez (*Moreno*), Enrique Lucero (*Nacho*), Jorge Russell (*Cordona*), Chano Orrueta (*Antonio*), José Luis Paredes (*Pablito*), Aurora Clavel (*senhora Moreno*), Victor Eberg (*Delgrado*), Pancho Cordova (*Tacho*), Guillermo Hernandez (*Diaz*).

Western grosso, entre tráfico de bebidas alcoólicas fora da lei, padres que deixaram a batina (Van Horne, isto é Robert Mitchum), rebeldes, atentados e tiroteios. Enredo complicado e farraginoso com final "regular", em que os "maus" morrem ou, se menos "maus", ficam feridos (como Van Horne, por exemplo). Rita Hayworth, no filme, é a mãe de Tomás De la Plata (Frank Langella), um jovem rebelde. Entre "*mélo*" e ironia. Com muitas, demasiadas frases e diálogos convencionais, por assim dizer.

1976

CIRCLE

Dir.: Arthur Allan Seidelman - *Rot.*: A. A. Seidelman e Richard Anthony - *Prod.*: Seidelman-Nice. *Int.*: Sidne Rome, Richard Alfiera. Cor.Um filme de que não existe rastro. O único que fala dele é Gerald Peary, no seu *Rita Hayworth*, Milano Libri, Milão 1989.

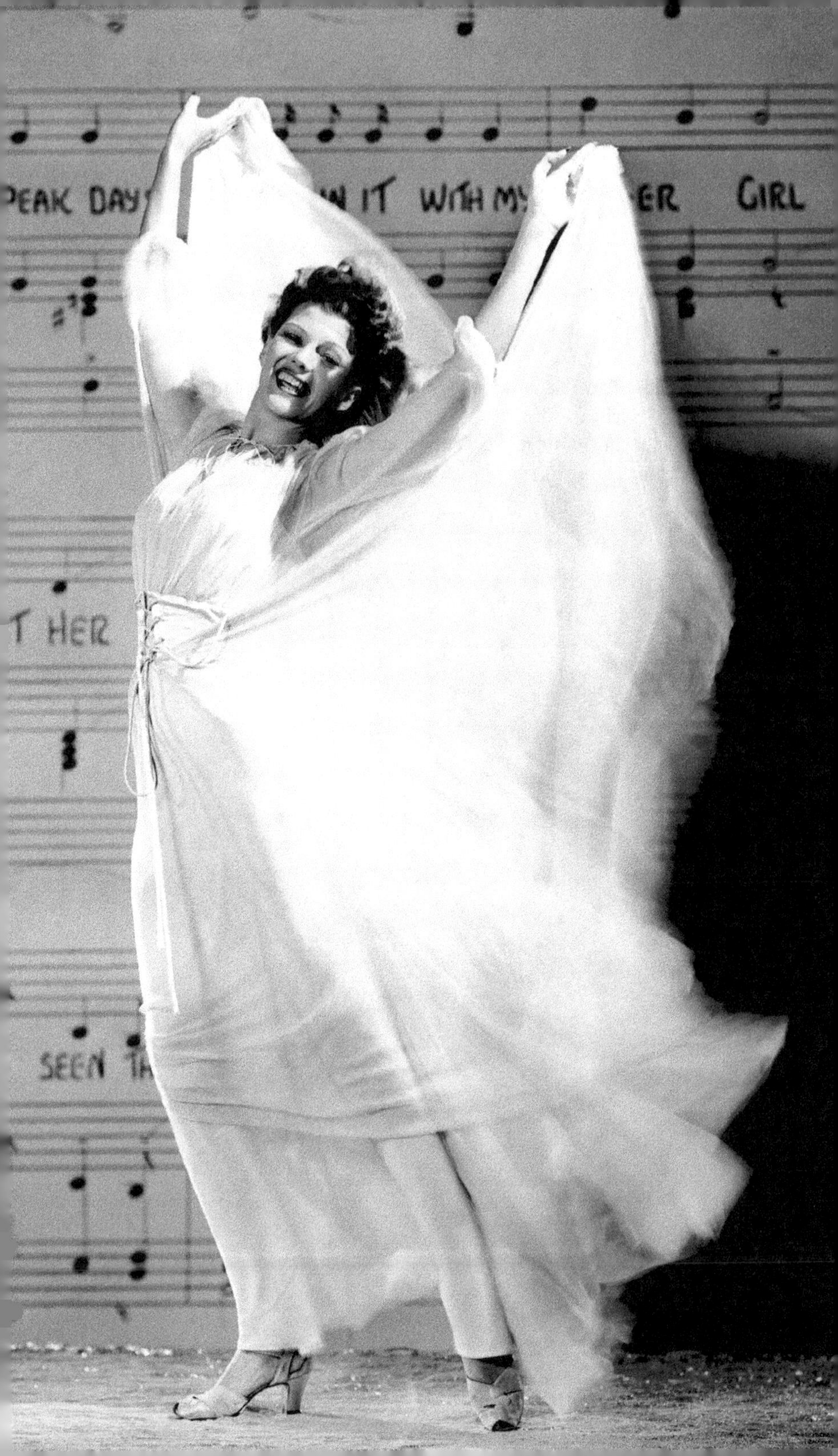
PEAK DAY
IN IT WITH MY
ER GIRL
T HER
SEEN TH

Bibliografia

Fausto Montesanti: voz *Rita Hayworth*, in *Enciclopedia dello Spettacolo*, Le Maschere, Roma, 1959

Blasco Ibañez: *Sangue e arena*, Casini, Florença, 1965

Arthur Meier Schlesinger Jr.: *Roosevelt*, CEI, Milão, 1966

Irving Shulman: *Jean Harlow*, Longanesi, Milão, 1967

Manuel Puig: *A traição de Rita Hayworth*, José Olympio, Rio de Janeiro, 1968

Richard Griffith e Arthur Mayer: *The Movies*, Simon & Schuster, Nova Iorque, 1970

Joseph McBride: *Orson Welles*, Secker and Warburg, Londres, 1972

Gene Ringgold: *The Films of Rita Hayworth*, The Citadel Press, Secaucus, 1974

Joseph McBride: *Orson Welles*, Milano Libri, Milão, 1979

Michael Wood: *L'America e il cinema*, Garzanti, Milão, 1979

Claudio M. Valentinetti: *Orson Welles*, La Nuova Italia, Florença, 1980

Mary Jo Pace: *Rita Hayworth*, em *I magnifici di Hollywood*, Editoriale Arbe, Milão, nº 2, 1981

Claudio M. Valentinetti: *Rita: la vita grama della "star"*, in «Cinema e cinema», Marsilio, Veneza, nº 27-28, abril-setembro, 1981

Aa. Vv.: *Gilda*, Cinestory, Lato Side, Roma ,1982

Hank Kaufman e Gene Lerner: *Hollywood sul Tevere*, Sperling & Kupfer, Milão, 1982

Carlo Sartori: *La fabbrica delle stelle*, Mondadori, Milão, 1983

James Hill: *Rita Hayworth*, Rusconi, Milão, 1984

Enrico Lucherini e Matteo Spinola: *C'era questo, c'era quello*, Mondadori, Milão, 1984

Joe Morella e Edward Z. Epstein: *Rita*, Sonzogno, Milão, 1984

Rita Hayworth, em Astros e Estrelas, vol. 2, Nova Cultural, São Paulo, 1985

Bruno Venturi e Cristina Bragaglia: voz *Rita Hayworth*, em Fernaldo Di Giammatteo, *Dizionario Universale del Cinema*, Editori Riuniti, Roma, 1985

Kenneth Anger: *Hollywood Babilonia II*, Adelphi, Milão, 1986

Claudio M. Valentinetti: *Rita: prigioniera di un sogno*, em «Grazia», Mondadori, Milão, nº 2.416, 14 de junho de 1987

Oleg Cassini: *Nel mio stile*, Sperling & Kupfer, Milão, 1989

Otto Friedrich: *La favolosa Hollywood*, Sugarco, Milão, 1989

Barbara Leaming: *If This Was Happiness*, Viking, Nova Iorque, 1989

Gerald Peary: *Rita Hayworth*, Milano Libri, Milão, 1989

João Lepiane: *Galeria das Estrelas – Rita Hayworth*, em « Cinemin » 64 (5ª série), EBAL, Rio de Janeiro, 1990

James Naremore: *Orson Welles ovvero la magia del cinema*, Marsilio, Veneza, 1993

Orson Welles, Peter Bogdanovich: *Io, Orson Welles*, Baldini & Castoldi, Milão, 1993

Sergio Bertelli: *Corsari del tempo*, Ponte alle Grazie, Florença, 1994

Rafael Fernández: *Rita Hayworth*, Editorial Libsa, Alcobendas, Madri, 1994

Luis Gasca Burges: *Rita Hayworth*, Editorial La Máscara, Valência, 1995

Miguel De Agusti: *Rita Hayworth*, Nuevas Estructuras, Arganda, Madri, 1998

Cassio Starling Carlos, Pedro Maciel Guimarães, Thiago Stivaletti: *Rita Hayworth – Gilda*, Folha de São Paulo, São Paulo, 2014

Eduardo Galeano: *Mujeres*, Siglo XXI, Cidade do México, 2015

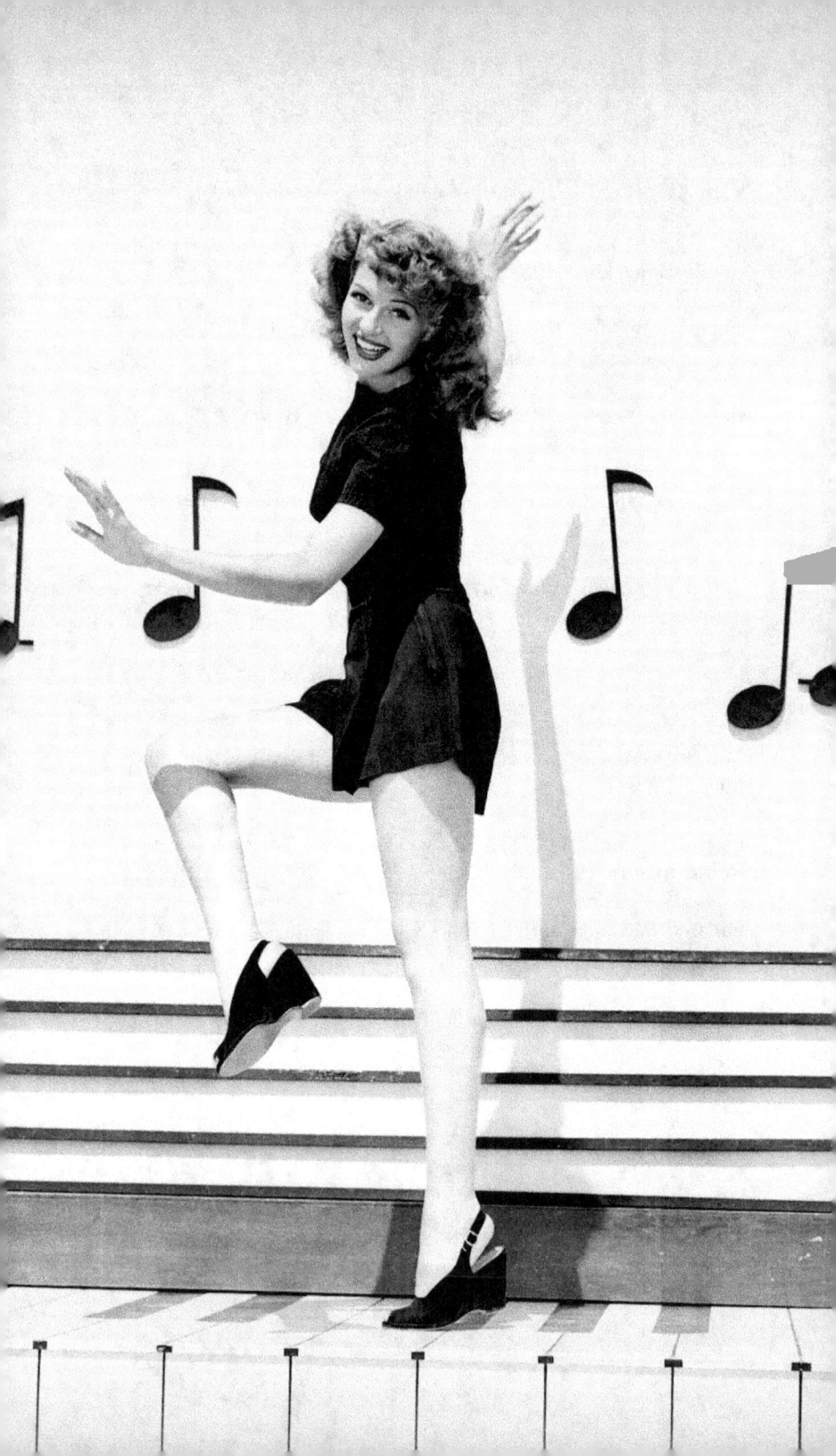

Legendas

pág. **8** Imagem publicitária de *Gilda* de Charles Vidor (1946)
pág. **12** Imagem publicitária de *Gilda*
pág. **16** Atriz e dançarina: foto promocional de Rita Hayworth
pág. **19** Margarita Cansino aos 13 anos
pág. **20** Margarita Cansino com o pai, Eduardo Cansino
pág. **23** O clube do Hotel Caliente, perto de Agua Caliente,
Tijuana, México. Foto de época
pág. **24** Margarita Cansino em uma das primeiras fotos
promocionais na Columbia
pág. **26** Margarita Cansino em uma foto promocional de *Dante's
Inferno* de Harry Lachman (1935)
pág. **30** Em cima: Gary Leon e Margarita Cansino na cena de
dança de *Dante's Inferno*. Em baixo: Margarita Cansino, Gary
Leon e, à direita, o diretor da fotografia Rudolph Maté
pág. **32** Margarita Cansino com Warner Oland em duas imagens
de *Charlie Chan in Egypt* de Louis King (1935)
pág. **35** Como Tamara Petrovich, in *Paddy O'Day* de Lewis Seiler
(1935)
pág. **36** Margarita Cansino no set de *Human Cargo* de Allan
Dwan (1936)
págs. **38, 40, 43, 44, 45, 46** Margarita Cansino em várias
reportagens fotográficas como pin-up realizadas na segunda
metade dos anos 30
pág. **47** Rita com seu primeiro marido, Edward C. Judson
pág. **48** Foto publicitária de uma marca de panquecas
pág. **50** Logomarca da Columbia Pictures
pág. **52** *Girls Can Play* di Lambert Hillyer (1937). Em cima
(de esquerda): Patricia Farr, Julie Bishop, Charles Quigley, Rita
Hayworth. Em baixo: Rita Hayworth entre Julie Bishop e Patricia
Farr
pág. **56** *Homicide Bureau* di Charles Coleman (1939). Em cima:

Rita Hayworth entre Bruce Cabot e Robert Paige. Em baixo: Rita Hayworth em *The Renegade Ranger* de David Howard (1939)

pág. 58 Com Douglas Fairbanks Jr. em *Angels Over Broadway* de Ben Hecht e Lee Garmes (1940)

pág. 60 Rita Hayworth e Cary Grant in *Only Angels Have Wings* de Howard Hawks (1939)

pág. 61 De esquerda: Howard Hawks, Cary Grant e Rita Hayworth no set de *Only Angels Have Wings*

pág. 62 Rita Hayworth em *Music in My Heart* de Joseph Santley (1940)

pág. 65 Com Penny Singleton in *Blondie on a Budget* de Frank R. Strayer (1940)

pág. 67 Com Brian Aherne em *The Lady in Question* de Charles Vidor (1940)

pág. 68 Duas imagens de *The Strawberry Blonde* de Raoul Walsh (1941). Na foto em baixo: Rita e James Cagney

pág. 70 Cartaz de *Affectionately Yours* de Lloyd Bacon (1941)

pág. 72 Cartaz de *Sangue e Areia* de Rouben Mamoulian (1941)

pág. 75 Com Tyrone Power em uma foto publicitária de *Sangue e Areia*

pág. 77 Tyrone Power em *Sangue e Areia*

pág. 79 Rita Hayworth e Tyrone Power em *Sangue e Areia*

pág. 80 Rita Hayworth e Anthony Quinn em *Sangue e Areia*

pág. 82 Rita Hayworth em *You'll Never Get Rich* de Sidney Lanfield (1941)

pág. 84 Rita Hayworth com Fred Astaire em *You'll Never Get Rich*

pág. 86 Duas imagens de Rita Hayworth e Fred Astaire em *You'll Never Get Rich*

pág. 88 Duas imagens de Rita em *My Gal Sal* de Irving Cummings (1942). Na foto em cima: Rita Hayworth com Victor Mature

pág. 90 *Tales of Manhattan* de Julien Duvivier (1942). Em cima: Rita Hayworth e Thomas Mitchell. Em baixo: Rita e Charles Boyer

pág. 92 Com Fred Astaire em *You Were Never Lovelier* de William Seiter (1942)

pág. 94 Rita Hayworth com Gene Kelly em *Modelos* de Charles Vidor (1944)

pág. 96 Participação de Rita ao *Mercury Magic Show* (chamado também *The Mercury Wonder Show: Mysterious, Thrilling, Sensational*) de Orson Welles (agosto de 1943)

pág. 97 7 de setembro de 1943: casamento de Orson Welles e

Rita Hayworth

pág. 98 Rita e Orson posam para uma reportagem de «Life» realizada na sua casa

pág. 99 Rita, Welles e a filha Rebecca, de novo em «Life»

pág. 100 Em cima: cena de *Modelos* de Charles Vidor (1944). Reconhecíveis: Rita Hayworth, Gene Kelly e Eve Arnold. Em baixo: Rita entre Lee Bowman e Gene Kelly no mesmo filme

pág. 102 Gene Kelly e Rita Hayworth em uma sequencia de *Modelos*

pág. 104 Rita Hayworth em *O Coração de Uma Cidade* de Victor Saville (1945)

pág. 106 Rita Hayworth em *Gilda* de Charles Vidor (1946)

pág. 108 Imagens de *Gilda*. Em cima: no centro, Joseph Calleia e Rita Hayworth. Em baixo: de esquerda, Steven Geray, Glenn Ford, Rita Hayworth

pág. 111 Glenn Ford e Rita Hayworth em *Gilda*

pág. 113 Rita Hayworth e Steven Geray em *Gilda*

pág. 116 Rita Hayworth em *A Dama de Shanghai* de Orson Welles (1948)

pág. 118 Orson Welles, co-protagonista do seu *A Dama de Shanghai*

pág. 120 Em cima: Orson Welles e Rita Hayworth em *A Dama de Shanghai*. Em baixo: a troupe durante a realização da cena da carroça

pág. 123 Orson Welles, Rita Hayworth e Glenn Anders em *A Dama de Shanghai*

pág. 124 Orson Welles e Rita Hayworth em *A Dama de Shanghai*

pág. 125 Mais uma imagem de Rita Hayworth em *A Dama de Shanghai*

pág. 127 *A Dama de Shanghai*. Em cima: Orson Welles e Everett Sloane na sequencia do tribunal. Em baixo: o ambiente chinês

págs. 128-129 Rita Hayworth no final de *A Dama de Shanghai* Na pág. 129, em cima, também Everett Sloane

pag. 130 Rita Hayworth com seu terceiro marido, Ali Khan, Imam dos ismailitas

pág. 133 Rita Hayworth em visita a Yakimour, a residência do futuro sogro, o Aga Khan, perto de Cannes

pág. 134 O dia das núpcias com Ali Khan, a Vallauris, no sul da França

pág. 136 Rita Hayworth e Ali Khan em um leilão (em cima) e às corridas de cavalos (em baixo)

pág. 138 Rita Hayworth e Stewart Granger em *Salomé* de

William Dieterle (1953)
pág. 142 Cartaz de *Affair in Trinidad* de Vincent Sherman
pág. 145 Rita Hayworth em *Affair in Trinidad*
pág. 146 Cartaz de *Salomé*
pág. 148 Rita e Aldo Ray em *Miss Sadie Thompson* de Curtis Bernhardt (1953)
pág. 150 Rita Hayworth em *Miss Sadie Thompson*
pág. 152 Aldo Ray e Rita Hayworth em *Miss Sadie Thompson*
pág. 153 Rita Hayworth e seu quarto marido, Dick Haymes
pág. 154 Haymes, Rita e suas duas filhas, Rebecca e Yasmin
pág. 156 Rita e Gig Young in *The Story on Page One* de Clifford Odets (1960)
pag. 158 Rita Hayworth e Jack Lemmon em *Fire Down Below* de Robert Parrish (1957)
pág. 160 Rita, Hayworth, Frank Sinatra e Kim Novak em uma imagem publicitária de *Pal Joey* de George Sidney (1957)
pág. 163 Rita Hayworth com David Niven, à esquerda, e Burt Lancaster em *Vidas Separadas* de Daniel Mann (1958)
pág. 164 Propaganda de *They Came to Cordura* de Robert Rossen (1959)
pág. 165 Rita Hayworth com Gary Cooper in *They Came to Cordura*
pág. 166 Propaganda de *The Happy Thieves* de George Marshall (1962). Em baixo: Rita Hayworth e Rex Harrison no mesmo filme
pág. 168 Rita Hayworth na maturidade
pág. 170 Richard Conte e Rita Hayworth em *Circus World* de Henry Hathaway (1964)
pág. 172 *Circus World*. Em cima, Rita Hayworth com John Wayne em uma cena do filme, em baixo com Claudia Cardinale durante uma pausa
pág. 174 Rita Hayworth e Robert Walker Jr em *Road to Salina* (1970)
pág. 176 Rita com sua filha Yasmin Khan
pág. 178 Rita como Ano Novo 1941
pág. 198 Rita Hayworth e Fred Astaire durante os ensaios de *You'll Never Get Rich* (1941)
pág. 220 e 224 Rita em imagens publicitárias de *Modelos*
pág. 229 Rita Hayworth em uma foto publicitária de *You Were Never Lovelier* (1942)

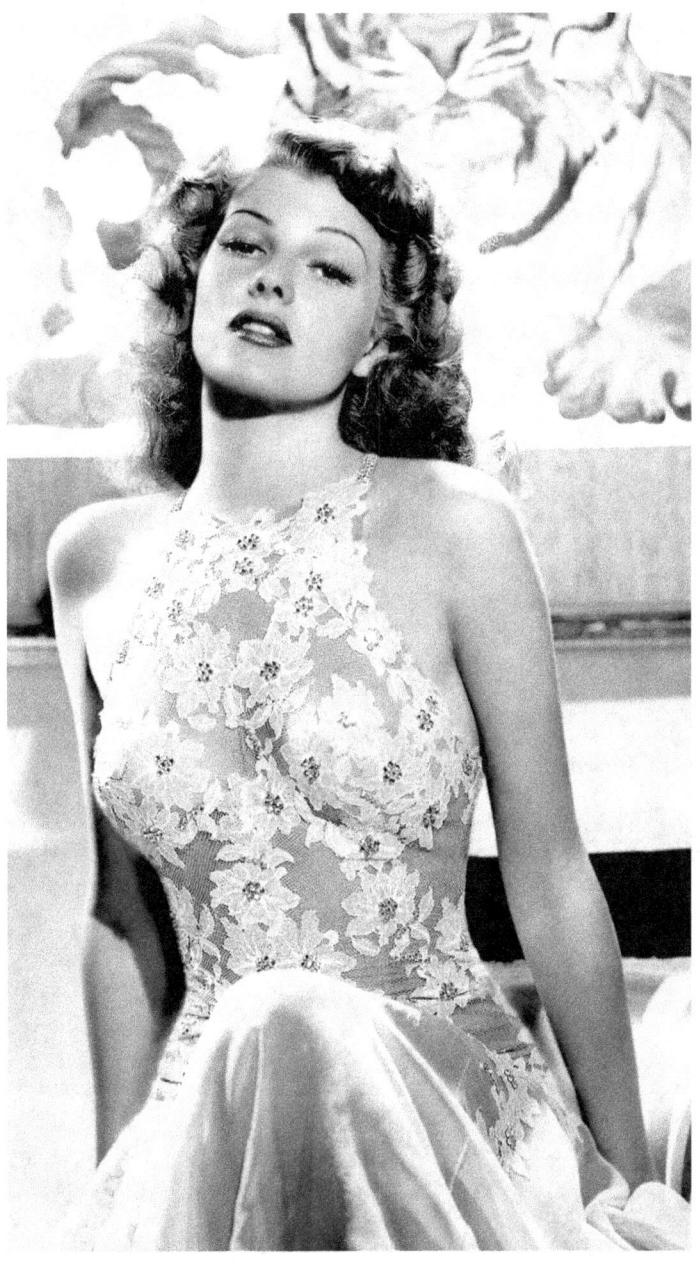

Artdigiland é um site, uma community web e uma atividade editorial que oferece – através da edição digital e do broadcasting – videoentrevistas exclusivas com artistas internacionais.

Os convidamos a subscrever nossa newsletter para ser informados sobre a colocação on-line do site e ter acesso a conteúdos especiais e ofertas reservadas aos nossos leitores.

http://artdigiland.com

Para colaborar conosco ou para informações:
info@artdigiland.com

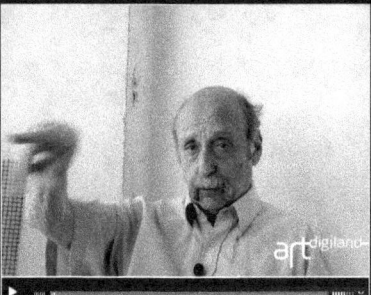

Entrevista com Marc Scialom
por Silvia Tarquini

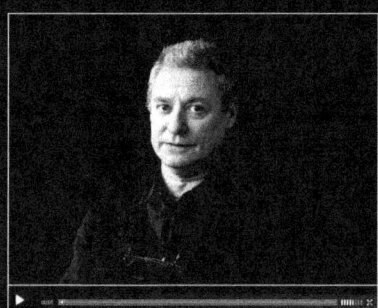

Entrevista com Fabrizio Crisafulli
por Enzo Cillo

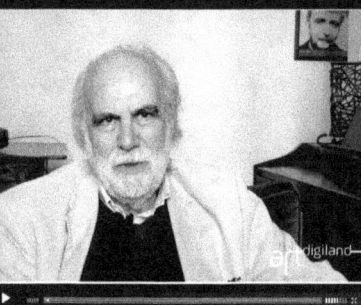

Entrevista com Beppe Lanci
por Monica Pollini

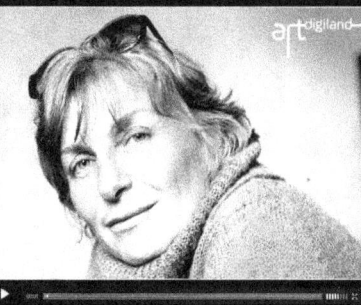

Entrevista com Adriana Berselli
por Vittoria C. Caratozzolo,
Silvia Tarquini

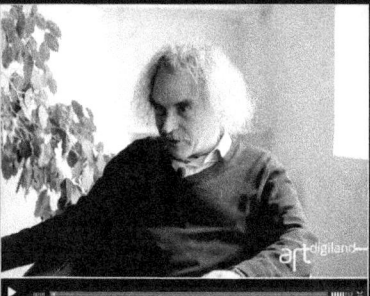

Entrevista com Eugene Green
por Federico Francioni

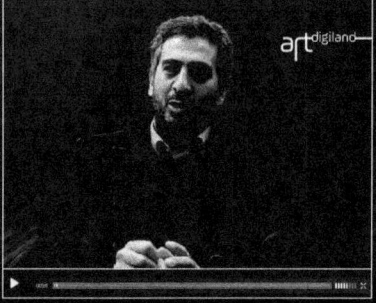

Entrevista com Salvatore Mereu
por Franca Farina

Artdigiland publicou em italiano:

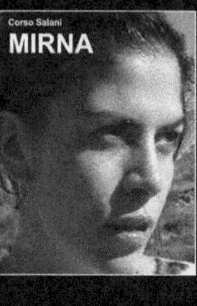

MIRNA
di Corso Salani, dvd

Ultima opera di un cineasta anomalo come pochi e straordinariamente tenace, *Mirna* rappresenta la summa del cinema di Salani: storia di una donna, storia di un amore, storia di un viaggio e insieme sotterraneo autoritratto e sublime metafora dell'identità artistica. A partire da un incipit che ricorda quello de *La prima notte di quiete* di Valerio Zurlini, scivolando su acqua, paesaggio, musica e promettendo poesia, Salani realizza un cinema estremo, puro, libero, e scava con la sua camera in un'identità – la sua, dietro quella di Mirna – che misteriosamente si afferma con spontaneo coraggio e inevitabile autonomia. Il regista racconta nel volume *Mirna*, omonimo diario cinematografico che pubblichiamo parallelamente al dvd, che il film riguarda, come sempre nella sua opera, un tormento esistenziale reale e personale, un'esperienza di amore e abbandono, di ricordo, rimpianto, colpa. Corso Salani tesse trame sottili tra vita e opera, attua un transfert radicale nei suoi personaggi femminili, usa i luoghi come spazi dell'anima, come simboli, con un'attitudine che, prima di lui, era stata di Antonioni. (Silvia Tarquini)

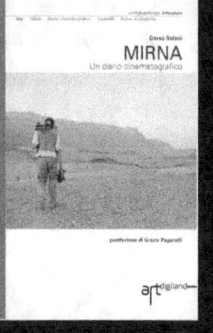

MIRNA
Un diario cinematografico
di Corso Salani
postfazione di Grazia Paganelli, 2017

«Che poi, detto così, sembra soltanto un problema di casting, qualcosa che si risolve in fretta perché poi in fondo sono già stati fatti centinaia di migliaia di film in tutto il mondo e un modo per uscirne si trova, basta fare ricorso all'esperienza. Ma qui è un po' più complicato: c'è da presentarsi come regista straniero e chissà perché non c'è mai nessuna a cui venga in mente di dare un'occhiata su internet prima dell'incontro, anche solo per curiosità; c'è da proporre un film che non ha e non avrà sceneggiatura; e c'è da offrire un compenso che grida giustizia. E questo è il meno: anzi, non è niente. Perché la poveretta che verrà scelta, non sa – e non c'è modo di avvertirla prima – che verrà travolta in poche ore, al massimo dopo un giorno di riprese, da un'ammirazione, da una gratitudine, da un amore sconfinato che, come al solito, le toglierà il respiro e, tanto per citare qualche sua collega che l'ha preceduta – anime belle nel mondo delle meraviglie – perfino la libertà».

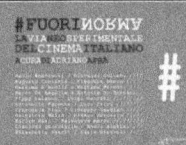

FUORINORMA
La via neosperimentale del cinema italiano
a cura di Adriano Aprà, 2017

Catalogo del primo Festival Espanso Fuorinorma (Roma
26 ottobre - 22 dicembre 2017)
www.fuorinorma.it

«Sono sperimentali i film di cui parlo? Lo sono in
quanto ricercano nuove strategie espressive diverse e
opposte a quelle istituzionalizzate dal cinema di finzione
e documentario. Lo sono perché scoprono nuove ipotesi
narrative, nuove strutture drammaturgiche, nuove opzioni
di montaggio, di musica, di suono». (Adriano Aprà)

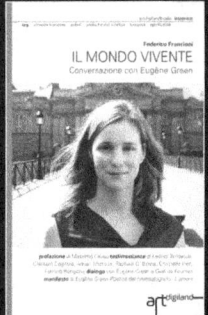

IL MONDO VIVENTE
Conversazione con Eugene Green
a cura di Federico Francioni, 2017

Il giusto tempo di una conversazione per avvicinarsi a
uno degli autori più particolari del panorama francese
contemporaneo, Eugène Green. Artista proteiforme,
approda al cinema dopo decenni di lavoro nella compagnia
di teatro barocco da lui stesso fondata, le Théâtre de la
Sapience. Il primo dei suoi sette film, *Toutes les nuits*, arriva
nel 1999, quando Green ha oltre 50 anni. Da quel momento
realizza sette lungometraggi e pubblica numerosi romanzi
con Gallimard e altri editori. Americano di nascita e
francese di adozione, riconosce la sua sostanziale venuta al
mondo solo a 20 anni, quando raggiunge l'Europa e decide
di trasferirsi a Parigi. È da qui che ha inizio la ricostruzione,
la sua incessante quête di un linguaggio di cui sente
l'assenza dalla nascita, lasciandosi alle spalle gli Stati Uniti,
che chiama con il nome "La Barbarie". Il libro nasce dalla
volontà di un incontro autentico, uno scambio, perché
la storia del cinema è una storia di fantasmi e ombre. Di
forme, ma soprattutto di uomini.

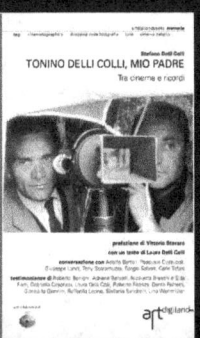

TONINO DELLI COLLI, MIO PADRE
Tra cinema e ricordi
di Stefano Delli Colli,
prefazione di Vittorio Storaro, 2017

Negli 80 anni dalla nascita di Cinecittà, che sono anche
gli 80 anni dall'ingresso di Tonino Delli Colli negli stabi-
limenti di via Tuscolana 1055 –, Stefano Delli Colli, figlio
del grande direttore della fotografia, rende omaggio al padre raccontandone, dal suo personale punto di vista, l'avventura cinematografica. Dal fervore degli anni '50 alla
grande stagione al fianco di Pier Paolo Pasolini, da Sergio
Leone a Federico Fellini, passando per Monicelli, Annaud,
Polanski, Ferreri e tanti altri grandi registi, il racconto
dell'autore, a tratti commosso, ci restituisce la memoria
della parabola di uno dei "pionieri" della fotografia del
cinema italiano. Un omaggio al suo grande mestiere, al
suo naturale istinto fotografico, alla sua umiltà e umanità

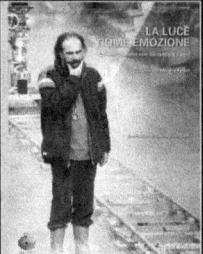

LA LUCE COME EMOZIONE
Conversazione con Giuseppe Lanci
a cura di Monica Pollini,
prefazione di Laura Delli Colli, 2017

La voce pacata e l'espressione attenta di Giuseppe Lanci, non di rado accompagnate da sottile e delicato umorismo, condurranno il lettore in un racconto che attraversa, nel vivo del set, oltre cinquant'anni del migliore cinema italiano, e non solo. Dalla formazione al Centro Sperimentale di Cinematografia all'esperienza da operatore di macchina al fianco di Tonino Delli Colli e Franco Di Giacomo, dalle incertezze degli esordi all'immersione nella dimensione unica del cinema di Andrej Tarkovskij per *Nostalghia*, dai sodalizi artistici con Marco Bellocchio, Paolo e Vittorio Taviani, Nanni Moretti agli incontri con Bolognini, Magni, Wertmüller, Von Trotta, Cavani, Del Monte, Greco, Piscicelli, Archibugi, Luchetti, Benigni, Franchi... L'arte e il mestiere del creare la luce e l'impatto visivo del film sono resi con dovizia di particolari tecnici ma sempre nell'ambito di un approccio umanistico, e in un insieme di riflessioni che vanno dai condizionamenti produttivi alle relazioni con gli altri reparti del set e gli attori, fino al tema della "carriera" in generale. L'intervista si sofferma poi sull'ultima passione di Lanci, quella per l'insegnamento.

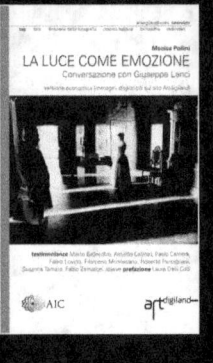

LA LUCE COME EMOZIONE
Conversazione con Giuseppe Lanci
a cura di Monica Pollini,
prefazione di Laura Delli Colli, 2017

Del volume *La luce come emozione* è disponibile una versione economica di formato ridotto e senza immagini; le immagini sono disponibili per i nostri lettori sul sito Artdigiland, al link indicato nel libro.

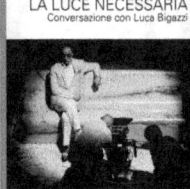

LA LUCE NECESSARIA
Conversazione con Luca Bigazzi
a cura di Alberto Spadafora
prefazione di Silvia Tarquini, 2012 - II ed. agg. 2014

Un libro intervista che "illumina" aspetti non noti delle migliori opere cinematografiche italiane degli ultimi trent'anni. La narrazione di Luca Bigazzi – direttore della fotografia e insieme operatore di macchina – raccoglie con coerenza caratteri tecnici, artistici ed etici del lavoro sul set. Bigazzi racconta la genesi del suo modo di lavorare libero da regole codificate, i motivi delle sue scelte professionali, la luce che ama, le ragioni della sua passione per lo stare in macchina. Come "controcampo", le testimonianze di 24 protagonisti del cinema italiano, tra registi, attori, produttori, fotografi di scena e collaboratori.

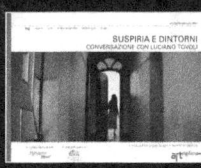

SUSPIRIA E DINTORNI
Conversazione con Luciano Tovoli
a cura di Piercesare Stagni e Valentina Valente,
prefazione di Antonio Costa, 2018

Suspiria e dintorni prosegue l'esplorazione Artdigiland nei territori dell'uso artistico della luce e del colore. Luciano Tovoli AIC ASC IMAGO è Autore della cinematografia con registi quali Vittorio De Seta, Michelangelo Antonioni, Dario Argento, Maurice Pialat, Valerio Zurlini, Francis Veber, Andrej Tarkovskij, Ettore Scola, Julie Taymor, Barbet Schroeder e molti altri, ed è creatore della federazione Europea degli Autori della Cinematografia – IMAGO. Il volume intervista ripercorre le tappe della realizzazione di un immortale capolavoro, *Suspiria*, dai test effettuati per la fotografia fino ai processi di stampa, facendoci rivivere un'incredibile avventura estetica. Descrive in dettaglio il making di numerose sequenze, la relazione con il regista, approfondisce le premesse culturali e i riferimenti visivi dell'opera, racconta il contesto delle battaglie per l'innovazione delle tecniche fotografiche negli anni '70. Soprattutto, il libro rivela la passione di Luciano Tovoli per l'arte e la sua instancabile ricerca di un uso espressivo del colore nel cinema.

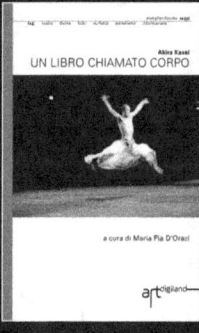

UN LIBRO CHIAMATO CORPO
di Akira Kasai
a cura di Maria Pia D'Orazi, 2016

Le discipline esoteriche insegnano che il corpo non è mai un ostacolo per la piena realizzazione dell'individuo. Al contrario, è il mezzo necessario per la sua elevazione spirituale, perché lo spirito si forma per gradi dopo aver accolto ed elaborato le esperienze del mondo fisico. Ed è attraverso la focalizzazione della percezione sulle sensazioni fisiche che l'essere umano può acquisire consapevolezza della sua identità più profonda: allora, quando mette a tacere l'intelletto e dirige la coscienza sulle sensazioni, riesce a percepire il corpo interiore come un flusso di energia che scorre nell'organismo, sperimentando il contatto con la sua identità di essenza a partire dalla sua identità di forma. Attraverso il contatto con l'Essenza è possibile distinguere i pensieri autenticamente individuali generati dal proprio sé, da quelli provenienti da istinti fisici o abitudini sociali; mentre si entra in un territorio senza limiti dove "io è un altro" e scompare ogni differenza fra individui, generazioni, civiltà o religioni che possa generare una cultura della sopraffazione e della violenza. Allora, la ricerca espressiva diventa qualcosa di più e qualcosa d'altro: è sistema pedagogico e visione dell'uomo nuovo, un modo di trasformare se stessi per trasformare il mondo.

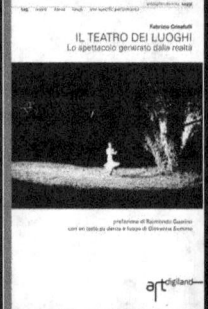

IL TEATRO DEI LUOGHI
Lo spettacolo generato dalla realtà
di Fabrizio Crisafulli
con un testo su danza e luogo di Giovanna Summo,
prefazione Raimondo Guarino, 2015

Fabrizio Crisafulli analizza caratteri e modalità di quel particolare tipo di ricerca che ha chiamato "teatro dei luoghi", a oltre vent'anni dalla sua prima formulazione. Un tipo di lavoro nel quale il "luogo" e l'insieme delle relazioni che lo costituiscono vengono assunti come matrice e "testo" della creazione teatrale. Le motivazioni alla base di questa ricerca, il suo riportare l'attenzione sui luoghi, la realtà locale, la prossimità, si sono riaffermate nel corso degli anni per l'accrescersi delle questioni legate allo sviluppo mediatico, alla perdita di contatto della vita quotidiana con i luoghi, e per le criticità che le forme di comunicazione a distanza e i social network creano, accanto a nuove opportunità, sul piano delle relazioni umane e dei modi di sentire lo spazio. Il volume fa definitivamente luce sul fatto che il "teatro dei luoghi", nell'uso comune a volte inteso (e frainteso) semplicemente come teatro che si svolge fuori dagli edifici teatrali, non è definito dallo spazio dove si fa lo spettacolo, ma dall'idea stessa di "luogo" e dal modo specifico in cui il lavoro si relaziona al sito. In qualsiasi posto si svolga. Chiarendo, attraverso riflessioni ed esempi, ragioni e operatività di quello che è un modo radicalmente nuovo di fare e concepire il teatro.

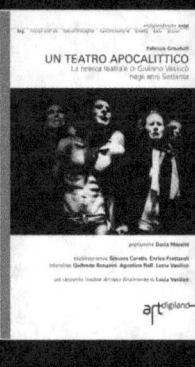

UN TEATRO APOCALITTICO
La ricerca teatrale di Giuliano Vasilicò negli anni Settanta
di Fabrizio Crisafulli,
prefazione di Dacia Maraini, 2017

Giuliano Vasilicò (1936-2015) è stato un protagonista del teatro italiano degli anni Settanta del Novecento, attivo nel particolare contesto delle "cantine romane". Nelle storie del teatro viene fatto spesso appartenere – insieme a Mario Ricci, Giancarlo Nanni, Memè Perlini – al cosiddetto "teatro-immagine". Un'etichetta – dal regista emiliano mai accettata – che, al di là della capacità che a suo tempo ha avuto di individuare un fenomeno e di farlo conoscere, ha poi forse fatto da deterrente alla conoscenza dei singoli artisti che di quel fenomeno sono stati parte. Il teatro è stato per Vasilicò un potenziale mezzo di rivelazione, innanzitutto a se stesso, di aspetti nascosti dell'esistenza. Da qui il titolo *Un teatro apocalittico*, visto che *apo-kalýptein* vuol dire togliere il velo, scoprire. E che l'aggettivo, in accezioni differenti, è facilmente associabile ad uno dei suoi spettacoli più importanti, *Le 120 giornate di Sodoma* da Sade.

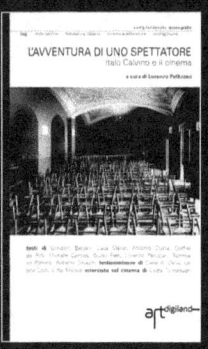

L'AVVENTURA DI UNO SPETTATORE
Italo Calvino e il cinema
a cura di Lorenzo Pellizzari, 2015
con saggi e autori vari

Nel trentennale della scomparsa, Artdigiland celebra Italo Calvino. Il libro ripercorre le poche ma fruttuose relazioni dello scrittore con il cinema italiano ma soprattutto sviluppa il viaggio in un immaginario che dal cinema prende le mosse. Si parte da quanto Calvino racconta nella sua *Autobiografia di uno spettatore*, del '74, prefazione al volume *Fellini: quattro film*, si attraversano racconti, romanzi, saggi critici individuando l'imprinting cinematografico, e si arriva al "segno calviniano" di non poche opere del cinema e del disegno animato contemporanei. L'apparato iconografico rende omaggio alla fascinazione calviniana per il cinema classico, soprattutto americano.

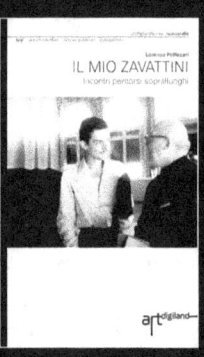

IL MIO ZAVATTINI
Incontri percorsi sopralluoghi
di Lorenzo Pellizzari, 2012

Il libro raccoglie quanto Pellizzari ha scritto e pensato su Zavattini da quando era ragazzo ad oggi, insieme ad una storica intervista, in cui Zavattini si concede forse come mai; documenta un lungo rapporto intellettuale e personale, fatto di infinite riflessioni, desideri, slanci, critiche, pentimenti, ripensamenti; e rivela l'ininterrotto impegno del critico a capire, da una parte, e a "stimolare", quasi, dall'altra, il suo personaggio. Un impegno appassionato e civile, e insieme sedotto dalla qualità giocosa della scrittura zavattiniana.

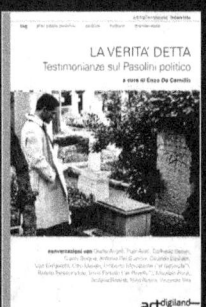

LA VERITÀ DETTA
Testimonianze sul Pasolini politico
a cura di Enzo De Camillis, 2015

Il quarantennale della morte di Pasolini cade in una fase del nostro Paese che in molti definiscono di "catastrofe culturale" (e politica, economica, umanitaria). Ponendosi in relazione con l'oggi, il libro propone una serie di testimonianze inedite sul Pasolini "politico", intellettuale spesso in contrasto con la sinistra ufficiale della sua epoca.

Si avvisano i lettori che il libro è esaurito.

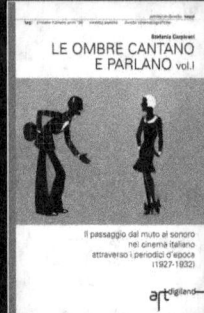

LE OMBRE CANTANO E PARLANO
Il passaggio dal muto al sonoro nel cinema italiano
attraverso i periodici d'epoca (1927-1932)
di Stefania Carpiceci
prefazione di Adriano Aprà, vol. I, 2012

L'intento di questo libro è quello di indagare, in Italia, il passaggio dal cinema silenzioso delle origini ai nuovi fonofilm. A fare da mappa sono soprattutto le riviste e i periodici cinematografici nazionali d'epoca, analizzati a partire dal 1927 – anno della prima proiezione americana de *Il cantante di jazz*, pellicola che notoriamente decreta la nascita ufficiale e internazionale del cinema sonoro – fino al 1932, data di adozione del doppiaggio in Italia. Undici film sono poi scelti e analizzati come casi rappresentativi delle questioni messe in campo dal sonoro.

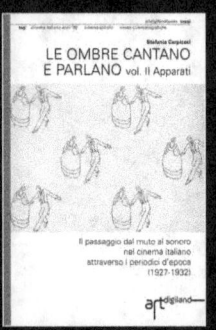

LE OMBRE CANTANO E PARLANO
Il passaggio dal muto al sonoro nel cinema italiano
attraverso i periodici d'epoca (1927-1932)
di Stefania Carpiceci, vol. II Apparati, 2013

Il volume II di *Le ombre cantano e parlano* propone una mappatura ragionata dei maggiori periodici cinematografici dell'epoca: «L'Argante», «Cine-Gazzettino», «Cinema Illustrazione», «Il Cinema Italiano», «Cinema-Teatro», «La Cinematografia», «Il Cine Mio», «L'Eco del Cinema», «Kines», «La Rivista Cinematografica», «Rivista Italiana di Cinetecnica» e «Lo Spettacolo Italiano». Ad essi si aggiungono due riviste teatrali, «Comoedia» e «Il Dramma», e un quotidiano, «Il Tevere», particolarmente attenti al cinema. Le testate sono scandagliate in relazione ai vari aspetti del passaggio dal muto al sonoro. Altro osservatorio privilegiato sono naturalmente i film, dei queli si riporta il repertorio.

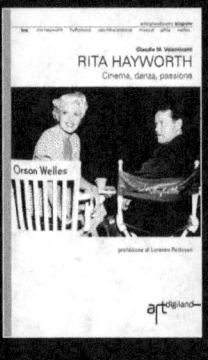

RITA HAYWORTH
Cinema, danza, passione
di Claudio M. Valentinetti
prefazione di Lorenzo Pellizzari, 2014

Una sterminata filmografia, più di sessanta titoli, anche se pochi sono quelli folgoranti, *Sangue e arena*, *La signora di Shanghai*, *Gilda*. Cinque mariti, tra cui il genio Orson Welles e l'"imam" Ali Khan, e molti grandi partner sul set. Un mito costruito dalla Mecca del Cinema di quegli anni per mano di sapienti produttori e di abili registi: Charles Vidor, Rouben Mamoulian, Howard Hawks, William Dieterle, Henry Hathaway, Raul Walsh e, ovviamente, Welles. Una vita durissima: un lungo lavoro per raggiungere il successo, prima come ballerina, negli spettacoli e nella scuola di flamenco della sua famiglia, i Dancing Cansinos, e poi come attrice. Senza mai ottenere quello che più desiderava: la felicità familiare.

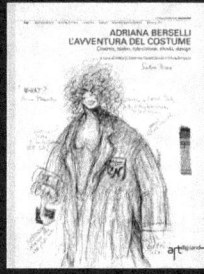

ADRIANA BERSELLI. L'AVVENTURA DEL COSTUME
Cinema, teatro, televisione, moda, design
a cura di Vittoria Caterina Caratozzolo, Silvia Tarquini, prefazione di Steve Della Casa, 2016

Il volume adotta la formula del libro-intervista con l'intento di costruire un ritratto d'artista basato sull'immersione nella sua "fucina" creativa, e di tracciare contestualmente la fisionomia di un mestiere. Dopo l'esordio, giovanissima, con Pabst, negli anni '50, Berselli è al fianco di Blasetti, Risi, Comencini, Vasile, Petroni e Camerini in numerosi film che ritraggono l'evoluzione della società italiana del boom economico. Michelangelo Antonioni le affida i costumi per *L'avventura*, trasparente capolavoro di analisi sociologica e antropologica. Negli anni '60 Berselli rappresenta la rivoluzione sessantottina e l'affermarsi di nuove tecniche, nuovi tessuti, nuove forme, prima tra tutte quella della minigonna. Nei '70 – ricordiamo, tra le altre, la collaborazione con Polanski per *What?* –, racconta, sottotraccia, attraverso sovrapposizioni di stili e generi, le intemperanze e le frustrazioni di un decennio già carico di fallimenti ideologici e politici. Ma il talento di Adriana Berselli non si limita al cinema. A fine anni '70 ha interrotto per circa un decennio il suo lavoro cinematografico per seguire il marito in Venezuela, paese in cui ha ottenuto premi e riconoscimenti nei campi del teatro e della moda e ha tenuto corsi sul costume in accademie, circoli culturali, università e in programmi televisivi. Tornata poi in Italia, e al cinema e alla televisione, ancora oggi esprime il suo talento disegnando "personaggi di strada.

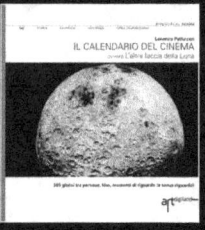

IL CALENDARIO DEL CINEMA
Ovvero L'altra faccia della Luna
365 giorni tra persone, film, momenti di riguardo (e senza riguardo)
di Lorenzo Pellizzari, 2016

Un calendario che si rispetti dedica ognuno dei suoi 365 giorni a un cosiddetto santo o a un memorabile momento della liturgia. Poteva sfuggire alla regola un calendario dedicato all'empireo del cinema, all'Olimpo dei suoi divi e delle sue divine, agli eventi della sua ormai lunga storia? Non poteva. Persone, film, momenti, ripescati dalla memoria di un vecchio critico, con il dovuto riguardo per quanti se lo meritano e senza alcun riguardo per altri. Anche un modo per rievocare incontri personali, amici

Artdigiland publicou em italiano, francês e inglês:

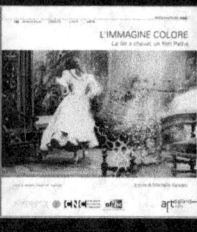

L'IMMAGINE COLORE
Le fer à cheval, un film Pathé
autori vari, a cura di / ed. by Marcello Seregni
prefazione di / foreword by Giulia Barini, 2016
in collaborazione con Ass. Cult. Hommelette e con
il sostegno scientifico dell'AFRHC - Association
française de recherche sur l'histoire du cinéma

The book offers a collection of essays on the history of
silent film and film restoration, with particular attention
to Camille de Morlhon's *Le fer à cheval* (1909), restored
by Associazione Culturale Hommelette and Fondation
Jérôme Seydoux-Pathé. Contributions by Rossella
Catanese, Eric Le Roy, Federico Pierotti, Alice Rispoli,
Stéphanie Salmon, Claudio Santancini, Elisa Uffreduzzi,
Giandomenico Zeppa; foreword by Giulia Barini. A large
iconographic insert with color frames completes the
book. Instructions to request free online access to *Le fer
à cheval* are included.

Artdigiland publicou em italiano e francês:

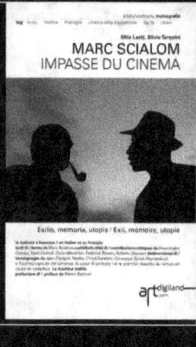

MARC SCIALOM. IMPASSE DU CINEMA
Esilio, memoria, utopia / Exil, mémoire, utopie
a cura di / sous la direction de Mila Lazić, Silvia
Tarquini
prefazione di / préface de Marco Bertozzi, 2012

Marc Scialom, ebreo di origini italiane, toscane, poi
naturalizzato francese, nasce a Tunisi nel 1934. Dopo le
persecuzioni naziste nel '43 in Tunisia, le ripercussioni sugli
Italiani, meccanicamente associati al fascismo nel periodo
dell'"epurazione", e la strage di Biserta (1961) – che
denuncia nel corto *La parole perdue* (1969) –, si trasferisce
in Francia. La sua vita si intreccia, "mancandola", con la
storia del cinema: a Parigi il lungometraggio *Lettre à la
prison* (1969-70), realizzato senza un produttore e quasi
clandestinamente, non è sostenuto dai suoi amici cineasti,
tra cui Chris Marker. Deluso, Scialom chiude il film in un
cassetto. Torna alle sue origini, allo studio della lingua e
della letteratura italiane. Traduce la *Divina Commedia* (Le
Livre de Poche, 1996). Dopo il ritrovamento di *Lettre à la
prison*, il restauro e la presentazione nel 2008 al Festival
International du Documentaire di Marsiglia, Scialom torna
al lavoro cinematografico con *Nuit sur la mer* (2012).

Artdigiland publicou em francês:

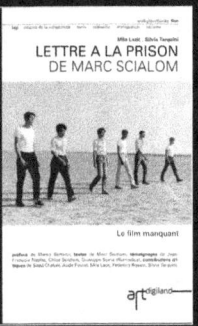

LETTRE A LA PRISON DE MARC SCIALOM
Le film manquant
sous la direction de Mila Lazić, Silvia Tarquini
préface de Marco Bertozzi, 2014

Le livre présente, en français seulement, la partie consacrée à *Lettre à la prison* dans l'ouvrage bilingue – italien et français – *Marc Scialom. Impasse du cinéma. Esilio, memoria, utopie/ Exil, mémoire, utopie*, sous la direction de Mila Lazić et Silvia Tarquini (2012). Le livre source est consacré à l'œuvre de Scialom – cinématographique et littéraire – dans son ensemble, et approfondit sa relation avec la *Divine Comédie* de Dante Alighieri. Ce volume restitue à l'histoire du cinéma la mémoire historique et cinématographique cristallisée dans l'aventure, au sens antonionien, de Marc Scialom. Avec *Lettre à la prison* (1969) nous sommes confrontés à un film Nouvelle Vagues "trouvé", tourné avec une camera prêtée par Chris Marker, puis englouti dans un abîme bienprécis, personnel et historique. La préface de Marco Bertozzi cite Alberto Grifi, Chris Marker et Jean Rouch, filmmakers "dépaysés", constamment à la recherche, à travers le cinéma, d'un contact avec la réalité.

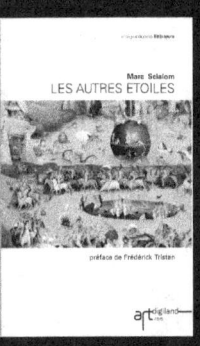

LES AUTRES ETOILES
de Marc Scialom
roman, préface de Frédérick Tristan, 2015

«Voici donc ce que je souhaitais réussir : le lecteur serait plus ou moins perdu tout au long de mon livre, perdu mais accroché, avec le sentiment croissant de frôler une chose intense, de l'entrevoir dans un brouillard, de supposer cette chose peut-être à tort, un peu comme un rêveur sur le point de s'éveiller voit parfois poindre à travers les volutes et sous les masques de son rêve une vérité douteuse, douteuse mais imminente, cela jusqu'aux dernières pages – puis tout à coup il comprendrait: rétrospectivement sa lecture indécise lui deviendrait claire parce qu'il découvrirait, lovée au coeur de la spirale et hors littérature, la scène première dont le livre est sorti».

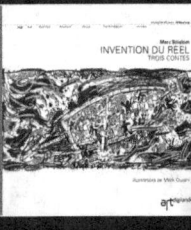

Marc Scialom
INVENTION DU REEL
Trois contes
illustrations de Mélik Ouzani, 2016

Le réel est-il vrai ? Le vrai est-il réel ? Humoristiques mais graves, noirs mais flamboyants et bariolés, burlesques mais parfois terrifiants, ces contes ne peignent pas seulement un univers distinct du nôtre mais qui lui ressemble. À l'aveuglette et à tâtons ils en esquissent aussi quelques possibles prolongements futurs.

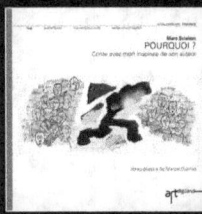

POURQUOI ?
Conte avec mort inopinée de son auteur
de Marc Scialom
libres dessins de Marcel Delmas, 2018

Vivien (mais s'appelle-t-il vraiment Vivien ?), un être mi-humain imaginé par un conteur fou que torture un lointain remords, s'interroge sur son identité profonde et, simultanément, soupçonne que l'espèce humaine est encore loin d'avoir achevé son hominisation. Plein d'une curiosité inquiète et sans cesse zigzagante, il part à la découverte des autres, du monde, du sens des choses et surtout de lui-même. Mais il découvre un monde second...

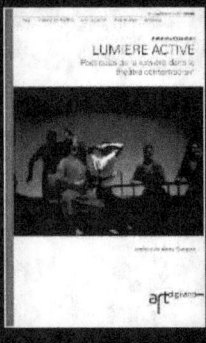

LUMIERE ACTIVE
Poétiques de la lumière dans le théâtre contemporain
de Fabrizio Crisafulli
préface de Anne Surgers, 2015

Cet ouvrage revisite, du point de vue des poétiques de la lumière, quelques épisodes importants de la mise en scène théâtrale au XXe siècle, depuis les grands réformateurs des premières décennies jusqu'à divers artistes contemporains tels que Josef Svoboda, Alwin Nikolais, Robert Wilson. Non pour proposer une histoire plus ou moins organique de la lumière au théâtre, mais pour tenter de préciser, relativement à son utilisation, certaines questions fondamentales. S'affranchissant des contextes étroits de la technique et de l'image dans lesquels on tend souvent à les enfermer, les problématiques de la lumière sont examinées ici sous d'autres angles, ceux de la structure spatio-temporelle du spectacle, de la construction dramatique, de la création poétique, de l'action, du rapport avec le performer. Une partie de l'ouvrage est consacrée au travail théâtral de l'auteur. Elle documente le point de vue particulier sur lequel sa réflexion se fonde, point de vue suscité et enrichi par son expérience personnelle de metteur en scène.

Artdigiland publicou em inglês e italiano:

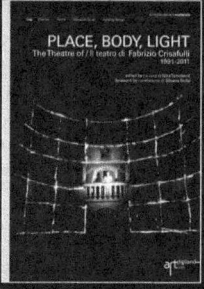

PLACE, BODY, LIGHT

The Theatre of / Il teatro di Fabrizio Crisafulli. Twenty Years of Research / Venti anni di ricerca 1991-2011 edited by / a cura di Nika Tomašević, foreword by / prefazione di Silvana Sinisi, 2013

Fabrizio Crisafulli's theatre research centres on Place, Body and Light, and challenges performance practices at their very foundations, in an attempt to reclaim the original potency of theatre and its relevance and effectiveness in contemporary times. This is where dance meets architecture, drama meets territory, and the performance of the body meets poetic light. Crisafulli's works – poetic and visionary, hypnotic and deeply emotional, full of life and irony – are revealed through interviews, personal accounts, critiques, information and photos related to performances and installations created between 1991 and 2011.

Artdigiland publicou em inglês:

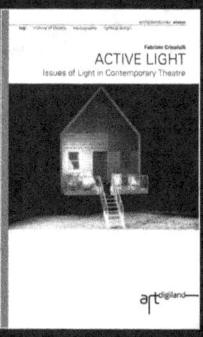

ACTIVE LIGHT

Issues of Light in Contemporary Theatre
by Fabrizio Crisafulli
foreword by Dorita Hannah, 2013

This book looks at various important events relating to the poetics of light in theatre production in the West in the twentieth century, from the great reformists at the beginning of the century to contemporary artists such as Josef Svoboda, Alwin Nikolais and Robert Wilson. The intention isn't to outline a somewhat organised history of stage lighting, instead it is an attempt to identify some basic issues concerning its use. Lighting issues are unshackled from the limited contexts of technique and image, where they often end up only to be relegated, and examined in the context of the performance's space/time structure, poetic and dramatic construction, and the relationship with the performer. A section dedicated to the theatrical work of the author outlines the distinctive point of view behind the book.

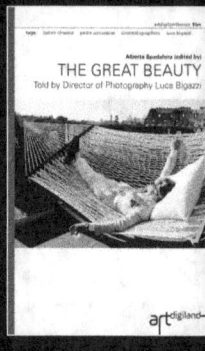

THE GREAT BEAUTY
Told by Director of Photography Luca Bigazzi
Alberto Spadafora (ed. by), 2014

Luca Bigazzi is one of Italy's most acclaimed award-winning directors of photography (DOP). His life has been dedicated entirely to the best of independent Italian cinema (not counting his work with Abbas Kiarostami). He has worked with directors such as Mario Martone, Gianni Amelio, Ciprì e Maresco, Silvio Soldini, Carlo Mazzacurati, Antonio Capuano, Leonardo Di Costanzo and Andrea Segre, and has been working with Paolo Sorrentino since *The Consequences of Love* in 2004. In this interview, edited by the photographer and film critic Alberto Spadafora, the Italian cinematographer talks about *The Great Beauty*, prizewinner of the Academy Award for Best Foreign Language Film of 2014.

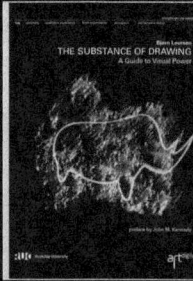

THE SUBSTANCE OF DRAWING
A Guide to Visual Power
by Bjorn Laursen
preface by John Kennedy, 2017

This book is not a manual as it is normally meant. It is not just a technical guide to learning how to draw. It lets you understand the motivations and impulses that are at the origin of drawing and the processes that are activated when you draw. And drawing is intended not so much as a simple tool, more or less effective, to imitate reality, but as a means of knowledge and memory with respect to reality. What Bjørn Laursen lets us understand is how listening and the availability to be captured by what we have around are essential qualities for an artist, and how the act of drawing is not a passive recording of objects, but a discovering and imagining, discovering the present and its history, and imaging the future of the environment we live in. (Fabrizio Crisafulli)

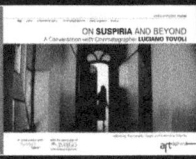

ON SUSPIRIA AND BEYOND
A Conversation with Cinematographer Luciano Tovoli
edited by Piercesare Stagni and Valentina Valente, 2017

On Suspiria and Beyond is a book-interview with cinematographer Luciano Tovoli AIC ASC, who has collaborated with directors such as Vittorio De Seta, Michelangelo Antonioni, Dario Argento, Maurice Pialat, Valerio Zurlini, Francis Veber, Andrej Tarkovskij, Ettore Scola, Julie Taymor, Barbet Schroeder and many others. Tovoli is also the creator of the European Federation of Cinematographers Imago. The volume retraces all the stages of making Suspiria, from test shots to printing. It describes in detail the making of various sequences, relations with the director, explores the cultural premises of this immortal work and the historical context of the struggle for innovation in the cinematography of the Seventies. Above all, it reveals Luciano Tovoli's passion and tireless search for an expressive use of color in films, providing us with a first-hand experience of an incredible adventure in aesthetics.

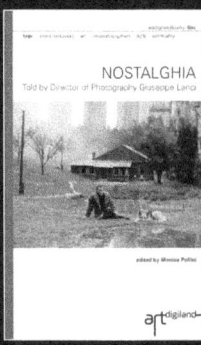

NOSTALGHIA
Told by Director of Photography Giuseppe Lanci
edited by Monica Pollini, 2018

«Of the things that have stimulated me most, I would mention "dynamic photography", something I'd never seen before then. It involves modifying the lighting within a sequence plan, not for naturalistic reasons – like switching on a light, which clearly changes the lighting – but to add emotion to the image, to suggest emotional changes. In the months before shooting, Tarkovskij told me, "I'd like to make changes in the lighting within the same sequence. Up to a point, I've already hinted at this kind of photography in Stalker, but not in any consistent way". It was one of Andrej's few specific requests, and we worked on it before shooting started. We discovered the technical answers that would make shooting easy, and procured all the necessary equipment. As a rule, we don't exploit the time factor in shooting, because we try to shoot sequences without any differences from a photographic point of view, to make it easier to edit photographically coherent frames. Tarkovskij, however, maintained that it was extremely interesting to exploit the time factor of the sequence plan, within which, by modulating the lighting, he modulated the emotions and significance of the sequence, thereby adding value. He wanted changes that did not necessarily follow any external process or physical action». (Giuseppe Lanci)